Business Computing

비즈니스 컴퓨팅 1

PowerPoint 기초 및 활용

최 수 진

도서출판 대영문화사

머리말

컴퓨터는 우리 생활과 밀접하게 관련되어 있습니다. 전반적인 사회 변화에 따라 컴퓨터를 배운다는 것은 디지털 정보를 취사, 선택, 편집, 가공, 관리하고 생산적으로 이용할 수 있는 능력까지 통합적으로 다루게 된다는 것입니다. 우리에게 컴퓨터 기술은 컴퓨터를 배우는 것 자체가 목적이 아닌 인간의 사고활동을 지원하는 도구인 것입니다. 컴퓨터를 통하여 다른 과제영역, 즉 문제해결, 의사소통, 비판적 사고 등을 지원할 수 있게 되죠.

자신이 당면한 문제해결을 위하여 오피스 프로그램, 즉 프레젠테이션, 워드프로세서, 스프레드시트, 개인정보 관리, 데이터베이스 관리, 프로젝트 관리, 그래픽스 등을 통합적, 선별적으로 사용하여 효과적으로 정보를 기획, 설계, 관리, 구현할 수 있어야 합니다. 여러 용도로 컴퓨터를 손쉽게 활용하여 우리의 실제 문제를 해결할 수 있도록 학습해야 합니다.

Microsoft Office PowerPoint는 프레젠테이션 자료 작성을 위한 소프트웨어입니다. Microsoft Office Word는 문서 작성을 위한 소프트웨어입니다. 이들은 개인적으로나 업무상으로 정보전달, 설득, 이해를 목적으로 가독성 있고 임팩트한 문서 및 발표 자료작성 도구로 광범위하게 활용되고 있습니다. 본서는 사회 진출을 준비하는 대학생, 사무 업무를 하고 있는 사회인을 위해 파워포인트의 기초적인 사용 방법부터 고급 기능, 활용 사례까지 정리했습니다.

오피스 프로그램 중 한 가지 프로그램을 잘 다루게 되면 또 다른 프로그램의 유사한 기능과 맥락을 유추하여 다른 응용 프로그램도 활용할 수 있도록 학습하여야 합니다. 또한 각 프로그램이 가진 장점과 한계도 파악해야 합니다. 예를 들어 파워포인트를 다루면서 그래픽 툴의 그림 그리는 방법에도 익숙해진다거나, 그림을 편집하기 위해 그래픽 툴을 사용하거나, 자연스러운 화면 구성을 위해 멀티미디어 처리 기술을 익히는 것입니다. 하나의 프로그램의 기능을 활용하는 것도 좋지만 다른 프로그램의 활용으로 전이가 되도록 컴퓨터와의 인터렉션, 즉 대화하는 방법에 익숙해지는 것이 좋겠습니다.

2012년 9월 저자 씀

차 례

PART 1 PowerPoint를 이용한 프레젠테이션 자료 작성 9

PART 2 PowerPoint와 관련된 Word 기능 141

PART 1

PowerPoint를 이용한 프레젠테이션 자료 작성

POWERPOINT

1 슬라이드 쇼

예제 파일 열기 : [오피스 단추]-[새로 만들기]-[설치된 서식 파일]에서 임의의 파일을 선택합니다.

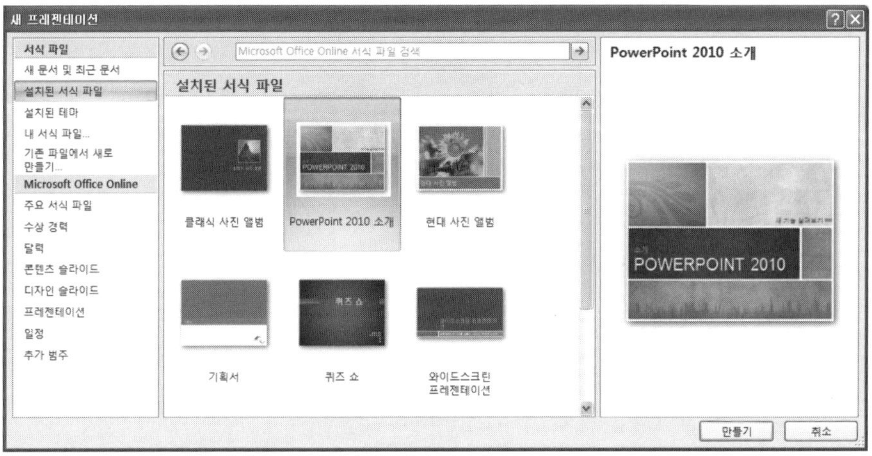

가. 슬라이드 쇼 실행하기

발표를 시작하기 위해서 슬라이드 쇼 모드로 전환하고 슬라이드 쇼 중 활용할 수 있는 단축키를 사용합니다. 슬라이드 쇼 중 메뉴키를 사용하는 것은 피하는 것이 좋겠지요. 청중에게 내용과 관련되는 정보를 제시할 필요도 없고 준비되지 않은 갑작스러운 상황에 놓이게 되면 불안감과 불쾌감이 생긴다고 합니다. 주제와 관련없는 화면 표시는 최소화하는 것이 좋겠지요.

슬라이드 쇼 시작 : [보기]-[슬라이드 쇼(F5)]

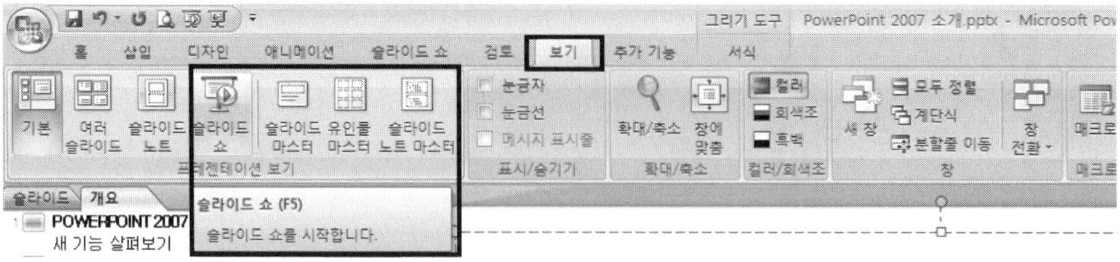

현재 슬라이드부터 슬라이드 쇼 시작 : [현재 슬라이드부터([Shift]+F5)]

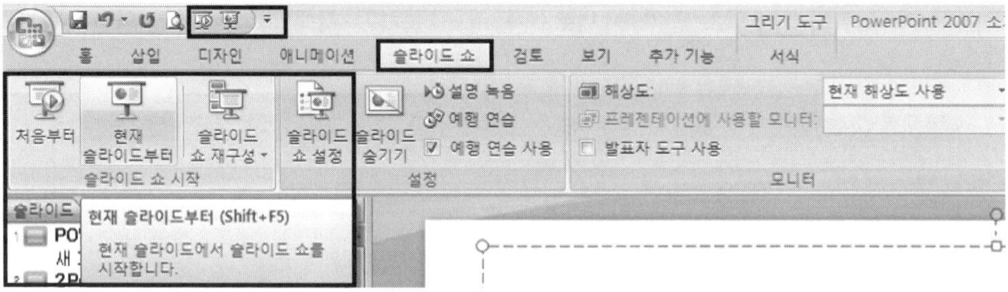

나. 작은 화면으로 슬라이드 쇼 보기

[Ctrl]을 누른 상태에서 쇼 보기를 실행하면 모니터 화면의 왼쪽 위에 작은 화면으로 슬라이드 쇼 보기가 실행됩니다. 쇼 보기를 중지하지 않아도 슬라이드 내용을 편집할 수 있어서 슬라이드 쇼의 편집시 활용하면 편리합니다.

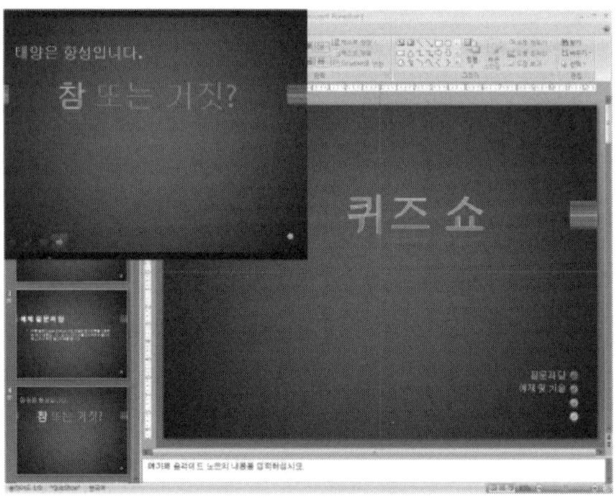

다. 쇼 실행 중 팁

쇼 실행시 슬라이드 넘기기 : [Space], [Enter], [Tab], [아래쪽 화살표], [오른쪽 화살표]를 이용합니다. 마우스를 사용하면 잠깐 동안이나마 마우스 하얀색 화살표가 만들어져 화면에 불필요한 요소를 만들게 됩니다. 특히 동영상 구동시 화살표가 화면에 떠있지 않은지 확인합니다. 화면에 제시된 내용에 집중하게 하기 위해 화면을 정돈하는 것이 좋습니다.

쇼 실행 중 검정화면으로 덮기 : 쇼 실행 중 영문 자판 상태에서 [B]를 누릅니다. Black의 이니셜 B를 의미합니다. 한글 자판 상태에서는 화면 왼쪽 상단에 [ㅠ] 표시가 나기도 하므로 자판 상태(IME)를 영어로 바꿔줍니다.

프레젠테이션 중 한 주제에 대해 길게 설명할 일이 있어 연사에게 시선을 모이게 하려할 경우나 잠깐 쉬는 시간 등에는 화면을 꺼두는 것이 좋습니다.

쇼 실행 중 하얀화면 이용하기 : 쇼 실행 중 영문 자판 상태에서 [W]를 누릅니다. White의 이니셜 W를 의미합니다. 한글 자판 상태에서는 화면 왼쪽 상단에 [ㅈ] 표시가 나기도 하므로 자판 상태를 영어로 바꿔줍니다.

파워포인트 프레젠테이션과 실물화상기 또는 OHP를 함께 사용할 경우 파워포인트는 하얀 화면으로 전환시켜 사용합니다.

쇼 실행 중 펜 이용하기 : 쇼 실행 중 [Ctrl]+P를 누릅니다. Pen의 이니셜입니다. 펜으로 추가적인 정보를 쓰거나 주요한 곳을 동그라미 등으로 표시 및 밑줄 긋기에 이용할 수 있습니다. 펜으로 추가한 그림 개체는 쇼 실행 동안 유지되며, 쇼 실행이 끝나면 노트 주석으로 저장여부를 선택할 수 있습니다.

펜 실행 중 원래대로 돌아가기 : 펜 실행 중 [Ctrl]+A를 누릅니다. 화살표의 모양인 Arrow의 이니셜입니다.

쇼 실행 중 슬라이드 이동하기 : 쇼 실행 중 바로 지정된 슬라이드로 이동하려면 숫자 자판을 이용하여 [슬라이드 번호]를 누르고 [Enter]를 누릅니다. 쇼 실행 후 질문이 들어오거나 부가적인 설명이 필요할 때 슬라이드 번호로 바로 이동하면 좀 더 프로페셔널 해보이지 않을까요.

그 외 팁은 슬라이드 쇼 도중 오른쪽 마우스 버튼의 단축키의 도움말을 참조합니다.

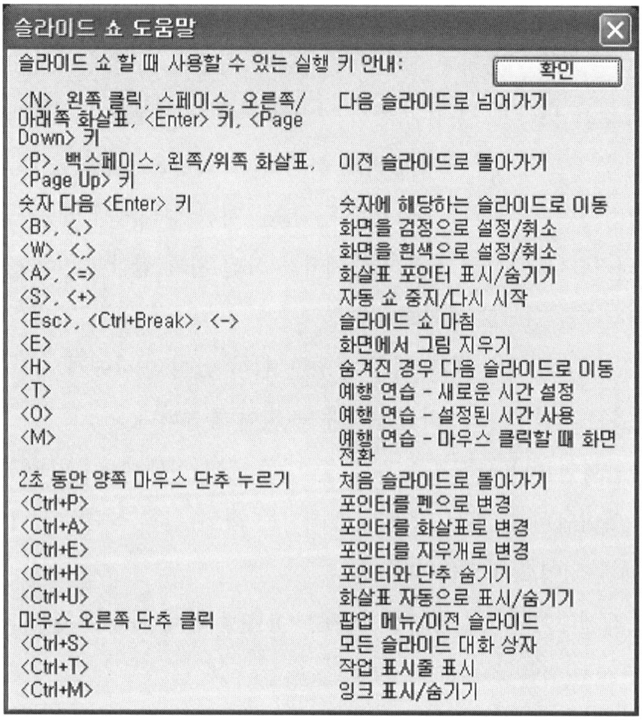

슬라이드 쇼 도움말

슬라이드 쇼 할 때 사용할 수 있는 실행 키 안내: 확인

<N>, 왼쪽 클릭, 스페이스, 오른쪽/아래쪽 화살표, <Enter> 키, <Page Down> 키	다음 슬라이드로 넘어가기
<P>, 백스페이스, 왼쪽/위쪽 화살표, <Page Up> 키	이전 슬라이드로 돌아가기
숫자 다음 <Enter> 키	숫자에 해당하는 슬라이드로 이동
<B>, <.>	화면을 검정으로 설정/취소
<W>, <,>	화면을 흰색으로 설정/취소
<A>, <=>	화살표 포인터 표시/숨기기
<S>, <+>	자동 쇼 중지/다시 시작
<Esc>, <Ctrl+Break>, <->	슬라이드 쇼 마침
<E>	화면에서 그림 지우기
<H>	숨겨진 경우 다음 슬라이드로 이동
<T>	예행 연습 - 새로운 시간 설정
<O>	예행 연습 - 설정된 시간 사용
<M>	예행 연습 - 마우스 클릭할 때 화면 전환
2초 동안 양쪽 마우스 단추 누르기	처음 슬라이드로 돌아가기
<Ctrl+P>	포인터를 펜으로 변경
<Ctrl+A>	포인터를 화살표로 변경
<Ctrl+E>	포인터를 지우개로 변경
<Ctrl+H>	포인터와 단추 숨기기
<Ctrl+U>	화살표 자동으로 표시/숨기기
마우스 오른쪽 단추 클릭	팝업 메뉴/이전 슬라이드
<Ctrl+S>	모든 슬라이드 대화 상자
<Ctrl+T>	작업 표시줄 표시
<Ctrl+M>	잉크 표시/숨기기

Basic Tip

윈도우를 이용한 화면 캡쳐

- 윈도우 캡쳐(capture) : [Print Screen Sys Rq]
- 활성화된 윈도우 캡쳐 : [Alt]+[Print Screen Sys Rq]

캡쳐를 실행한 후 파워포인트 화면에서 붙여넣기 [Ctrl]+V를 눌러 그림을 재생합니다. 캡쳐한 그림을 저장하려면 붙여넣기 한 그림을 선택하고 오른쪽 마우스 버튼을 눌러 [그림으로 저장]을 선택하여 별도의 그림으로 저장할 수 있습니다.

Basic Tip 슬라이드 번호 삽입하기

발표 자료 작성시 슬라이드 번호는 반드시 추가해야 합니다. 슬라이드 번호는 해당 슬라이드를 지칭할 때도 쓰이지만 발표 중 어느 위치에 있는지도 설명해주기 때문에 제안서 등의 발표물에서 슬라이드 번호는 필수항목입니다.

- [삽입]-[텍스트]-[슬라이드 번호]
- [삽입]-[텍스트]-[머리글/바닥글]

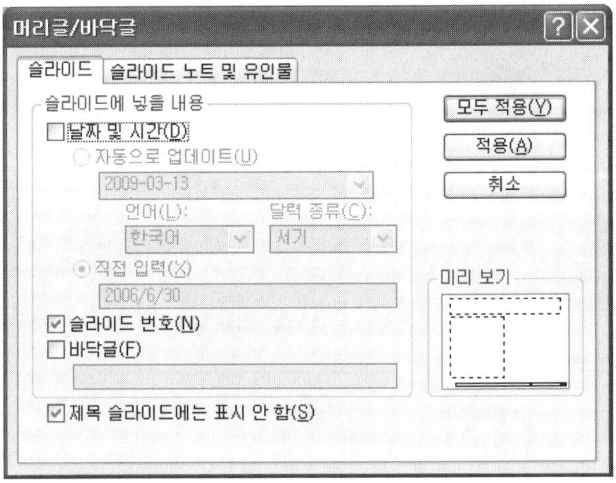

슬라이드 번호를 삽입할 때

텍스트 상자 내에 커서를 위치시키고 [슬라이드 번호]를 클릭하면 해당 페이지 번호가 텍스트 상자 안에 숫자로 입력됩니다.

Useful Tip

페이지 번호 0부터 시작하기

[디자인]-[페이지 설정]-[슬라이드 시작 번호]를 (0)으로 설정합니다.

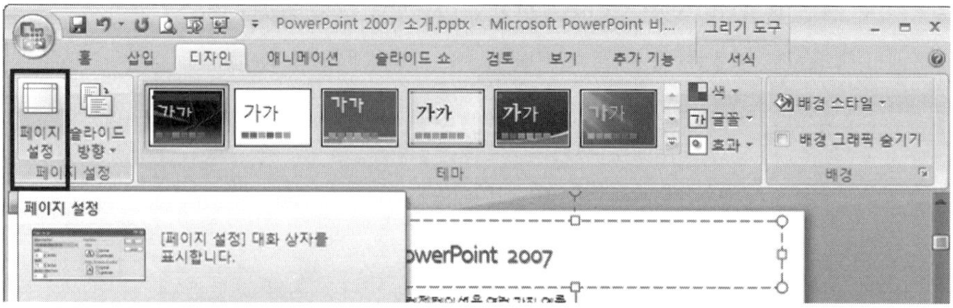

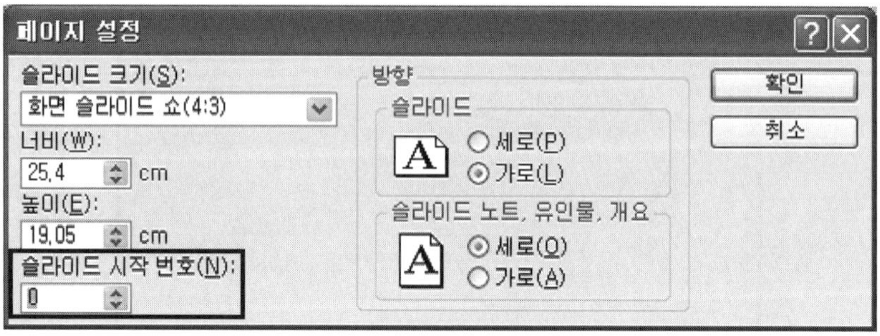

라. 쇼 재구성

프레젠테이션시 청중에 따라 발표 내용을 축약하거나 순서를 변경해서 사용해야 하는 경우 여러 파일을 만들지 않고 한 파일에서 상황에 맞게 슬라이드를 변경해서 발표용 자료를 만듭니다.

① [슬라이드 쇼]-[슬라이드 쇼 재구성]-[새로 만들기]

② [쇼 재구성하기] 창에서 새로운 프레젠테이션으로 구성할 슬라이드를 골라 [추가]시키고 대화상자를 닫습니다. 각각의 슬라이드를 두 번 클릭하거나 삽입할 슬라이드를 [Ctrl]로 다중 선택하고 추가합니다. 재구성한 쇼에 있는 슬라이드의 위치(순서)도 변경할 수 있습니다.

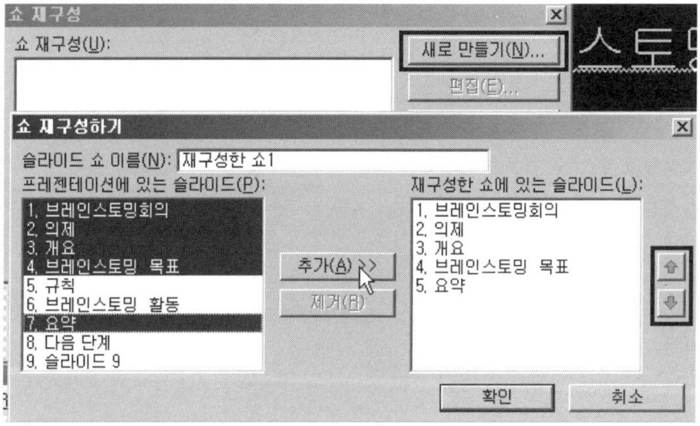

다수의 재구성한 쇼를 만들 수 있습니다.

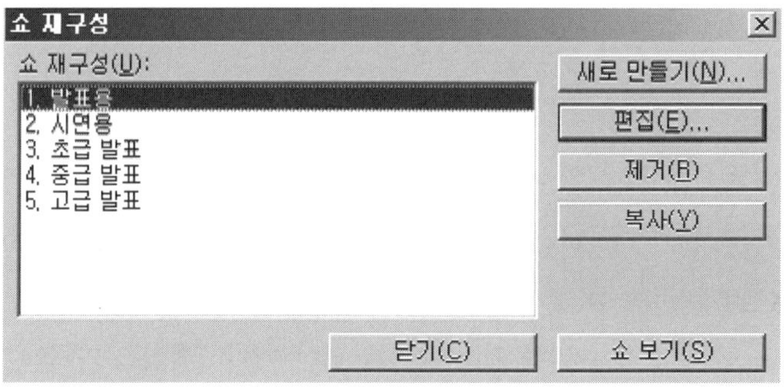

③ 재구성한 쇼를 실행시키기 위해서 [슬라이드 쇼]-[슬라이드 쇼 설정]을 선택하고 [슬라이드 표시]의 [재구성한 쇼]의 이름을 확인합니다. 쇼 설정에서 재구성한 쇼를 지정하면 [쇼 실행(F5)]시 슬라이드 쇼에서 제외한 슬라이드는 나타나지 않습니다. 현재 슬라이드에서 쇼 보기([Shift]+F5)도 적용되지 않습니다.

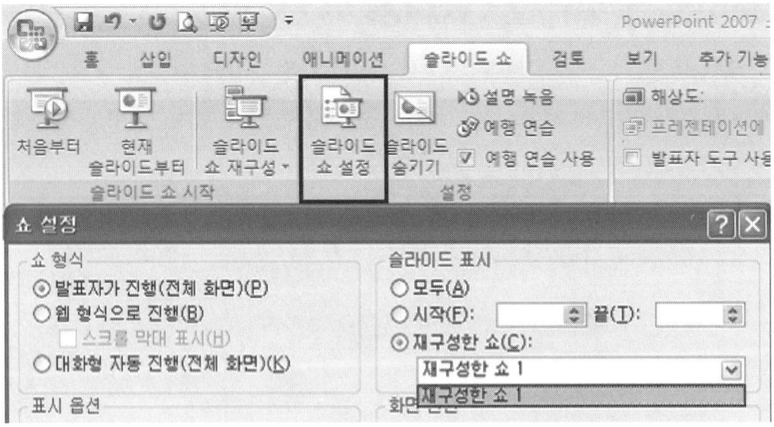

마. 포트폴리오 작성하기

사회에 자신을 드러내는 방법으로 이력서가 쓰이고 있는대요, 이력서에서 포트폴리오로의 전환이 이루어지고 있다고 합니다. 자신의 이력을 단순히 졸업, 이수, 학점 등의 간단한 단어의 나열로 표현하는 것이 아니라, 자신의 능력을 대학생활이나 사회경험, 학교나 과정을 통해 배운 점, 느낀점 등을 자신의 글로 스토리텔링하고 자신의 전공이나 취미와 관련된 모든 자료를 삽입하여 자신의 능력을 표현하는 포트폴리오를 작성합니다.

국제비서학 전공생의 경우 자신이 작성하였거나 상용으로 많이 쓰이는 영문서, 국문서 샘플을 넣어 문서작성 능력을 표현하고, 파워포인트를 이용하여 만든 제안서나 분석기획안, 엑셀을 이용한 데이터분석 및 자료제시, 포토샵, 일러스트레이터 등을 이용한 로고디자인이나 플래카드 도안, 명함 관리나 인사 관리를 위한 데이터베이스 기획안, 회사 홈페이지 분석 및 기획안, 자주 쓰는 사무영어, 비서업무에 활용되는 업무자료 등을 넣습니다. 물론 깔끔한 디자인의 표지, 목차, 이력서, 자기소개서, 영문이력서, 영문자기소개서, 자격증 원본을 삽입합니다. 이 모든 자료를 클리어폴더에 컬러로 출력하여 포트폴리오로 구성합니다. 한 장의 이력서에 적은 자격증 여러 개보다 이 포트폴리오에서 자신의 실무능력을 표현하는 것이 입사지원에서 가산점을 받을 수 있는 길임은 확실합니다.

예제

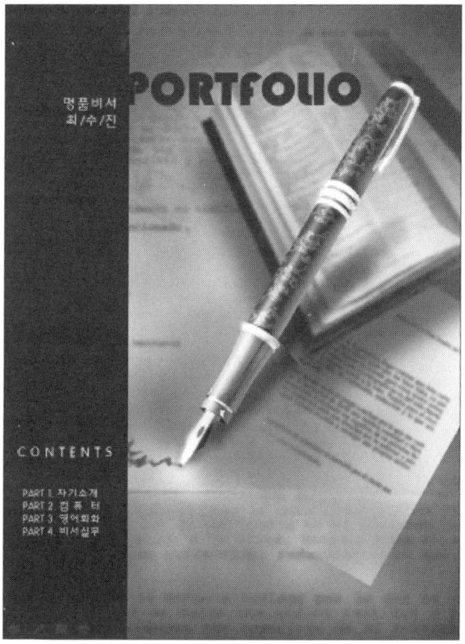

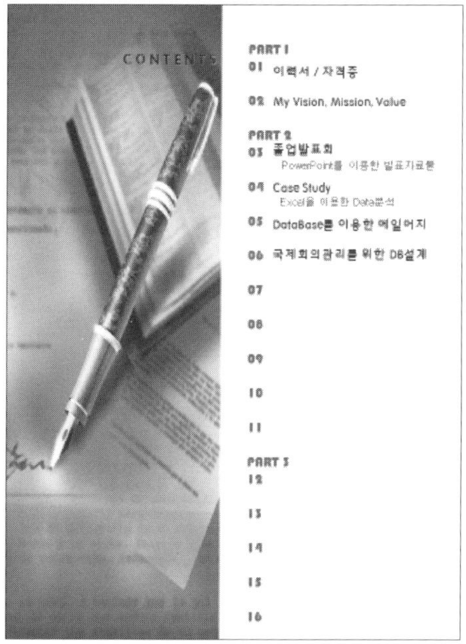

세로 방향의 슬라이드를 만들기 위해 [페이지 설정]–[방향]–[슬라이드]–[세로]를 이용하고 다음과 같은 디자인을 만들어 보세요. 초보자인 우리가 멋지고 가독성이 뛰어난 디자인을 만들기는 어려우니 시중에 나와 있는 잡지 디자인을 벤치마킹 해 보세요. 평소에도 인쇄물 전문가가 편집한 신문이나 잡지에 사용된 글자의 폰트, 글자의 크기, 그림의 선정, 그림의 위치, 레이아웃 등을 잘 살펴보시면 좋은 편집물을 만드는 데 도움이 됩니다.

Presentation Tip 다양한 프레젠테이션 자료

흑백 오버헤드 / 컬러 오버헤드 : Overhead Projector, 투시물 환등기, 즉 OHP를 말합니다. OHP를 쓸 때 transparency film은 담겨지는 내용을 만드는 용도겠지요. OHP는 필름의 오버레이(overlay) 기법을 사용하여 여러 장의 필름을 한꺼번에 보여 줄 수 있거나 발표 도중 추가로 내용을 첨가할 수 있는 등의 장점이 있습니다.

35mm 슬라이드 : 슬라이드 캐러셀(carousel)에 35mm의 작은 슬라이드를 끼워서 사용합니다. 이미지가 선명하고 질이 좋으며, 대규모의 발표장에서 조명을 어둡게 하여 이용하는 것이 적합합니다.

Overhead Projector

35mm 슬라이드

Beam Projector

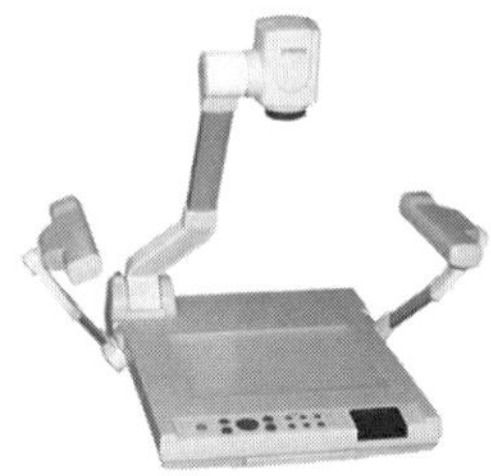

실물화상기

매체별 조명 설정

35mm 슬라이드는 불을 끄고 사용하면 화면이 더 명확하게 보이는 효과를 갖지만, OHP (Overhead Projector)를 사용시에는 불을 켜고 사용합니다.

한 프레젠테이션에서 일관되게 한 가지의 프레젠테이션 매체만을 쓰는 것이 아닌 자료에 따라 주제에 따라 여러 프레젠테이션 매체를 효과적으로 활용하도록 합니다. 그 예로, 평창 올림픽 제안 PT에서 평창의 아름다운 자연을 생생한 색감으로 표현하기 위해 사용한 35mm 필름을 사용한 예나, 수강생이 수백 명에 이르는 하버드대 메모리얼홀에서 있었던 마이클샌들의 실물화상기와 OHP 강의에서 프레젠테이션 매체의 다양함을 엿볼 수 있습니다.

2 파일 저장하기

새롭게 만든 프레젠테이션을 저장하거나 기존 프레젠테이션을 다른 이름으로 저장하여 파일 방식을 바꾸어 유용한 자료로 사용할 수 있습니다. PowerPoint 97-2003 프레젠테이션은 ppt파일 방식이며, PowerPoint 2007 이후 PowerPoint 프레젠테이션은 pptx의 확장자를 갖습니다. 2007버전 이후의 확장자에 붙는 x는 xml을 의미합니다. xml방식을 채택하여 압축이나 보완 기능이 향상되었다고 보면 됩니다.

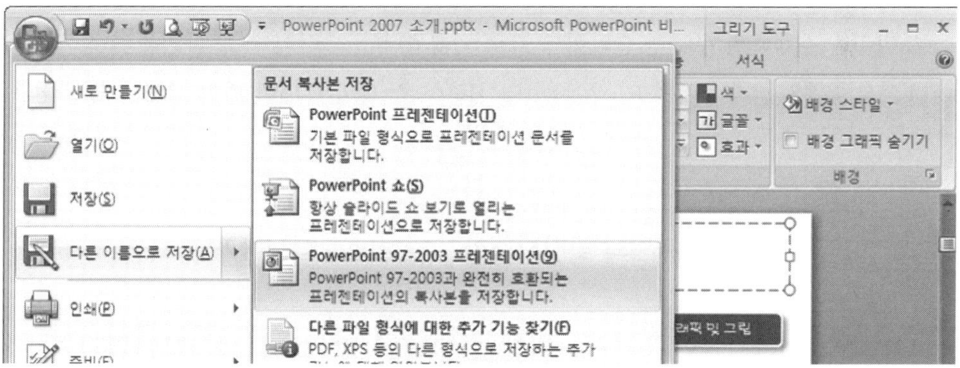

가. 프레젠테이션 쇼 파일로 저장하기

[저장/보내기]-[파일 형식]에서 프레젠테이션 파일 확장자를 PowerPoint(*.ppsx)로 저장합니다.

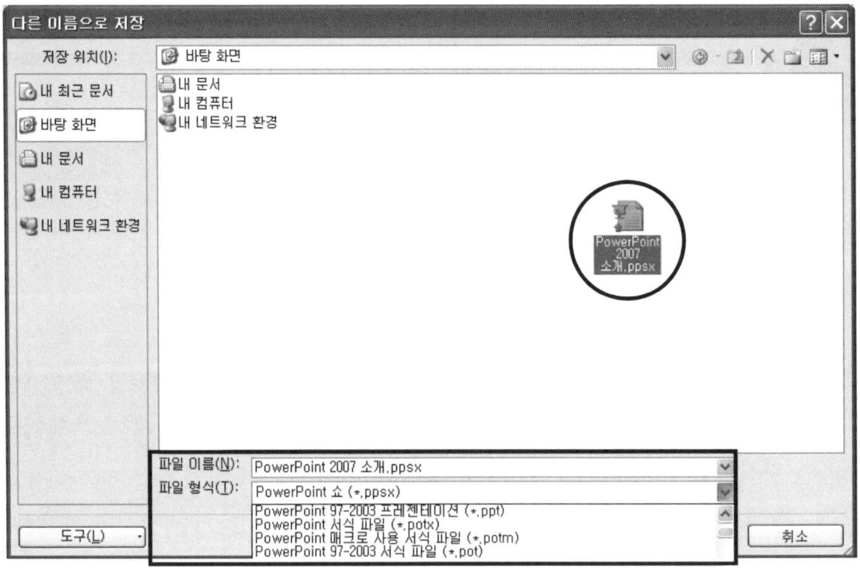

쇼 파일은 실행하면 무조건 슬라이드 쇼로 실행됩니다. 슬라이드 쇼 파일을 수정 편집하려면 프로그램을 먼저 구동하고, 파일을 [열기]하여 쇼 파일을 열면 편집 상태로 열립니다.

Basic Tip 파일의 확장자명까지 나타나게 설정하기

바탕 화면의 내 문서 또는 탐색기를 실행합니다. [도구]-[폴더 옵션]-[보기] 탭-[알려진 파일 형식의 확장명 숨기기]를 체크 해제합니다. 이 설정으로 파워포인트뿐 아니라 모든 응용 프로그램과 탐색기에서 확장자를 볼 수 있습니다.

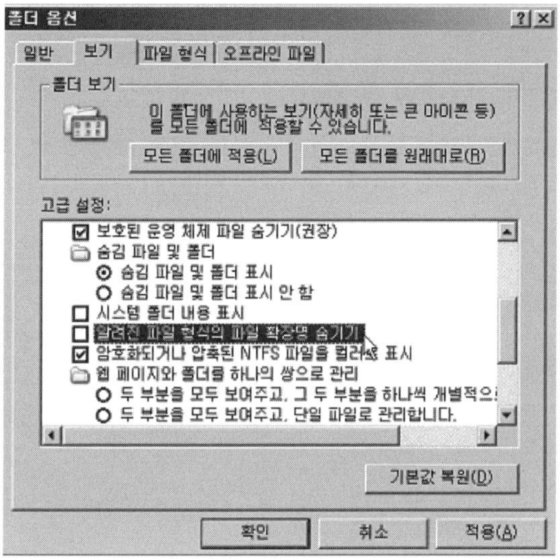

나. PDF로 저장하기

PDF 문서 형식은 문서의 최종본을 수정할 수 없도록 레이아웃을 고정해서 제출할 때 유용합니다. 스마트폰에서도 PDF로 저장한 파워포인트 파일을 볼 수 있습니다.

- Portable Document Format(.pdf) : 문서 서식이 보존되며 파일 공유가 가능한 Adobe Systems의 PostScript 기반 전자 파일 형식으로 저장하는 데 사용합니다.
- XPS 문서 형식 : 최종 형태로 문서를 교환하기 위한 Microsoft의 새 전자 문서 형식으로 저장하는 데 사용합니다.

2007에서는 PDF로 저장하기 위해 [다른 파일 형식에 대한 추가 기능 찾기]를 실행해야 합니다.

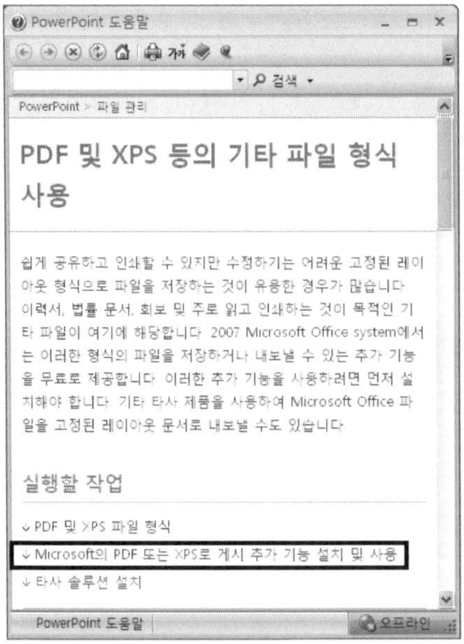
PowerPoint 도움말
PowerPoint > 파일 관리
PDF 및 XPS 등의 기타 파일 형식 사용
쉽게 공유하고 인쇄할 수 있지만 수정하기는 어려운 고정된 레이아웃 형식으로 파일을 저장하는 것이 유용한 경우가 많습니다. 이력서, 법률 문서, 회보 및 주로 읽고 인쇄하는 것이 목적인 기타 파일이 여기에 해당합니다. 2007 Microsoft Office system에서는 이러한 형식의 파일을 저장하거나 내보낼 수 있는 추가 기능을 무료로 제공합니다. 이러한 추가 기능을 사용하려면 먼저 설치해야 합니다. 기타 타사 제품을 사용하여 Microsoft Office 파일을 고정된 레이아웃 문서로 내보낼 수도 있습니다.
실행할 작업
PDF 및 XPS 파일 형식
Microsoft의 PDF 또는 XPS로 게시 추가 기능 설치 및 사용
타사 솔루션 설치
PowerPoint 도움말
오프라인

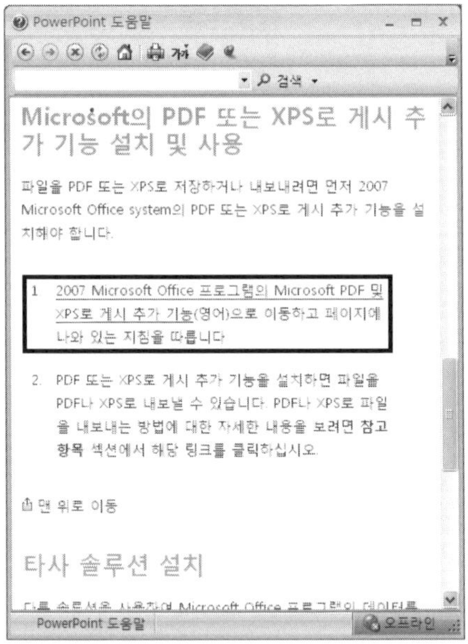
PowerPoint 도움말
Microsoft의 PDF 또는 XPS로 게시 추가 기능 설치 및 사용
파일을 PDF 또는 XPS로 저장하거나 내보내려면 먼저 2007 Microsoft Office system의 PDF 또는 XPS로 게시 추가 기능을 설치해야 합니다.
1. 2007 Microsoft Office 프로그램의 Microsoft PDF 및 XPS로 게시 추가 기능(영어)으로 이동하고 페이지에 나와 있는 지침을 따릅니다.
2. PDF 또는 XPS로 게시 추가 기능을 설치하면 파일을 PDF나 XPS로 내보낼 수 있습니다. PDF나 XPS로 파일을 내보내는 방법에 대한 자세한 내용을 보려면 참고 항목 섹션에서 해당 링크를 클릭하십시오.
맨 위로 이동
타사 솔루션 설치
PowerPoint 도움말
오프라인

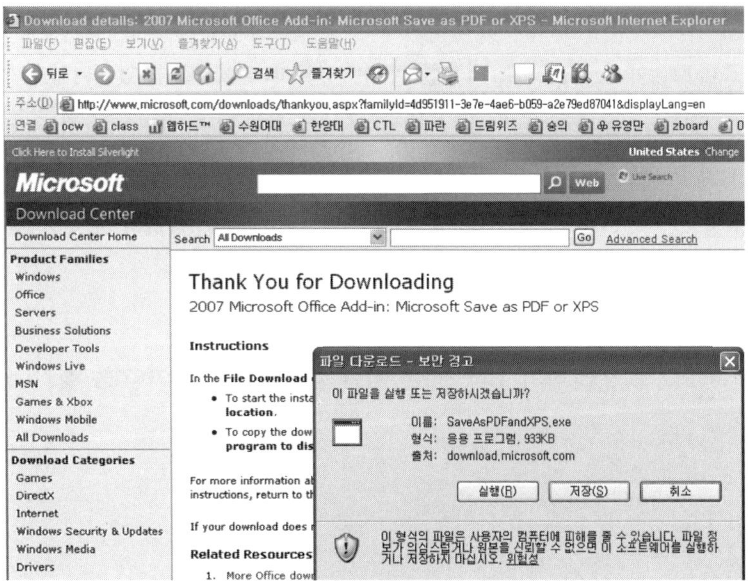
Download details: 2007 Microsoft Office Add-in: Microsoft Save as PDF or XPS - Microsoft Internet Explorer
http://www.microsoft.com/downloads/thankyou.aspx?familyId=4d951911-3e7e-4ae6-b059-a2e79ed87041&displayLang=en
Microsoft
Download Center
Download Center Home
Product Families
Windows
Office
Servers
Business Solutions
Developer Tools
Windows Live
MSN
Games & Xbox
Windows Mobile
All Downloads
Download Categories
Games
DirectX
Internet
Windows Security & Updates
Windows Media
Drivers
Thank You for Downloading
2007 Microsoft Office Add-in: Microsoft Save as PDF or XPS
Instructions
파일 다운로드 - 보안 경고
이 파일을 실행 또는 저장하시겠습니까?
이름: SaveAsPDFandXPS.exe
형식: 응용 프로그램, 933KB
출처: download.microsoft.com
실행(R)
저장(S)
취소
이 형식의 파일은 사용자의 컴퓨터에 피해를 줄 수 있습니다. 파일 정보가 의심스럽거나 원본을 신뢰할 수 없으면 이 소프트웨어를 실행하거나 저장하지 마십시오. 위험성

실행 후 PDF로 저장합니다. 위의 추가 기능 설치 후 PDF 또는 XPS로 게시합니다.

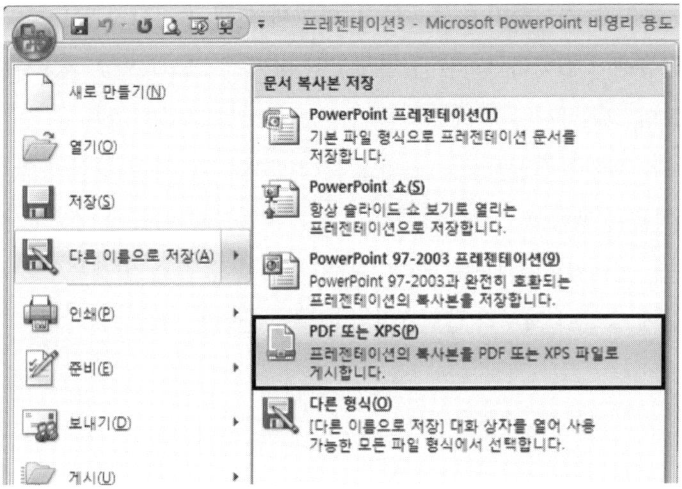

파일의 저장 위치와 파일명, 파일의 크기를 정합니다.

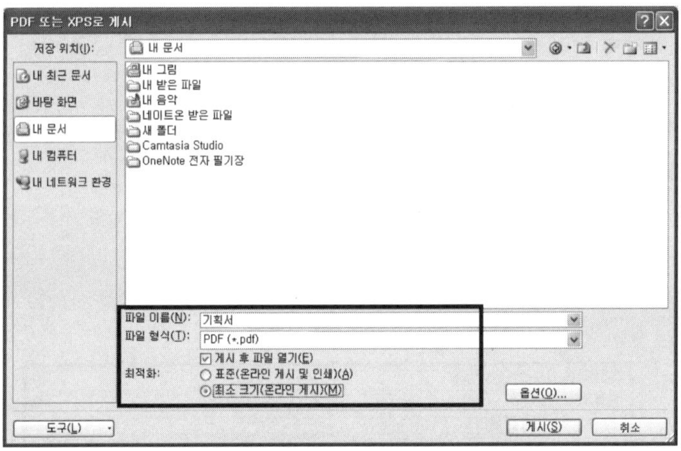

다. 그림파일로 저장하기

파워포인트 파일을 게시하거나 공유하되, 타인에 의해 수정되지 않도록 하기 위해서는 그림 형태로 공유해야 합니다. 슬라이드를 jpg, bmp 등의 그림파일로 저장하면 스마트폰이나 아이패드 등의 장치에서 이미지 쇼 기능을 이용하여 슬라이드 쇼를 볼 수 있습니다.

[다른 이름으로 저장]-[다른 형식]-[파일 형식]에서 다른 파일 형식의 확장자를 선택합니다. 저장 위치를 선택하고 [저장] 단추를 누르면 모든 슬라이드를 내보낼지, 현재 슬라이드만 내보낼지를 선택합니다. [모든 슬라이드]를 선택할 경우 파일 제목으로 폴더가 만들어지면서 폴더 안에 슬라이드1부터 끝번호까지 그림을 생성합니다.

Basic Tip

그림파일 형식

- Gif : 미국의 CompuServe사가 개발한 그래픽 포맷, Graphics Interchange Format으로 서로 다른 기종간 그래픽 파일 전송을 원활하게 만들기 위해 개발되었다. 246컬러만을 지원하기에 컬러 수를 줄여주는 인덱싱이 필요하며, 이 과정 중 이미지 손상이 가능하고 투명 처리가 가능하다.
- Jpg : 현재 가장 많이 사용되는 그래픽 파일 형식으로 높은 압축율, 화질 손실이 비교적 적다.
- Png : Gif Interlace 기능 같은 특수 효과를 그대로 사용하면서 Jpg와 유사하게 압축율이 높다.

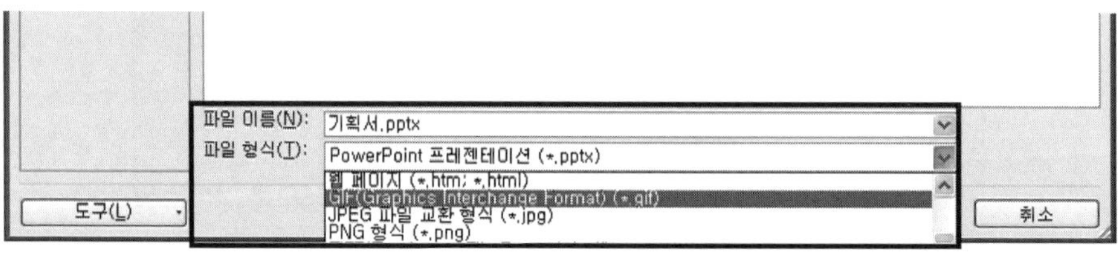

라. 암호를 걸어 파일 저장하기

방법 1 〈2010〉 [파일]-[정보]-[프레젠테이션 보호]-[암호 설정]

〈2007〉 [Office 단추]-[준비]-[문서 암호화]에 암호를 지정합니다.

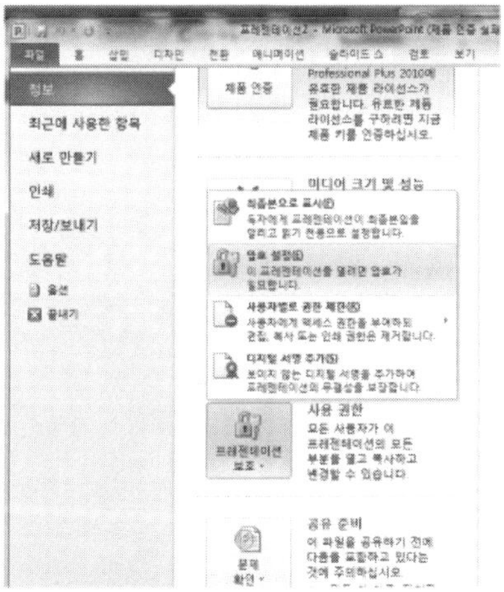

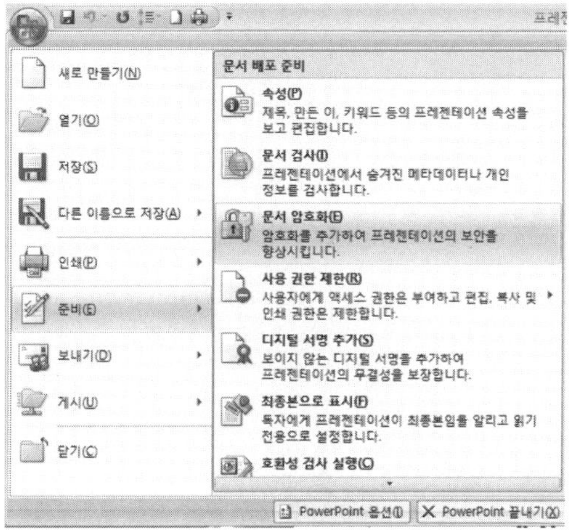

방법 2 [다른 이름으로 저장]-[도구]-[일반 옵션]-암호 설정-[확인]-암호 확인

암호는 영문과 숫자로 구성, 영문은 대문자와 소문자를 구분하니 [Shift]와 [Caps Lock] 상태를 확인합니다. 암호 분실시 파일은 삭제할 수 있으나 복구는 어렵습니다.

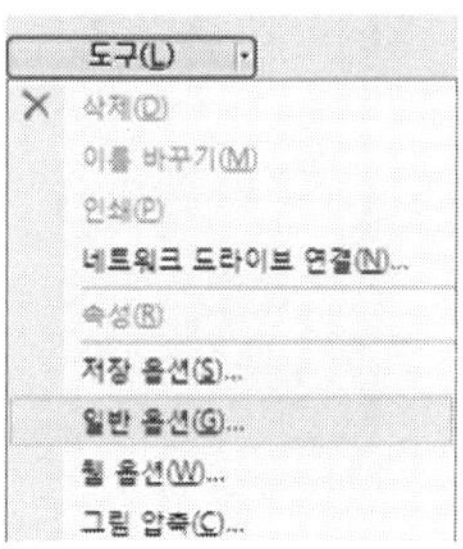

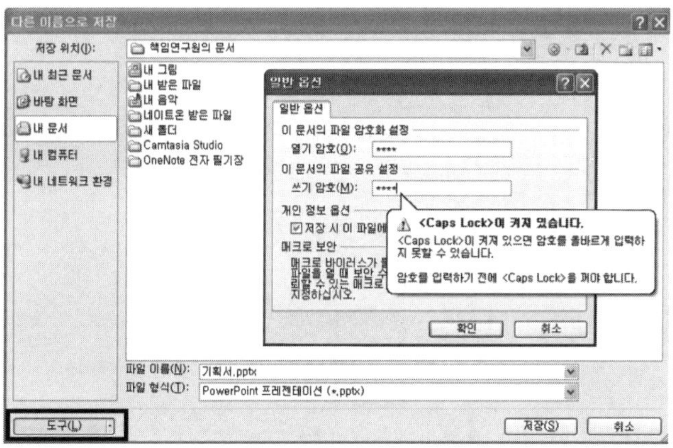

▶ 이외에도 [다른 이름으로 저장]을 이용하면 다른 파일 형식으로 저장하는 모든 메뉴를 이용할 수 있습니다.

마. 폰트를 포함하여 파일 저장하기

방법 1 [파일]-[옵션]-[저장]-[파일의 글꼴 포함]

방법 2 [다른 이름으로 저장]-[도구]-[저장 옵션]-[파일의 글꼴 포함]

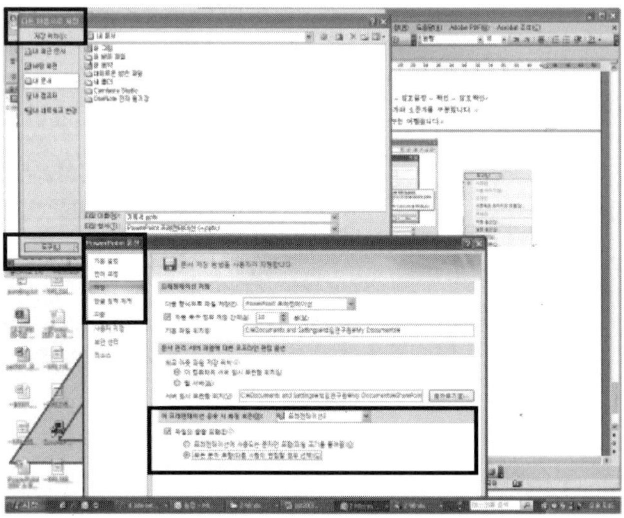

Basic Tip

폰트 설치하기

사용하는 글자체(font face)를 확장하고 싶다면 인터넷에서 [fonts, 폰트, 서체] 등으로 검색하여 글꼴을 무료나 유료로 다운받습니다.

검색을 통해 관련 사이트에 들어가서 필요한 폰트를 다운받습니다. 다운받은 폰트의 zip 파일을 풉니다.

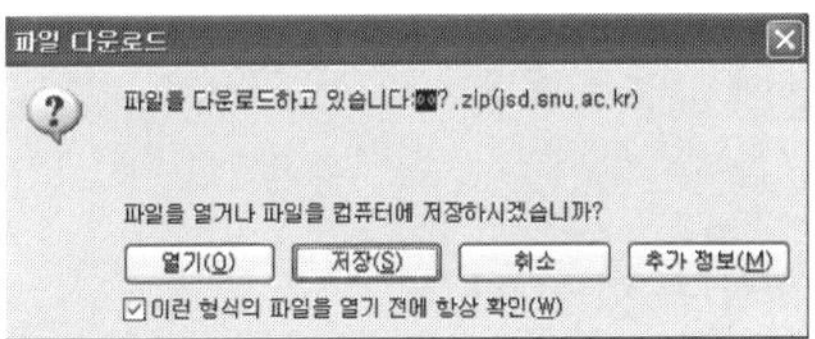

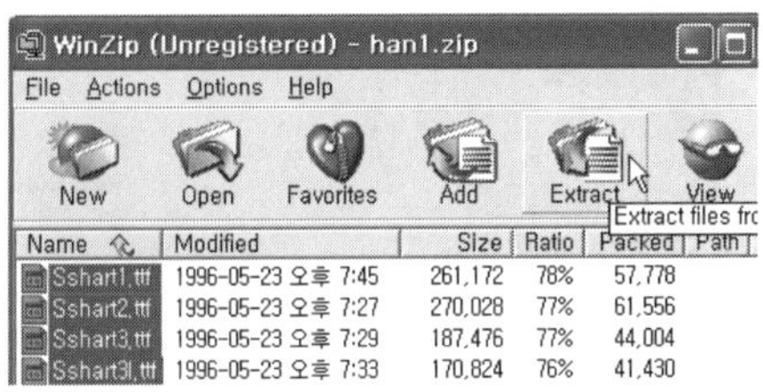

윈도우 탐색기에서 c:₩windows₩fonts 폴더를 보면 현재 시스템에 설치되어 있는 글꼴이 표시됩니다. 먼저 다운받아서 압축(zip)을 해제한 폰트 파일을 c:₩windows₩fonts 폴더에 복사합니다.

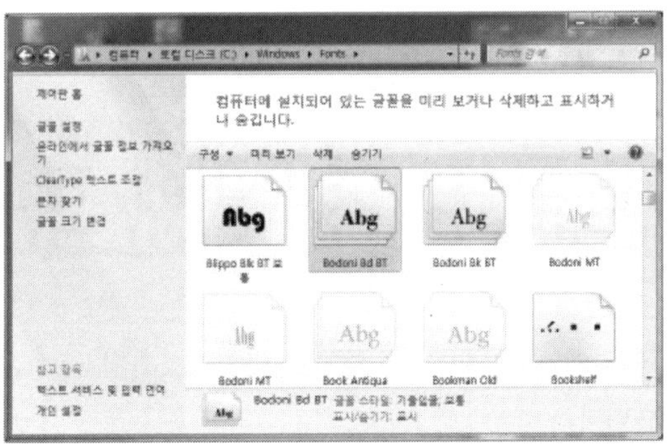

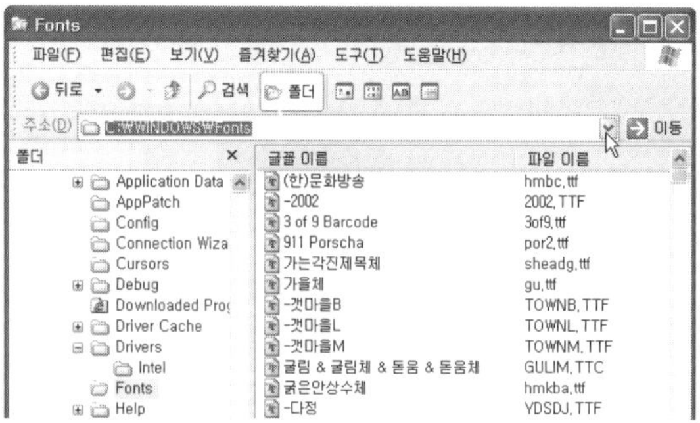

글꼴 창에 새로운 글꼴 파일이 추가되었는지 확인합니다. 파워포인트에서도 목록에 추가되었는지 확인합니다. PowerPoint 2010은 프로그램을 구동하면서 글꼴을 불러오기 때문에 글꼴을 추가하였다면 PowerPoint 2010을 재구동해야 글꼴을 사용할 수 있습니다.

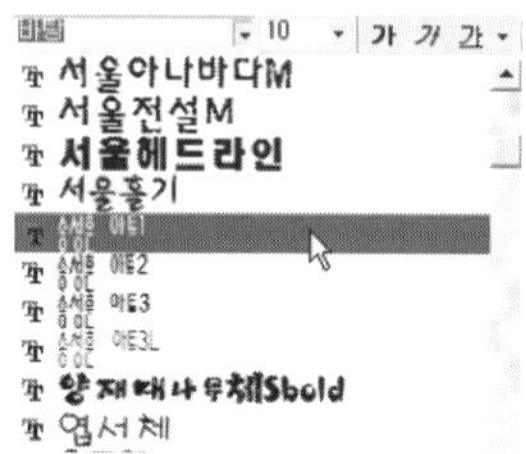

각각의 폰트는 두 번 클릭하면 그 글자 모양을 확인할 수 있습니다.

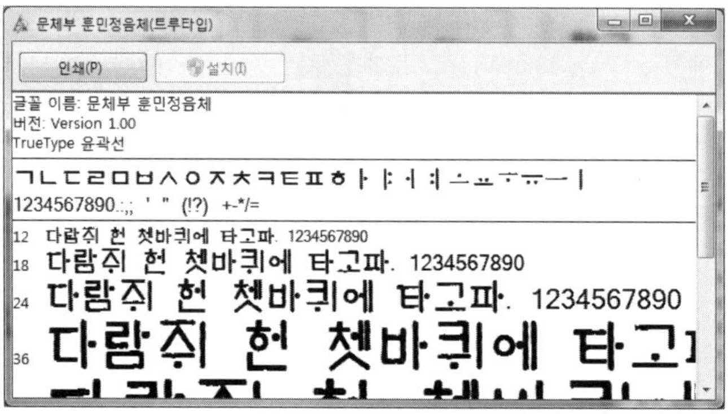

폰트를 바꾸는 경우, 폰트의 모양에만 집중하기보다는 기호까지 제대로 만들어진 폰트인지를 확인하는 것이 좋습니다.

바. 비디오 만들기(2010)

파워포인트 버전이 업그레이드될수록 Photoshop 같은 그래픽스나 동영상 편집 툴인 Premier, Camtasia 등의 기능을 추가 내장하면서 파워포인트 프로그램이 발달합니다. 이번엔 동영상을 만들 수 있는 기능입니다.

[파일]-[저장/보내기]-[비디오 만들기]-오른쪽 화면에서 품질을 선택합니다.

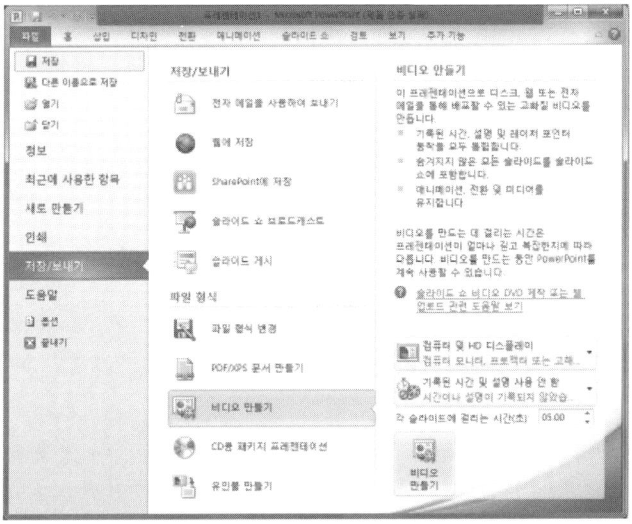

고해상도용(960×720), 웹 업로드 및 DVD제작용 중화질(640×480), 휴대장치용(320×240) 중에 화질과 크기를 선택할 수 있습니다.

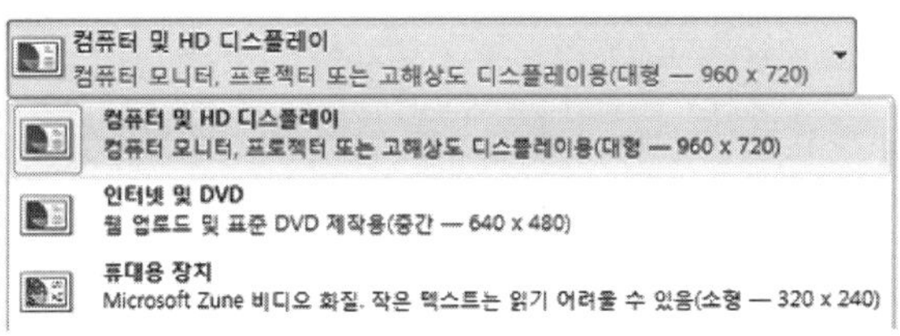

[기록된 시간 및 설명 사용]을 설정합니다. 슬라이드 쇼를 진행하면서 설명을 녹음할 수 있습니다. 하위 메뉴인 [시간 및 설명 기록]을 클릭하여 녹화 항목을 선택하고 [녹화 시작]에 들어갑니다. 녹화 후 [비디오 만들기]를 클릭하고 파일 이름을 지정하면 비디오 파일이

생성됩니다. 확장자는 wmv가 붙습니다.

생성된 비디오 파일을 Windows Media Player 등의 동영상 재생기에서 애니메이션과 화면 전환 효과가 들어있는 동영상으로 볼 수 있습니다.

사. 유인물 만들기(2010)

PowerPoint 2010의 유인물 만들기는 PowerPoint 2007에는 없었지만 PowerPoint 2003의 [워드로 보내기]라는 메뉴가 부활된 것입니다. 유인물 만들기는 여러모로 유용하게 사용될 수 있지만, 워드로 슬라이드 노트의 내용을 한번에 보낼 수 있는 장점이 있으며 슬라이드 노트의 인쇄로도 적합합니다.

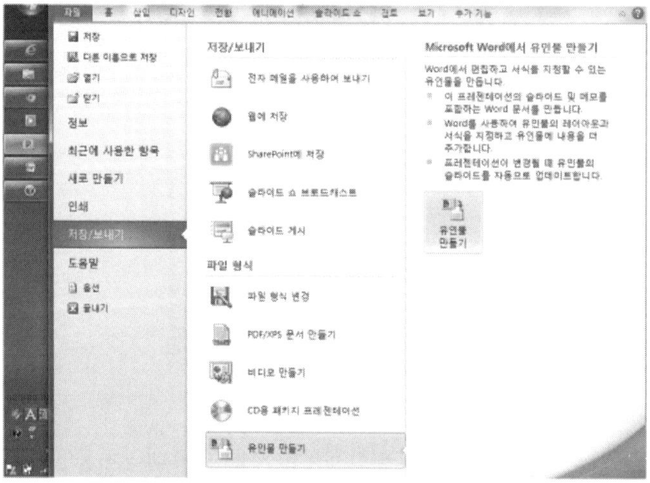

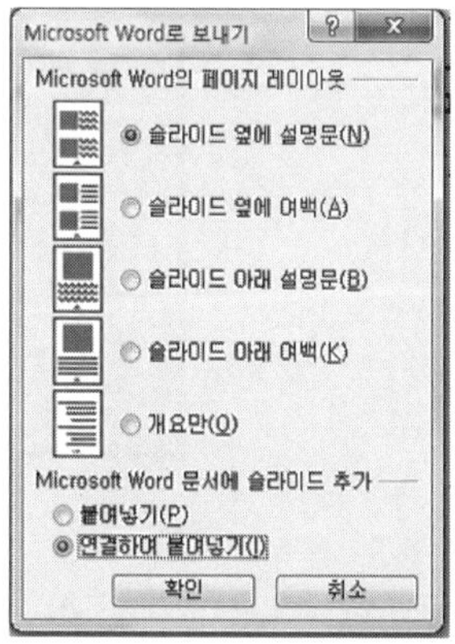

[슬라이드 옆에 설명문]을 사용하면 슬라이드 노트의 내용이 설명문의 위치에 놓이는 표가 구성됩니다. Microsoft Office Word에서 생성된 표에 슬라이드 번호, 슬라이드, 슬라이드 노트가 정렬되며, 표 레이아웃이나 페이지 레이아웃을 수정해도 무방합니다.

[연결하여 붙여넣기]로 추가할 경우, 슬라이드의 내용 업데이트와 링크가 설정되어 있습니다. Word에서 슬라이드 그림파일을 선택하면 PowerPoint의 해당 페이지를 열어주거나, PowerPoint 파일이 수정되면 Word에서 수정사항의 반영 여부를 묻습니다. 그러나 슬라이드 노트의 내용은 만든 시점에 한 번만 불러오기가 될 뿐 링크가 설정되지는 않습니다.

3 자동실행 슬라이드

가. 글상자 만들기

[홈]이나 [삽입] 메뉴에서 [텍스트 상자]를 선택합니다. 텍스트 상자를 만드는 방법은 아래와 같은 두 가지 방법이 있습니다. 포토샵, 일러스트레이터, 플래쉬 등에서도 글상자를 만드는 방법이 동일합니다.

- 단검모양의 아이콘을 슬라이드 바닥에 클릭하고 글자를 입력합니다.
  ⇨ Enter 누르기 전까지 글자가 가로로만 입력됩니다.
- 입력할 상자 크기로 영역을 선택한 후 글자를 입력합니다.
  ⇨ 처음에 지정한 상자 크기를 넘으면 다음 줄로 넘어갑니다.

▶ 글상자의 크기 변경 : 텍스트 상자의 테두리를 선택하여 조절점에 마우스를 위치시키면 양방향 화살표 만들어질 때 클릭 앤 드래그합니다.

▶ 글상자의 위치 변경 : 글상자의 테두리에 마우스를 위치시키면 네 방향 화살표 만들어질 때 클릭 앤 드래그합니다.

▶ 글상자 전체 삭제 : 텍스트 상자의 테두리를 한 번 더 클릭한 후 Delete를 누릅니다. 텍스트 상자를 선택하면 입력 마우스 I 모양이 없어집니다.

▶ 글상자 내부의 글자를 수정할 때는 상자 안에 입력 마우스가 있고 테두리가 빗살무늬일 때 수정할 수 있습니다.

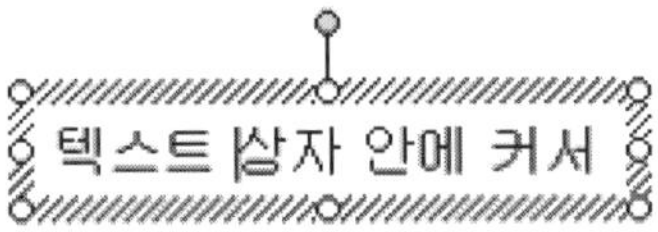

Useful Tip

전체 글꼴 바꾸기

[홈]-[편집]-[바꾸기]-[글꼴 바꾸기]에서 현재 글꼴과 새 글꼴을 선택하고 바꾸면 프레젠테이션 안의 해당 글꼴이 모두 바뀝니다. 모든 개체에 삽입되어 있는 글꼴을 일괄적으로 변경합니다.

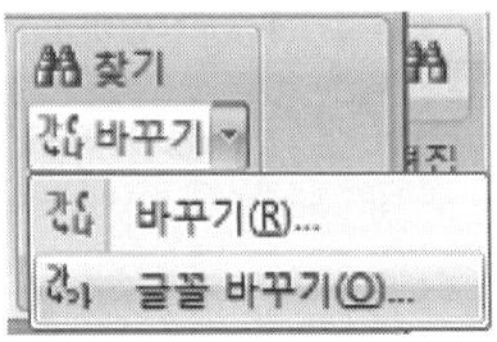

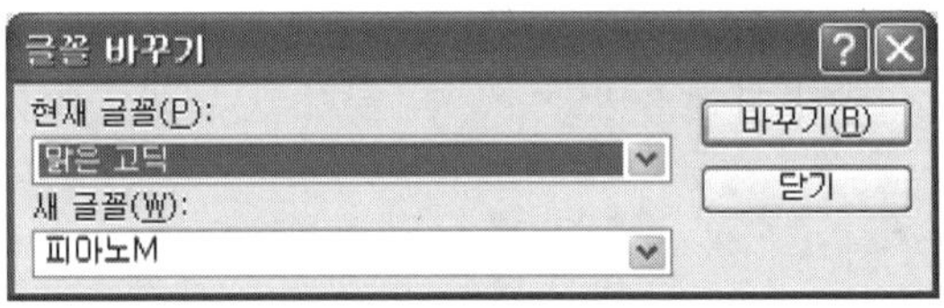

슬라이드 레이아웃을 적용하면 생기는 기본 제목 글상자 및 내용 글상자의 서식을 일괄적으로 변경할 때는 [보기]-[마스터]-[슬라이드 마스터]에서 [슬라이드 레이아웃에서의 제목 영역], [슬라이드 레이아웃에서의 개체 영역]을 수정함으로 전체 슬라이드의 글자 서식을 변경할 수 있습니다. 그러나 슬라이드 레이아웃의 영향을 받지 않는 기본 글상자 이외의 추가 개체 영역, 예를 들어 표, 그리기 도형, 텍스트 상자 등의 글자 서식은 [글꼴 바꾸기]에 의해서만 변경이 됩니다.

나. 화면 전환 효과

한 슬라이드에서 다음 슬라이드로 전환될 때 화면 효과를 설정합니다. 슬라이드에 시간을 지정해 일정시간이 되면 자동으로 다음 슬라이드로 전환이 되도록 설정할 수 있습니다.

〈2007〉 [애니메이션] 메뉴에서 [슬라이드 화면 전환] 중 하나를 선택합니다.
〈2010〉 [전환] 메뉴에서 [슬라이드 화면 전환] 그룹에서 하나를 선택합니다.

- [소리] : 화면 전환 중의 소리를 설정합니다.
- [기간/화면 전환 속도] : 화면 전환 효과가 진행되는 속도를 지정합니다. 기간은 초단위로 설정하며, [화면 전환 속도]는 [빠르게], [중간], [느리게] 중 선택합니다.
- [모두 적용] : 설정한 화면 전환 효과를 문서 안의 모든 슬라이드에 적용합니다.
- [화면 전환] : [마우스를 클릭할 때] 또는 지정한 [시간 후]에 자동으로 화면이 전환되도록 설정할 수 있습니다. 자동으로 슬라이드가 전환되게 하려면 화면 전환에서 [다음 시간 후 자동 전환]에 〈분 : 초〉 단위를 입력합니다. 현재 슬라이드에서 다음 슬라이드로 이동하는 시간을 의미합니다. 1초 이하의 단위는 00 : 00.5 형식으로 입력합니다.

〈2007〉

〈2010〉

[효과 옵션]에서 나타나는 방향 등을 세부 설정할 수 있습니다.

화면 전환 효과를 설정하고 나면 슬라이드의 왼쪽 아래에 별모양이 생깁니다. 별모양 표시는 해당 슬라이드에 애니메이션 효과가 적용되었다는 의미입니다. 슬라이드를 [Shift](연속한 슬라이드), [Ctrl](개별적 슬라이드)로 선택하여 여러 슬라이드에 효과를 적용할 수 있습니다.

슬라이드에 간지를 사용하는 내용 전환 부분이나 중요한 시점에서는 화려한 전환 효과를 써서 청중의 시선을 끌기도 합니다. 매 장표마다 너무 화려한 효과를 설정하면 주제에 집중하지 못하게 되거나 시간이 길어져 지루해질 수 있으니 주의합니다!

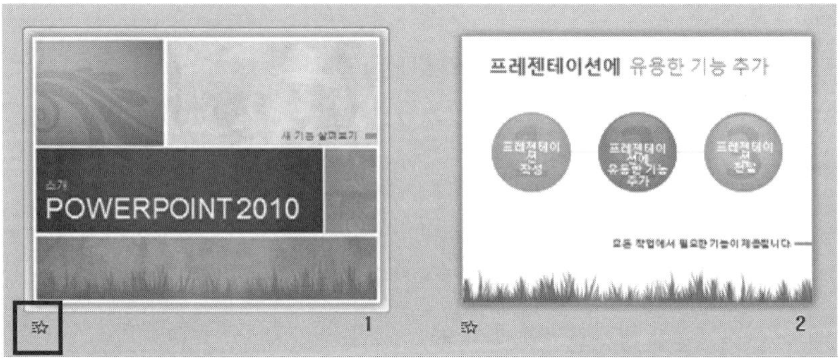

다. 애니메이션

애니메이션을 설정할 개체를 선택하고 애니메이션을 설정합니다. 여러 개체에 동일한 애니메이션 효과를 줄 때에는 [Shift]로 여러 개체를 선택하고 애니메이션을 설정합니다.

1) 애니메이션 설정하기

〈2007〉 적용할 개체를 선택하고 [애니메이션]-[애니메이션] 목록 단추에서 하나를 선택하여 애니메이션을 지정합니다. 또는 [애니메이션]-[(사용자 지정) 애니메이션] 작업 창-[효과 적용]을 이용합니다. 글상자를 선택하고 [(사용자 지정) 애니메이션] 작업 창에서 [효과 적용] 버튼을 클릭하고, 애니메이션을 선택합니다. [사용자지정 애니메이션]을 사용하면 오른쪽에 작업 창을 띄우고 각 개체별로 다양한 애니메이션을 지정하고 순서도 바꿀 수 있습니다.

〈2007〉

〈2010〉 적용할 개체를 선택하고 [애니메이션]-[애니메이션] 효과 중에서 하나를 선택하여 애니메이션을 지정합니다. [애니메이션]-[고급 애니메이션]-[애니메이션 창] 단추를 클릭해 화면 오른쪽에 [애니메이션 창]을 표시합니다. 효과는 [나타내기], [강조하기], [끝내기], [이동 경로]의 목록 중에서 원하는 효과를 선택합니다.

〈2010〉

2) 애니메이션 옵션

[애니메이션]에서 특정 효과는 애니메이션에 따라 글자 또는 단락 단위로 지정됩니다. 단락 단위로 나타나는 애니메이션을 글자 단위로 나타나도록 설정하고 싶다면, [사용자 지정

애니메이션] 작업 창에서 설정된 애니메이션 오른쪽의 드롭다운 버튼을 눌러 [효과 옵션]을 선택합니다. [효과 옵션] 대화 상자에서 [효과] 탭의 [텍스트 애니메이션]에서 [한꺼번에], [단어 단위로], [문자 단위로]를 선택합니다.

〈2007〉

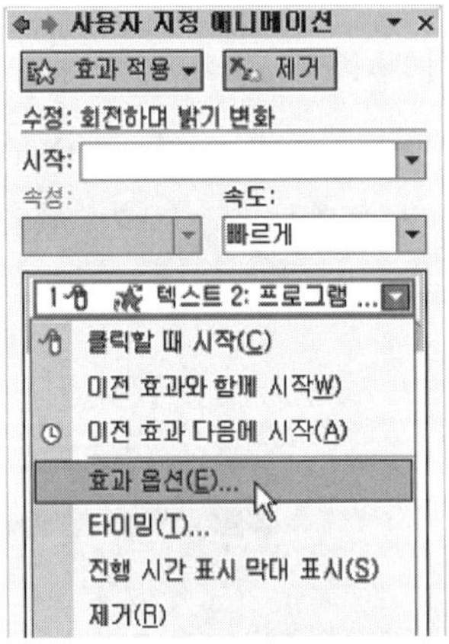

〈2010〉

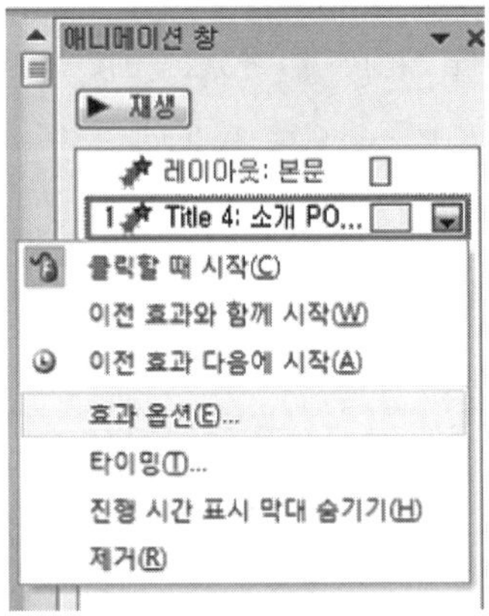

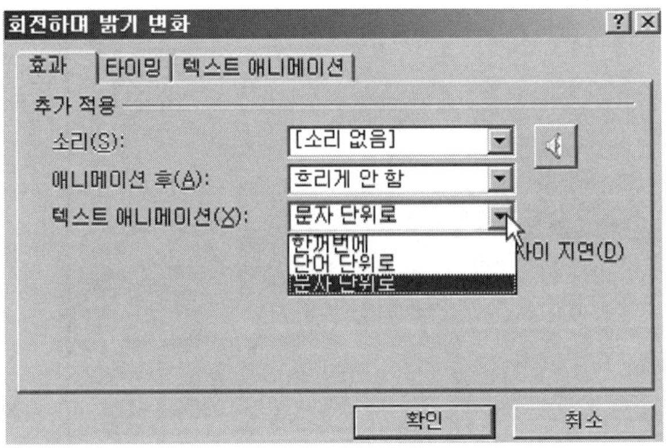

[애니메이션 창]에서 만들어진 애니메이션들을 [Ctrl], [Shift]로 선택하고 한꺼번에 옵션을 수정할 수 있습니다.

3) 애니메이션 복사

[서식 복사] 기능처럼 애니메이션도 복사할 수 있습니다. 아래 예제에서 왼쪽 도형에 애니메이션이 설정된 상태에서 왼쪽 도형을 선택하고 [애니메이션]−[고급 애니메이션]−[애니메이션 복사]를 두 번 클릭합니다. 마우스 포인터의 모양이 붓모양 아이콘으로 바뀌면 다른 개체에 차례대로 선택해서 애니메이션을 복사합니다. [애니메이션 창]에 추가되는 것을 볼 수 있습니다. [Esc]를 눌러 애니메이션 복사 상태를 해제합니다.

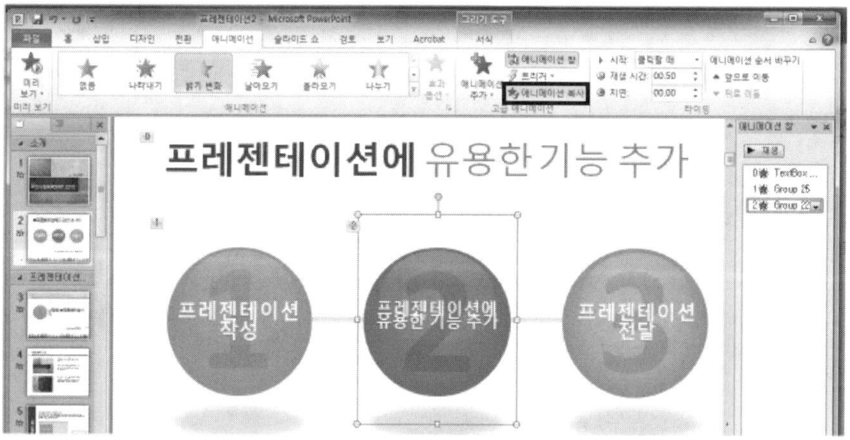

라. 배경음악 넣기

프레젠테이션 전체에 배경음악을 설정할 수도 있고, 삽입한 소리에 필요없는 부분을 잘라내어 원하는 부분만 들리게 할 수도 있습니다. 파워포인트에서 미디어 클립의 파일 형식은 midi, wav, mpeg, avi, gif 등이 있습니다.

1) 소리 파일 삽입하기

[삽입]−[미디어]−[소리]에서 소리 파일을 삽입합니다.

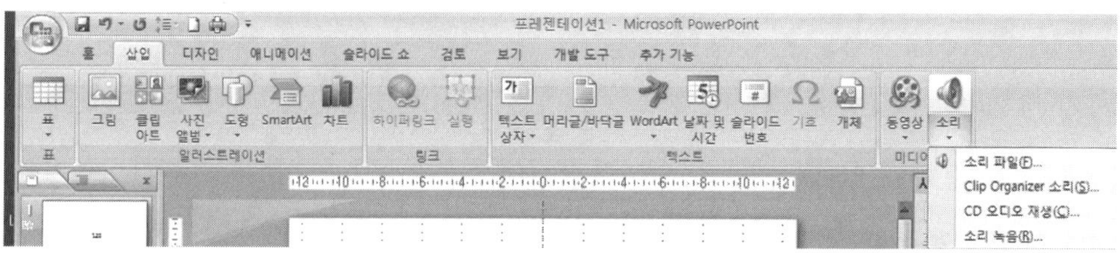

- [소리 파일] : 컴퓨터에 저장되어 있는 wav, midi, mp3 등의 소리 파일을 삽입합니다.
- [Clip Organizer 소리] : 클립아트 삽입 작업 창에서 소리 파일을 삽입할 수 있습니다.
- [CD 오디오 재생] : 프레젠테이션의 오디오 CD에 있는 음악을 사용할 수 있습니다. 이 기능은 프레젠테이션을 시작할 때 배경음악으로 많이 사용합니다.
  - [반복 재생]은 계속해서 트랙을 재생하고자 할 때 사용합니다.
  - [CD 오디오 재생]에서는 재생하려는 시작과 끝의 트랙을 선택하거나 위치를 시간 단위로 지정합니다.
- [소리 녹음] : 마이크를 사용해서 음성, 소리 등을 녹음하고 파일로 저장할 수 있습니다.

소리 및 동영상 파일을 삽입할 때 자동으로 재생할 것인지를 묻는 대화 상자가 나타납니다. [자동 실행]을 누르면 해당 슬라이드가 열릴 때나 이전 애니메이션 실행 후 소리 파일이 자동으로 재생되고, [클릭하여 실행]을 누르면 마우스로 소리 파일을 클릭해야 재생할 수 있습니다.

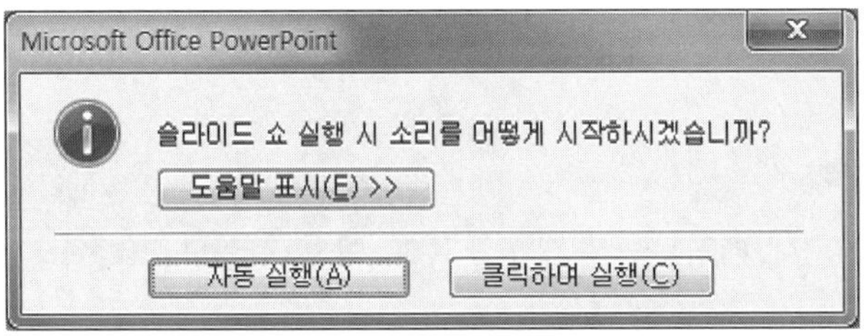

소리를 선택하면 나타나는 [소리 도구] 리본 메뉴의 [옵션]에서 [소리 재생]을 [자동실행], [클릭하여 실행], [모든 슬라이드에서 실행] 중 하나를 선택할 수 있습니다.

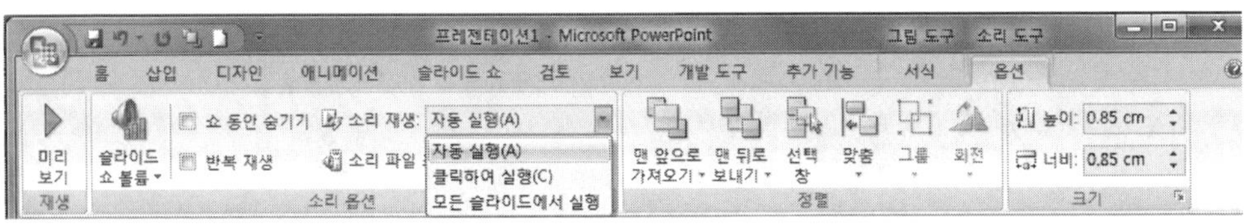

2) 소리 옵션 변경하기

[오디오 도구]-[재생]-[오디오 옵션]-[쇼 동안 숨기기]에 체크하면 슬라이드 쇼 상태에서 스피커 모양의 개체가 나타나지 않습니다.

음악의 실행은 다음 애니메이션 전까지만 실행되도록 기본 설정되어 있습니다. 배경음악처럼 모든 슬라이드에서 소리가 들리도록 하려면 소리 아이콘을 선택하고 [오디오 도구]-[재생]-[오디오 옵션]-[시작] 목록 단추-[모든 슬라이드에서 실행]을 선택합니다.

또는 [애니메이션 창]에 삽입된 음악 애니메이션의 [효과 옵션]으로 들어가 [재생 중지]의 라디오 버튼 중 [지금부터 * 슬라이드 후]에 임의의 숫자를 넣습니다.

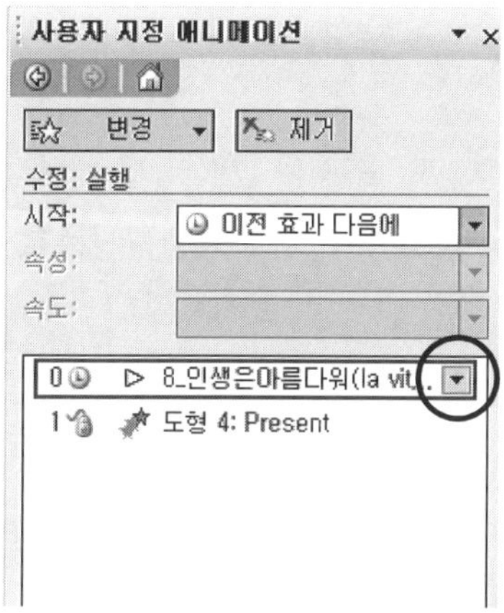

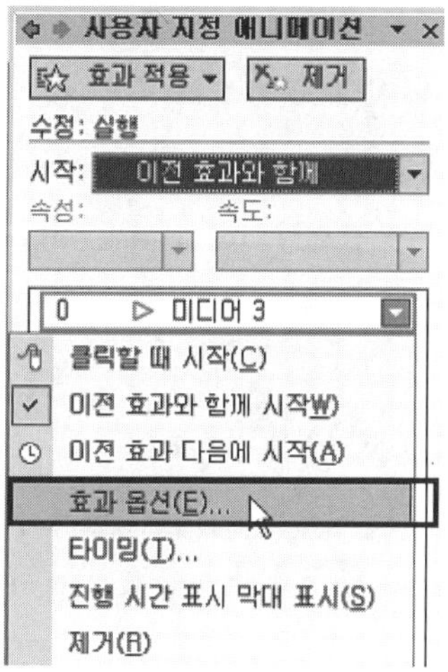

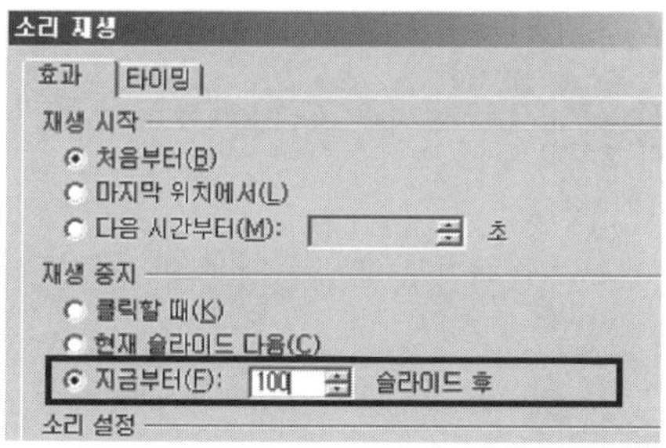

[오디오 도구]-[재생]-[오디오 옵션]-[반복 재생]에 체크 표시하면 음악은 슬라이드 쇼가 끝날 때까지 반복 재생됩니다. 또는 [애니메이션 창]에 삽입된 음악 애니메이션의 [효과 옵션]으로 들어가 [타이밍]-[반복]에서 [슬라이드가 끝날 때까지]를 선택합니다.

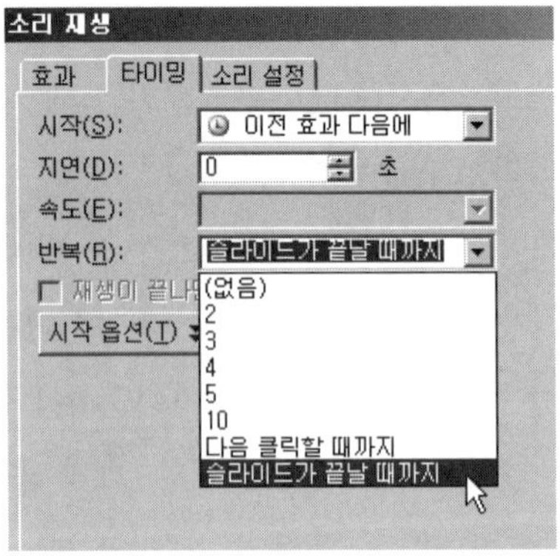

3) 소리 파일 트리밍하기

소리를 삽입하고 소리 아이콘을 선택한 후 [오디오 도구]의 [재생] 탭−[편집]−[오디오 트리밍] 단추를 클릭합니다. [오디오 맞추기] 대화 상자에서 [시작 시간]과 [종료 시간]을 지정하고 [확인]합니다.

4) 애니메이션 효과 트리거

트리거를 사용하면 슬라이드 쇼 중에 슬라이드 위의 개체를 클릭하거나 특정 비디오 부분을 재생할 때 애니메이션 효과를 표시할 수 있습니다.

5) [삽입]−[동영상]

- [동영상 파일] : 경로를 찾아가서 받아두었던 avi, mpeg 등과 같은 동영상 파일을 삽입할 수 있습니다.
- [Clip Organizer 동영상] : 클립아트에서 동영상 파일을 삽입할 수 있습니다.

마. 예행연습

[슬라이드 쇼]−[예행연습]을 눌러 슬라이드 쇼 상태에서 각 개체의 애니메이션과 화면전환 효과, 배경음악을 시연합니다. 예행연습 마지막에 [슬라이드 쇼를 볼 때 새 슬라이드 시간을 사용하시겠습니까?] 대화 창에서 [예]를 선택합니다. 예행연습의 기능으로 전체 파일의 자동 화면 전환이 이루어지게 됩니다.

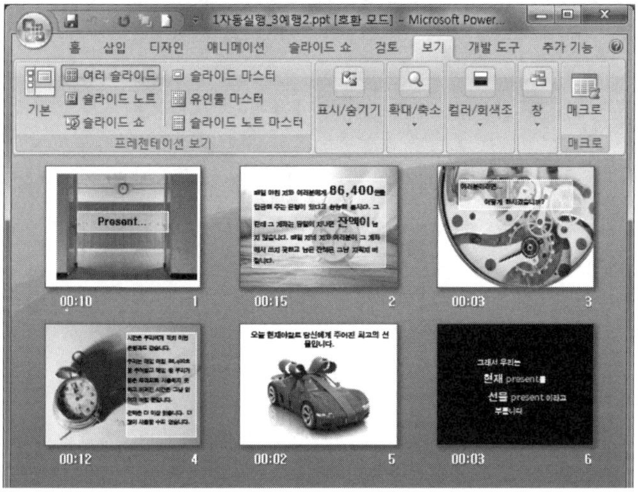

[슬라이드 쇼]-[쇼 설정]-[화면 전환]-[설정된 시간 사용] 라디오 버튼 선택을 확인합니다.

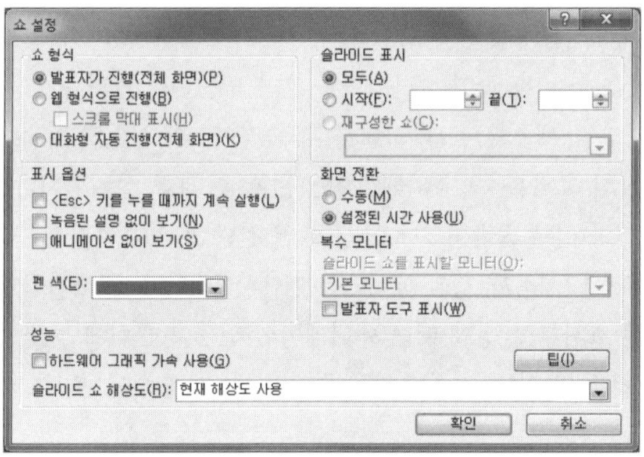

PROJECT 자동실행 슬라이드 만들기

자동실행 슬라이드는 회사나 개인의 기념일, 발표회 등에 음악과 영상, 글을 발표자 없이 효과적으로 전달할 수 있는 방법입니다. 여기서 단순한 사진의 나열보다는 내용을 구성하여 스토리텔링식으로 내용 전달을 해봅시다. 다음의 기획안 구성을 참조하십시오.

1. 주　제 :

키워드 :

(내용 파악, 멀티미디어, 서식 선정에 필요합니다.)

주제의 분류 : 정보전달 / 설득 / 동기부여 / 엔터테인먼트 / 행동화

(위 5가지 중에 중복선택할 수 있으며, 그 주제 분류에 맞는 내용 구성과 전달 전략을 사용합니다.)

2. 대상(청중) :

3. 내용 구성 :

4. 내용 전달 전략 :

인용 자료 : (주제를 부각시키기 위해 인용한 자료, 은유적 내용 등)

멀티미디어 : (미디어 종류 / 자료 출처)

서식 요소 : (폰트, 색상 콘셉트, 사진, 그림 등)

① 슬라이드를 추가하여 내용을 구성합니다. 개요 보기나 슬라이드 보기에서 [Enter], [Backspace], [Delete]를 눌러 슬라이드를 추가 또는 삭제합니다.

② 슬라이드에 배경그림, 텍스트, 소리 파일을 각 슬라이드에 삽입하고 적절하게 배치합니다.

③ 슬라이드 전환시의 효과를 주기 위해 [화면 전환] 효과를 설정합니다. [모든 슬라이드에 적용]을 사용하거나 일부 슬라이드에 특정 화면 전환 효과를 설정할 수 있습니다.

④ 각각 삽입된 개체에 [사용자 지정 애니메이션]에서 [나타나기] 효과를 적용합니다. 각 개체에 애니메이션 효과를 설정할 때는 애니메이션 실행이 클릭에 의해 실행되도록 하거나 이전 효과 다음에 등의 기본 값을 그대로 둡니다. 각 개체가 나타나는 순서를 조정합니다.

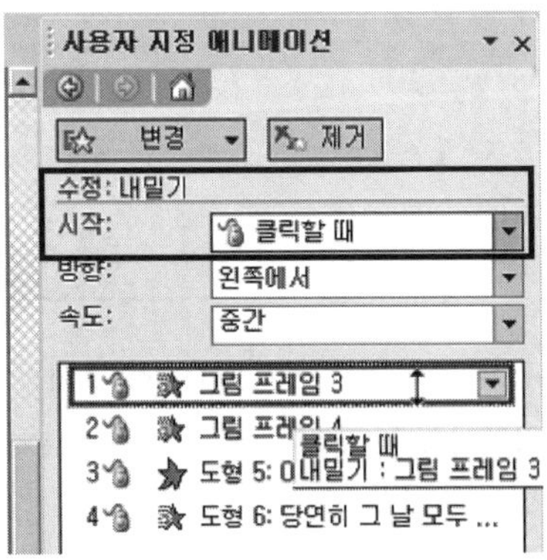

⑤ 배경음악을 삽입한다면 첫 슬라이드에 소리 파일을 삽입하고 다른 애니메이션보다 먼저 실행되도록 순서를 맨 위쪽으로 올립니다. 또한 마지막 슬라이드까지 음악이 진행되도록 설정하기 위해서 소리 파일의 콤보 상자를 눌러 [효과 옵션]에 들어갑니다. 재생중지 항목에 [지금부터 (　)슬라이드 후까지]에 넉넉하게 슬라이드 수를 입력합니다. 음악이 짧은 경우에는 슬라이드 쇼 마지막까지 반복되도록 설정하기 위하여 [타이밍] 탭에 [반복] 항목을 [슬라이드가 끝날 때까지]로 선택합니다.

⑥ 각 슬라이드에 삽입된 개체에 애니메이션 효과가 설정되었으면 자동으로 실행되도록 [예행연습]을 설정합니다. [예행연습]을 실행하여 음악에 맞춰 슬라이드 전환 시점과 애니메이션 효과가 적용되는 시간에 마우스를 눌러 각 개체가 실행되는 시간을 저장합니다.

⑦ 이를 쇼 보기[F5]에서 실행합니다. 쇼 실행을 시작하면 [Enter]를 누르지 않아도 자동으로 화면이 전환되고, 슬라이드에 애니메이션이 있으면 모두 실행된 후 다음 슬라이드로 전환됩니다.

⑧ 파일을 저장시 연결한 음악 파일의 위치나 이름이 바뀌지 않도록 합니다. 윈도우 이외의 특정 폰트를 사용하였다면 폰트까지 포함해서 저장하고, 그림을 많이 삽입한 경우엔 [그림 압축]을 반드시 실행하여 용량을 줄입니다.

프로젝트의 평가 항목

위의 과제는 주제, 내용, 서식, 완성도, 저장면에서 아래와 같이 평가가 이루어집니다.

내용 평가 30

10(주제 설정)	청중에게 적합한 주제가 적절하게 선정되었는가?
10(기획적 측면)	주제에 적당한 내용을 구성하였는가?
10(화면적 요소)	화면 내에 주제가 효과적으로 표현되었는가? (가독성-글씨, 도해기법-그림)

기능 평가 70

10(기능 활용)	멀티미디어(영상, 음악)가 삽입되었으며 올바르게 실행되었는가? - 동영상까지 활용시 가점(5)
10(기능 활용)	파워포인트의 애니메이션 기능을 문서 내에 활용했나? - 적절한 타이밍과 느낌 반영시 가점(5)
10(기능)	폰트가 문서에 포함되어 있는가?
10(기능)	그림 압축 기능을 사용하였는가?
10(기능)	멀티미디어 파일과 PPT가 연결되어 있는가?
10(기능)	슬라이드 쇼 실행시 자동 실행이 이루어지는가?

바. 연속 애니메이션

모든 슬라이드를 선택하고 [애니메이션]-[슬라이드 화면 전환]에서 [다음 시간 후 자동 전환]을 00 : 00으로 설정한다.

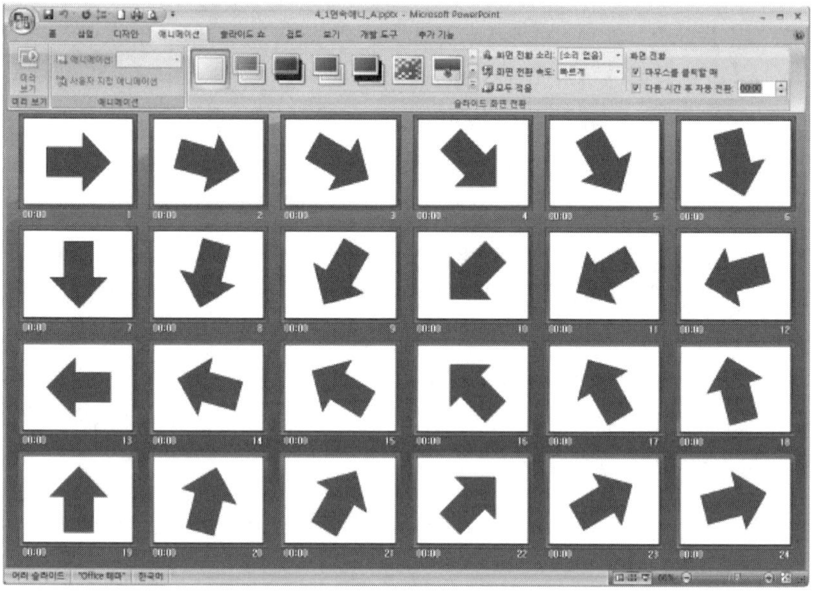

4 워드와 파워포인트 연동하여 문서만들기

프레젠테이션 자료 제작시 슬라이드의 내용 원고가 있는 경우 한꺼번에 텍스트를 파워포인트로 불러와 발표 자료를 손쉽게 만들 수 있고, 반대로 파워포인트의 각 슬라이드의 글자 내용을 한번에 워드프로세서 프로그램으로 보내 보고서나 제출 자료 등을 손쉽게 만들 수 있습니다.

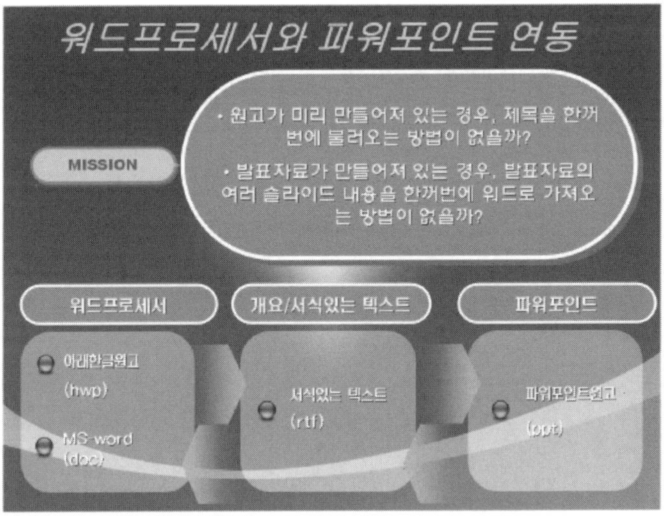

단, 파워포인트에서 워드프로세서로 텍스트를 불러올 경우, 사용자가 직접 도형이나 글상자를 추가하여 삽입한 글자 내용은 이 기능을 통해 가져올 수 없고, 슬라이드 레이아웃에서 제공하는 글상자에 삽입된 내용인 경우 아래 과정을 통해 한꺼번에 가져올 수 있습니다. 다시 말해, 파워포인트의 보기 영역에서 개요 보기에 나타나 있는 텍스트만 이 작업을 통해 가져올 수 있는 것입니다.

가. 워드 문서를 파워포인트로 불러오기

1) Word에서 rtf로 저장하기

Microsoft Office Word에서 작성한 파일(*.docx)을 [다른 이름으로 저장]에서 [파일 형식 : 서식있는 텍스트(*.rtf)]로 저장합니다. 개요 보기에서 나타나는 텍스트와 스타일의 제목 수준이 저장됩니다.

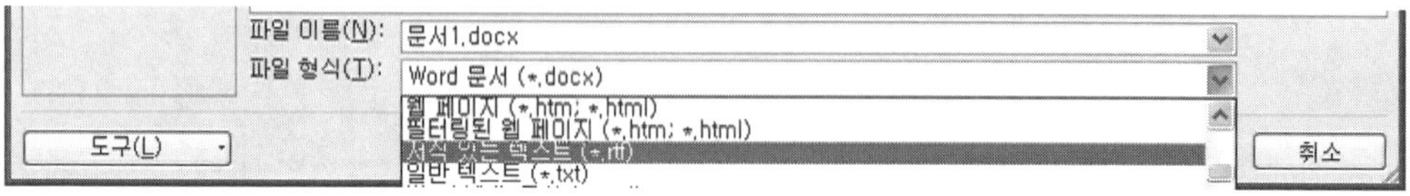

2) PowerPoint에서 열기

파워포인트에서 [열기]를 실행하여, 열기창에서 불러오는 파일형식을 [모든 파일(*.*)] 또는 [모든 개요(*.rtf, *.doc, *.hwp)]로 설정하여 [서식있는 텍스트(*.rtf)] 파일을 엽니다. '*.rtf' 파일은 Microsoft Office Word 아이콘으로 표시되지만, 개요와 서식이 있는 rtf 파일은 아래한글 및 Microsoft Office Word와 같은 워드프로세서 프로그램에서 모두 열립니다.

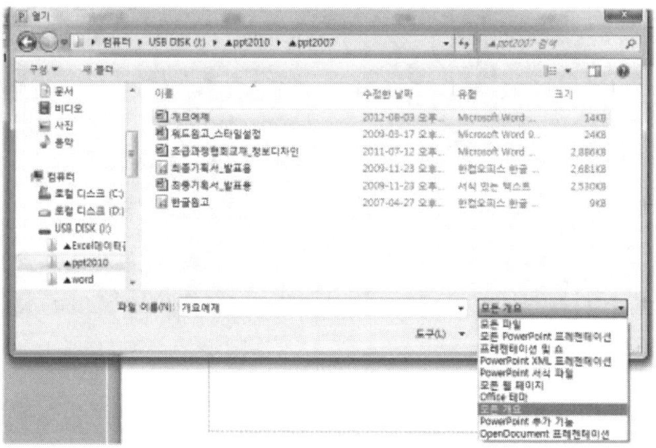

- PowerPoint 2010은 Microsoft Office Word의 문서(*.docx)를 Microsoft Office PowerPoint(*.pptx) 개요로 바로 전환할 수 있습니다. 버전에 따라 상이할 수 있으니 docx에서 pptx로 열기를 해보고 안 되면 rtf로 변환해서 열어야 합니다.

특히, 하나의 번들에 속한 Microsoft Office PowerPoint에서는 스타일이 적용된 상태로 Microsoft Office Word의 텍스트를 가져올 수 있습니다.

- 제목 1수준으로 설정한 7줄만 장표의 제목으로 구성됩니다.
- 제목 2수준의 10줄의 원문자 기호 문장은 5번 장표의 본문으로 구성됩니다.
- 표준 스타일인 본문 영역은 파워포인트 파일에서 불러오지 못합니다.

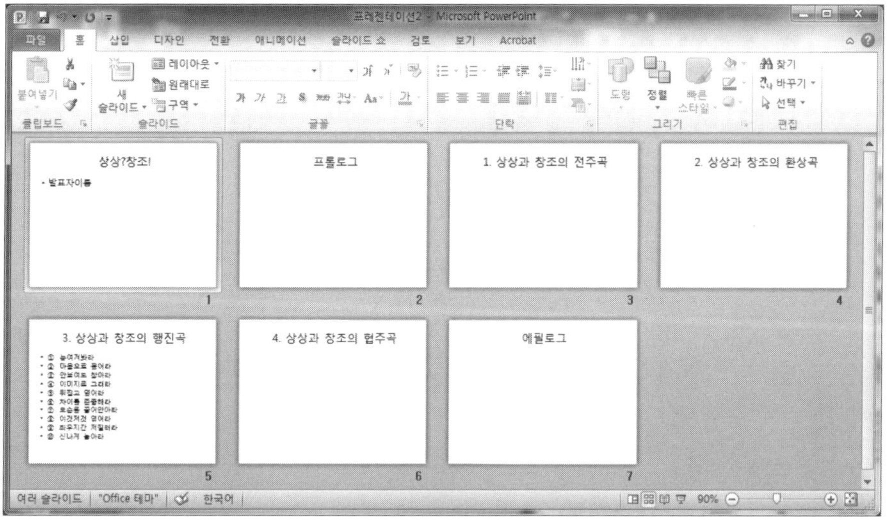

나. 개요 조정하기

1) [Tab] 이용하기

개요 보기에서 커서를 위치시키고 [Enter]를 누르면 커서가 위치했었던 텍스트의 스타일을 그대로 상속받게 됩니다. 예를 들어, 제목에서 [Enter]를 누르면 새 슬라이드가 삽입이 되고, 첫 번째 수준의 글에서 [Enter]를 누르면 같은 수준의 항목이 만들어집니다.

두 번째 슬라이드 '프롤로그'에 커서를 두고 [Enter]를 누릅니다. 새로운 슬라이드가 삽입이 되면 이때 슬라이드 제목에서 [Tab]을 누릅니다. [Tab]을 누르면 한 수준 아래의 텍스트를 입력할 수 있도록 한 수준 내리기가 됩니다.

한 단계 아래 수준에서 상위 수준으로 올리고자 할 때는 [Shift]+[Tab]을 사용할 수 있습니다. 개요 보기에서 [Tab] 기능을 사용할 때는 글자의 맨 앞에 위치시키는 것이 좋습니다. 2007에서는 글자 사이에 [Tab] 간격을 주게 됩니다.

슬라이드 삭제는 [Backspace]나 [Delete]를 이용하거나 슬라이드를 선택하고 삭제합니다.

2) 목록 수준 단추 이용하기

커서를 위치시키고 [홈]-[단락] 그룹-[목록 수준 줄임], [목록 수준 늘임] 단추를 이용합니다.

두 가지 주제를 하나의 슬라이드에 배치하였다가 다시 두 개의 슬라이드로 나누고 싶은 경우에, 두 번째 주제 글자(제목 2 수준)에 커서를 위치시키고 슬라이드의 제목 1 수준으로 개요 수준을 조정합니다.

반대로 2번 슬라이드를 1번 슬라이드에 삽입해서 하나의 슬라이드에 제시하고 싶은 경우, 2슬라이드의 제목에 커서를 위치시키고, [목록 수준 늘임] 아이콘을 선택합니다.

이때 2슬라이드 전체를 선택하면 슬라이드 전체의 텍스트의 수준이 한 수준씩 내려갑니다.

〈슬라이드 전체 선택〉

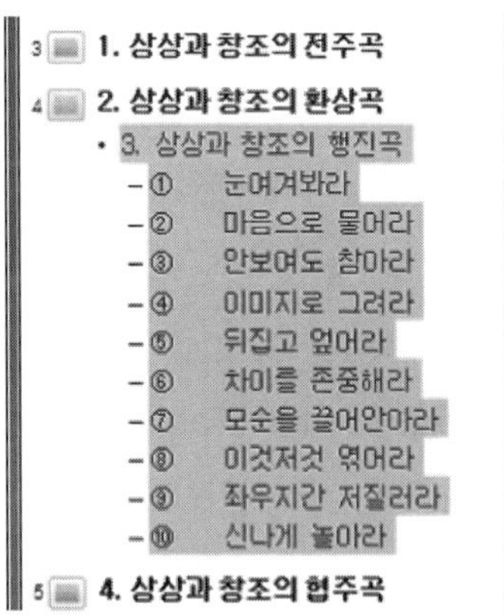

〈한 단락만 선택〉

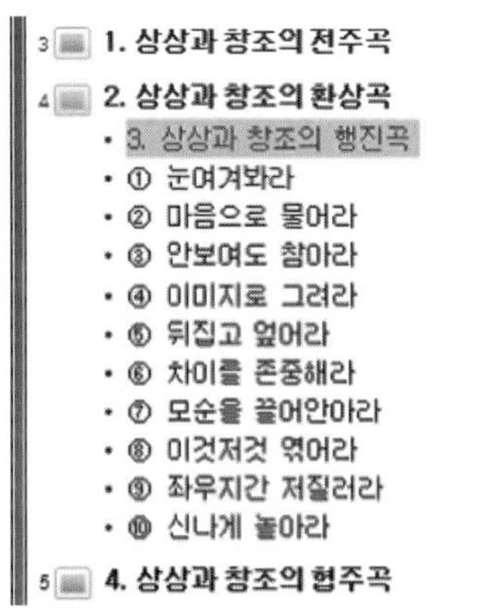

다. 훈글 문서를 파워포인트로 불러오기

'훈글 문서(*.hwp)를 [다른 이름으로 저장하기] 메뉴를 이용하여 [파일 형식 : 서식있는 문서(*. rtf)]로 저장합니다.

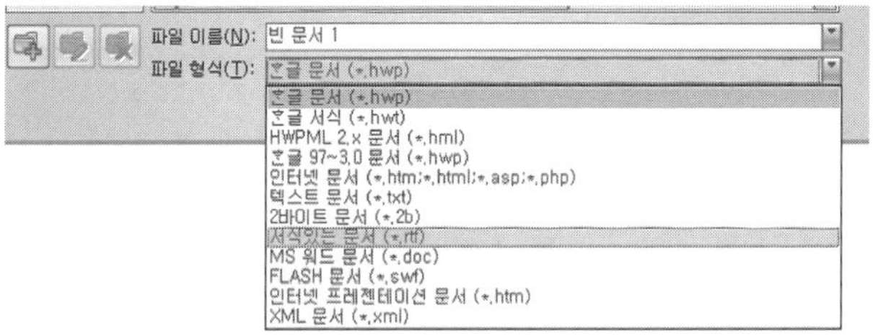

서식있는 문서(*.rtf)를 파워포인트에서 불러옵니다. 모든 단락의 내용을 장표의 제목으로 불러온 것을 볼 수 있습니다. 위 예제를 이용한다면 7장이 아닌 18장의 파워포인트 문서가 만들어집니다. 버전에 따라 훈글의 들여쓰기, 내어쓰기를 인식해서 자동으로 개요를 구성할 수 있습니다.

라. 파워포인트 문서를 워드프로세서로 보내기

[오피스 단추]-[새로 만들기]-[설치된 서식 파일]에서 임의의 파일을 선택합니다. [개요] 보기에 나타나는 텍스트만 워드프로세서로 보낼 수 있습니다. 개요에 나타나는 텍스트 외에 도형, 표, 그림 등 개체 안의 글자 등은 한꺼번에 추출하여 문서로 저장할 수 없습니다.

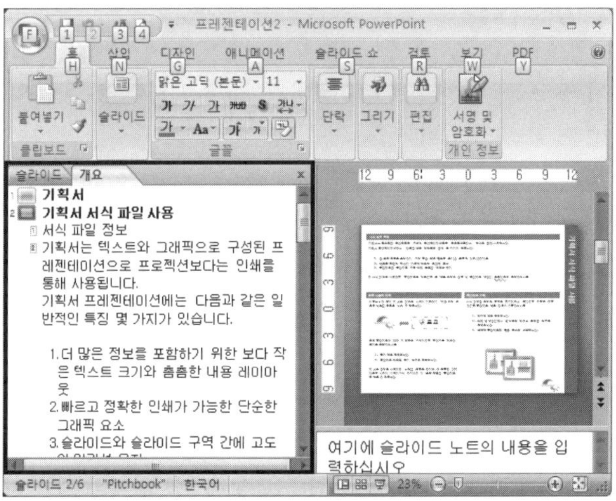

[오피스 단추]-[다른 이름으로 저장]-[다른 형식]-[파일 형식 : 개요/서식있는 텍스트(*.rtf)]로 저장합니다. 이 개요/서식 있는 텍스트(*.rtf) 문서를 한글 또는 Microsoft Office Word 등의 워드프로세서에서 불러오면 텍스트를 온전하게 가져올 수 있습니다.

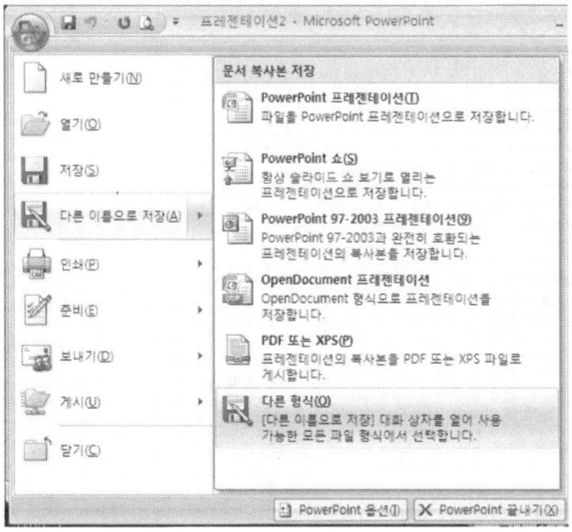

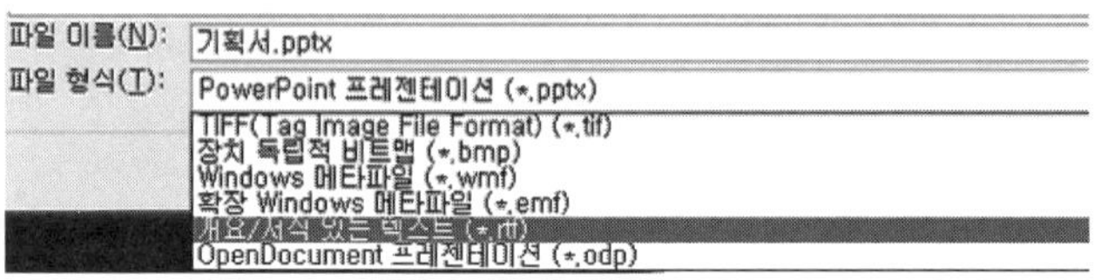

Presentation Tip　프레젠테이션 내용 설계

프레젠테이션의 방법으로 a. 즉흥적으로 말하기, b. 원고 읽기, c. 원고 외우기, d. 개요 구성하기로 나누어 볼 수 있습니다.

a. 즉흥적으로 말하기의 경우 논리정연하게 내용을 전달할 수 없게 될 수 있습니다.

b. 원고를 써서 읽는 발표의 경우, 전문가의 의견이라기보다 낭독을 하게 되어 청중과 시선을 맞출 수가 없고, 목소리가 단조로워지며, 자칫 발표자가 주제에 대해 잘 모르고 있다고 생각하게 할 수 있습니다.
합의문 발표의 경우 내용의 해석상 오해의 소지를 방지하기 위해서 읽는 것입니다. 원고 낭독을 하게 되면 내용을 잘 아는 전문가만의 자신감, 노련함, 생동감을 보여주지 못합니다. 주례사를 낭독하는 경우를 생각해보면 원고를 읽을 때 지루해지는 느낌을 기억할 수 있겠죠.

c. 원고를 외워서 발표하는 경우도 마찬가지로 생명력이 없고 제스처가 함께 나오기 어렵습니다. 그러나 짧은 응변이나 인상을 깊게 남기는 결론을 제시할 때는 좋은 방법입니다.

d. 발표의 요지, 개요를 구성하고 이에 따라 발표하는 것이 가장 좋은 방법입니다. 발표 내용의 아웃라인을 잡아서 준비하면 다음과 같은 장점이 있습니다.

- 전체 내용이 명확해집니다.
- 잊어버리지 않습니다.
- 구성 순서를 쉽게 바꿀 수 있습니다.
- 시간 조정이 용이합니다.
- 말하는 내용이 어느 부분에 해당하는지 파악이 쉽습니다.

마. 2010-구역 나누기

슬라이드를 구역으로 나누어 구역별 디자인을 적용하고, 슬라이드 배열을 용이하게 합니다.

1) 구역 나누기

슬라이드 보기의 구역을 나눌 위치에서 오른쪽 마우스 버튼을 클릭하면 나타나는 메뉴에서 [구역 추가]를 선택합니다.

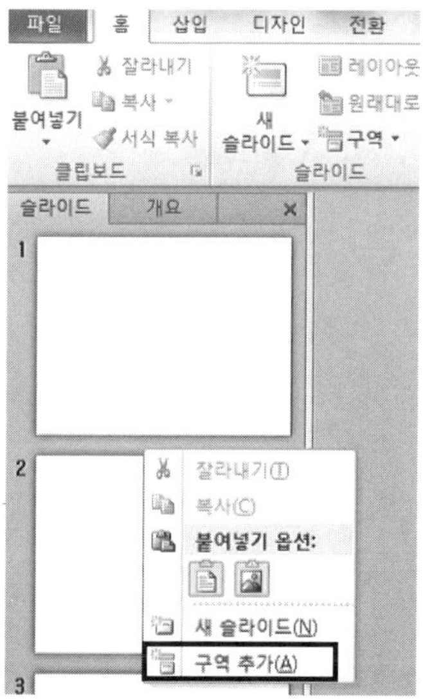

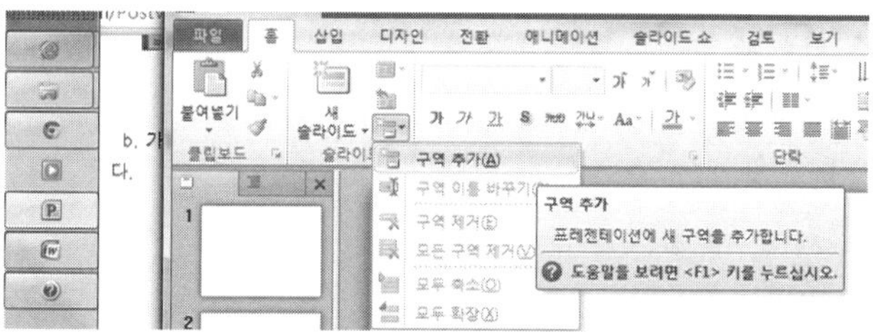

2) 구역 이름 바꾸기

구역을 추가한 부분에서 아래쪽 슬라이드를 모두 포함하는 구역이 '제목없는 구역'으로 설정되면 오른쪽 마우스 버튼을 누르고 [구역 이름 바꾸기]를 선택합니다. 구역 이름을 입력하고 [이름 바꾸기] 단추를 클릭합니다.

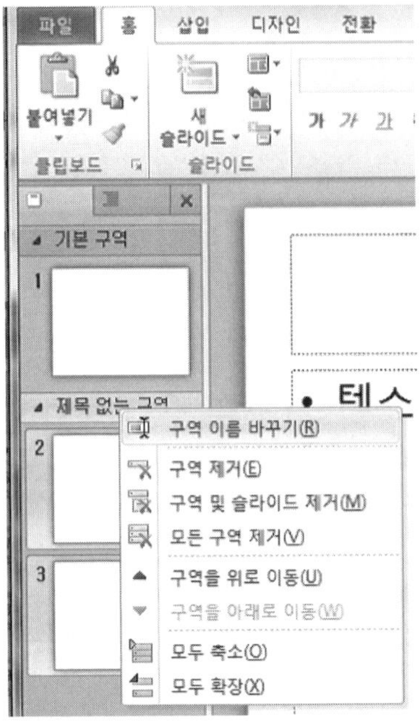

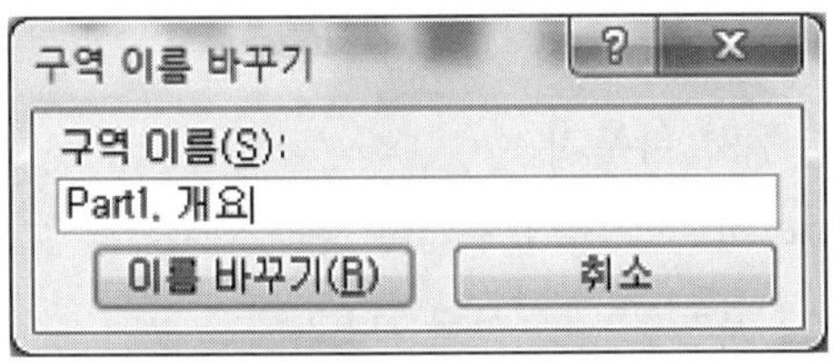

구역 이름 좌측의 삼각형을 클릭하면 구역을 접었다폈다 할 수 있어 많은 양의 슬라이드 장표 관리가 쉬워집니다.

3) 여러 슬라이드 보기

여러 슬라이드 보기 상태에서도 구역 설정, 이름 바꾸기, 삼각형 확장 축소를 사용할 수 있습니다.

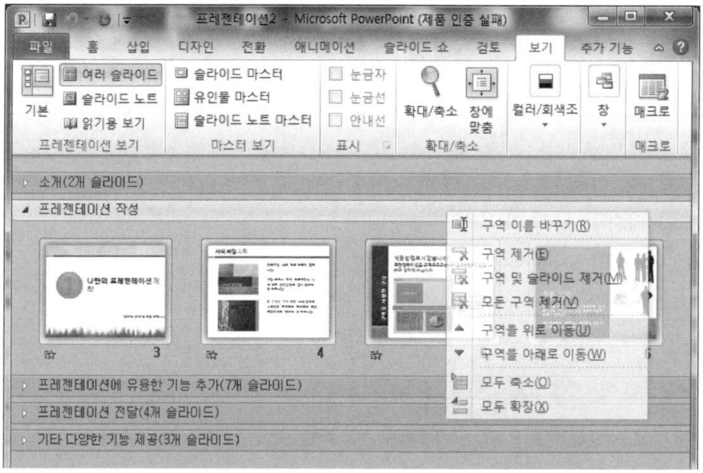

4) 디자인 변경하기

기본 보기에서 구역 이름을 선택하고 [디자인]-[배경 스타일]에서 스타일을 선택합니다.

5) 구역 단위로 편집하기

구역을 선택하고 복사하면 구역 내의 슬라이드만 모두 복사가 됩니다.

6) 쇼 실행 중 구역 이동

쇼 실행 중 오른쪽 마우스 버튼 클릭-[구역으로 이동]에서 위치를 지정합니다.

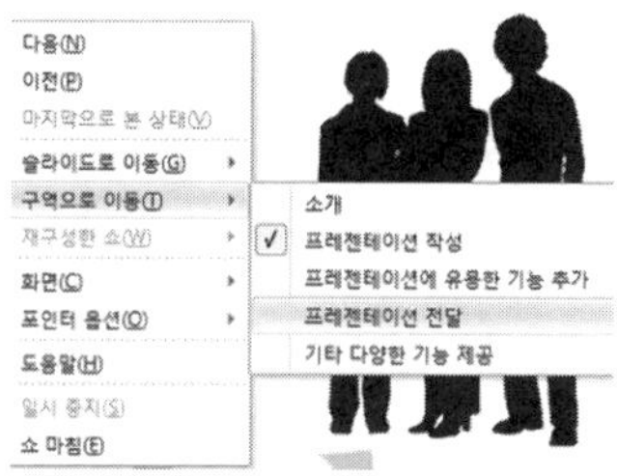

Presentation Tip 발표물 제작 순서

1. 원고를 준비합니다.
2. 텍스트를 모두 파워포인트로 불러옵니다.
3. 전체적인 디자인 서식 파일을 적용합니다.
4. 각 슬라이드에 적절한 도해, 그림을 삽입합니다.
5. 강조할 텍스트 일부에 개별 서식을 적용합니다.

디자인 서식 파일(템플릿, 마스터)을 이용하여 전체 자료의 기본 스타일을 적용하고 같은 수준의 문단은 일괄적으로 수정한 후, 강조할 부분의 문자나 문단의 서식을 변경하거나 도해를 구성하는 것이 효율적입니다.

디자인 서식 파일을 나중에 적용하는 경우 공들여 그린 도해의 색, 글자의 서식이 배경과 어울리지 않는다거나, 디자인 서식 파일을 변경하고자 할 경우 개별 서식을 적용한 개체는 디자인 서식 파일의 적용을 받지 못합니다. 서식 파일을 사용하지 않는다면 글자나 문단의 서식을 하나하나 조정함으로 인해 시간과 노력이 많이 허비되고 전체적으로 통일성 없는 발표자료가 만들어질 수 있습니다.

5 슬라이드 디자인하기

가. 슬라이드 디자인 활용하기

슬라이드 디자인 서식, 마스터, 템플릿, pot, potx, 테마, 모두 같은 의미로 사용되는 용어입니다. 디자인 서식을 사용하면 프레젠테이션 전체의 서식을 빠르고 쉽게 지정하여 세련되고 멋진 자료를 만들 수 있습니다. 마우스를 올리면 디자인이 화면에서 미리보기 됩니다.

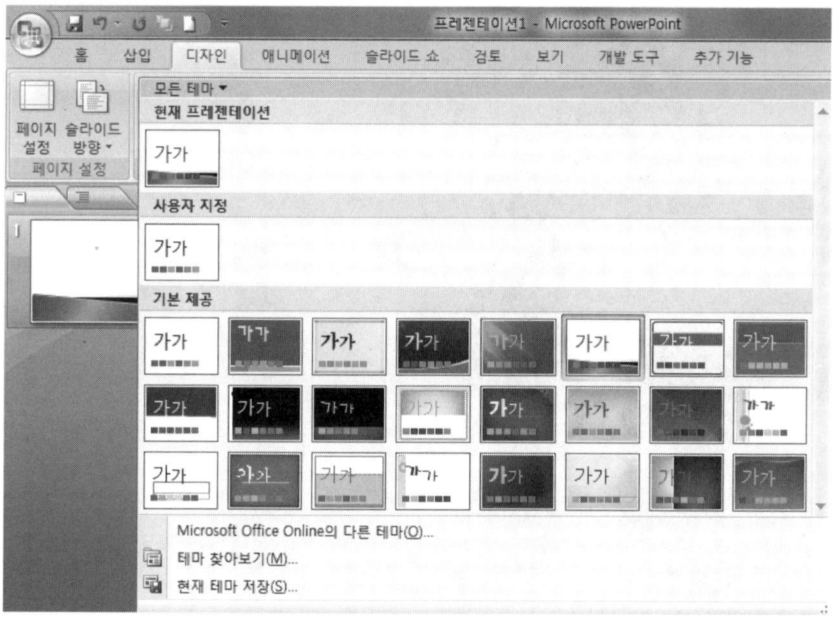

2003버전의 디자인 서식 파일보다 좀 더 우수한 2007 이후 버전에 추가된 테마 기능이 있습니다. 테마 기능을 이용하면 슬라이드의 배경, 색상 구성, 글꼴 서식, 글머리 기호 등을

하나의 테마로 묶어서 적용할 수 있습니다. 또한 테마를 적용한 후 테마 색, 테마 글꼴, 테마 효과를 추가로 적용할 수 있어서 디자인을 수정, 확장시킬 수 있습니다.

- [디자인 탭] : 테마 그룹에서 테마 스타일을 선택합니다.
- [디자인 서식 파일 다운로드하기] : MS Office Online의 다른 테마를 다운받을 수 있습니다. Microsoft 정품을 실행하는 고객이 사용할 수 있습니다.
- [테마 색] : 파일에 사용되는 색 집합입니다.
- [테마 글꼴] : 파일에 적용되는 제목 및 본문 텍스트 글꼴 집합입니다.
- [테마 효과] : 파일에서 사용된 도형의 선 및 채우기 효과 등을 디자인 집합입니다.

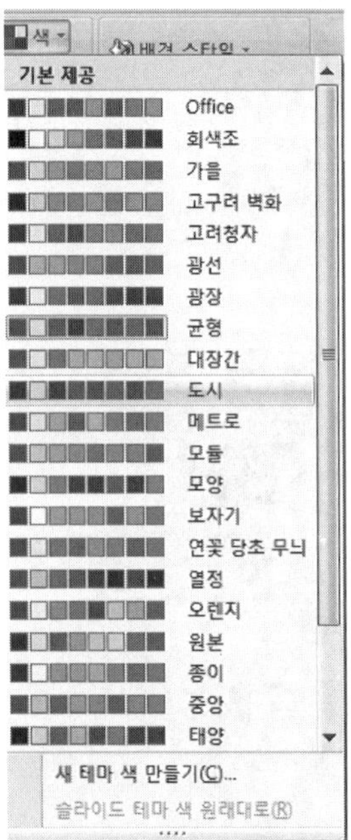

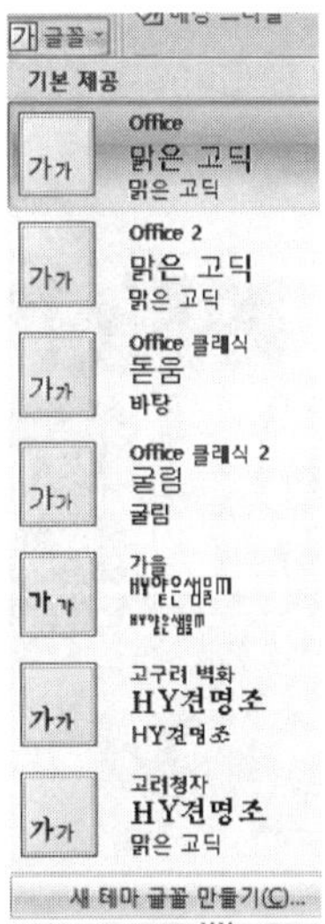

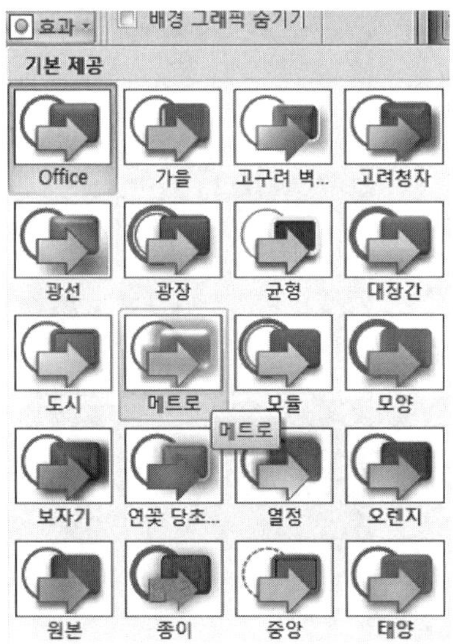

1) 새 테마 글꼴 만들기

자신이 선호하는 글꼴을 '내 글꼴'이라는 테마 글꼴로 저장해보자.

예 제목 글꼴은 Arial Black, HY견고딕으로 본문 글꼴은 Arial, 맑은 고딕으로 설정합니다.

[디자인]-[테마]-[글꼴]-[새 테마 글꼴 만들기]

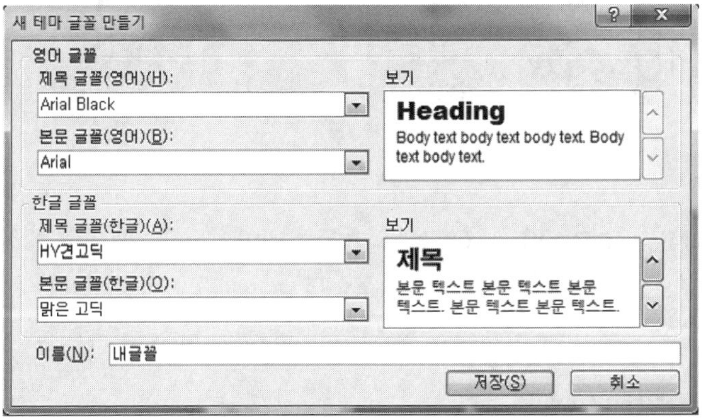

2) 테마 효과

도형을 여러 개 삽입한 후 색윤곽선, 색채우기, 미세효과, 보통효과, 강한효과를 설정하고 여러 가지 효과를 적용하여 다양한 도형의 서식을 확인합니다.

예 아래 Office 효과와 연꽃 당초 무늬 효과를 비교해 보자.

Office 효과

연꽃 당초 무늬 효과

3) 〈2007〉 Microsoft Office Online의 다른 테마

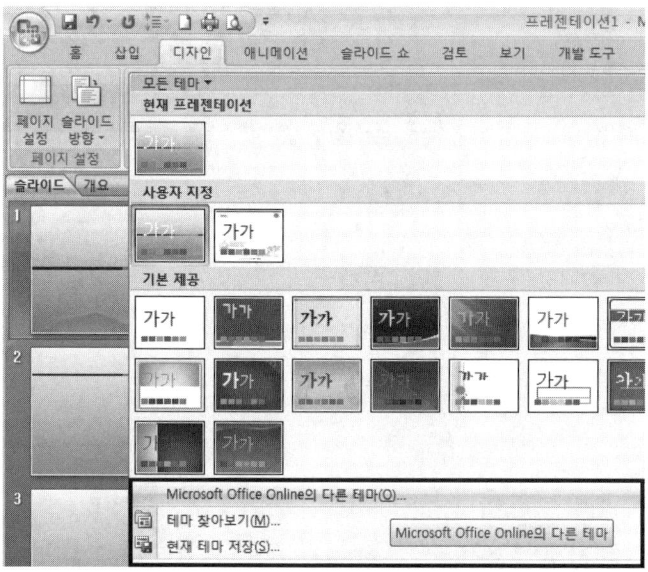

MS Office 문서 테마 : 서식 파일의 다운로드 페이지로 연결되어 서식 파일을 다운받을 수 있습니다.

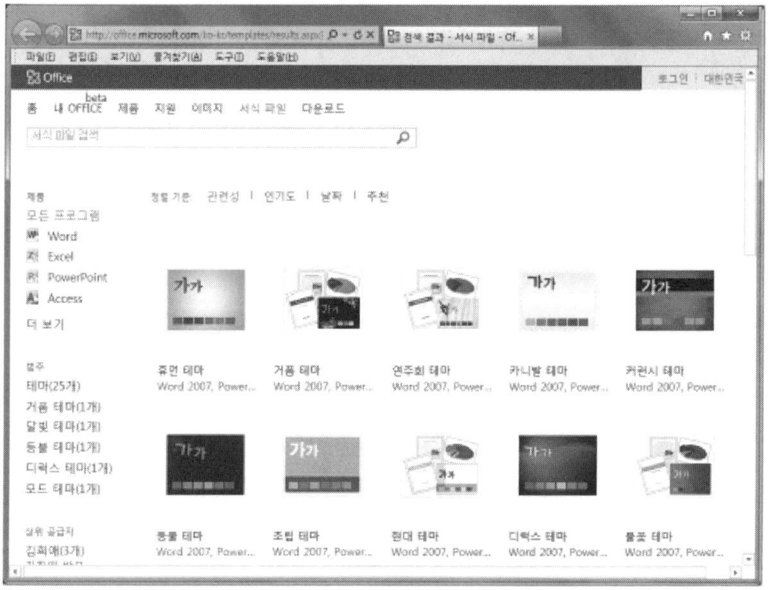

파일을 다운로드하면 [디자인]-[테마] 메뉴에서 바로 서식 파일로 사용할 수 있습니다.

4) 슬라이드 삽입하기

[홈]-[새 슬라이드]를 눌러 새 슬라이드를 삽입하고 새로 만들어진 슬라이드에 적용할 레이아웃을 선택할 수 있습니다. 새 슬라이드에 삽입할 개체 틀을 미리 가지고 있는 슬라이드를 선택할 수도 있고, 이전에 사용한 슬라이드와 같은 레이아웃의 슬라이드를 삽입하고 레이아웃을 수정할 수 있습니다.

슬라이드 디자인 서식 파일을 적용한 경우, 제목과 내용 슬라이드의 디자인이 다릅니다. 파워포인트 파일의 중간이라도 제목 슬라이드 레이아웃을 적용하면 제목 슬라이드만이 가진 디자인 그림이나 배경 서식이 적용됩니다. 슬라이드 마스터는 12장을 세트로 다양한 레이아웃을 만들 수 있습니다.

Presentation Tip 간지를 넣어서 각 장 구분하기

슬라이드가 많은 경우 소주제가 바뀔 때마다 제목 슬라이드를 이용하거나 소주제마다 색패턴을 바꿔주면 주의집중 효과를 줄 수 있습니다. 청중이 내용의 전환이나 발표 위치를 쉽게 파악할 수가 있습니다.

[홈]-[레이아웃]에서 적당한 슬라이드 레이아웃을 선택합니다. 제목이나 장별 간지는 제목 슬라이드로 설정합니다.

☞마스터가 설정된 슬라이드를 다른 프레젠테이션 파일의 슬라이드에 붙여넣으면 기본적으로 슬라이드의 내용만을 붙여넣는 것입니다. 이때 붙여넣기 옵션의 [원본 서식 유지]를 선택하면 이전 프레젠테이션 파일의 서식을 유지하게 됩니다.

나. 회사 템플릿 만들기

[예제]

[결과물]

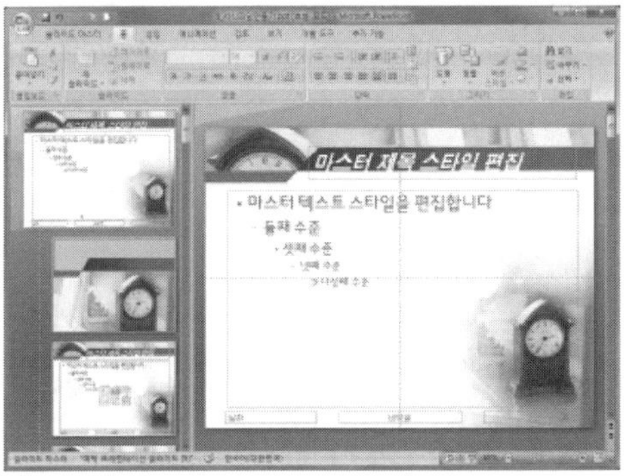

① 먼저 [새로 만들기]를 눌러 빈 슬라이드를 띄웁니다. 마스터 파일을 만들기 위해서 [보기]-[슬라이드 마스터]로 들어갑니다. [슬라이드 마스터] 상태에서 [제목 슬라이드 레이아웃]을 선택해서 제목 디자인부터 시작합니다.

② 제목 마스터에 삽입될 그림을 준비합니다. 인터넷의 검색엔진 등을 이용하여 관심있는 주제어를 입력하고 이미지 파일을 검색합니다. 그림을 다운받고 [삽입]-[그림]을 이용하여 그림을 삽입합니다.

[클립아트]에서도 이 예제에 적당한 실사 이미지 및 편집된 그림을 다운받을 수 있습니다. 그림의 크기 조정, 위치 이동, 잘라내기 등을 이용해 그림을 적당하게 배치합니다.

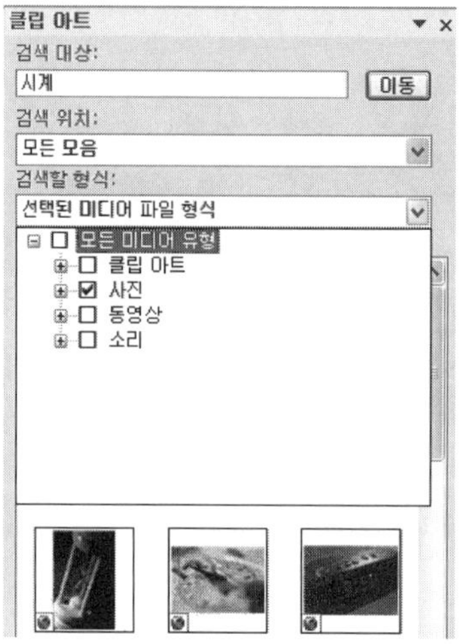

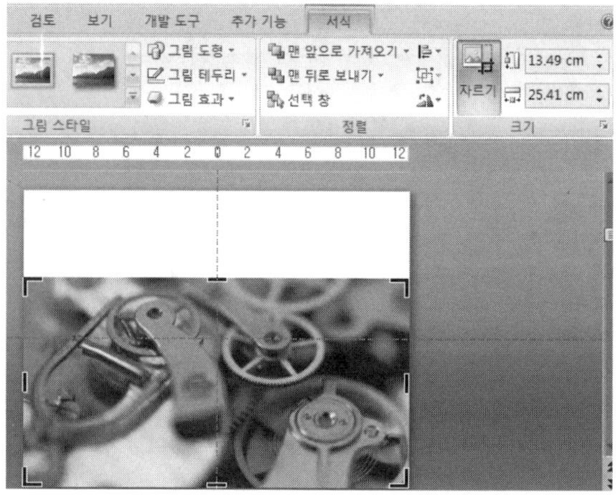

③ 그림의 상단에 [삽입]-[도형]-[사각형]-[직사각형]으로 사각형 도형을 그리고 면색을 채웁니다. 도형의 테두리가 되는 [윤곽선 색]은 투명으로 설정합니다.

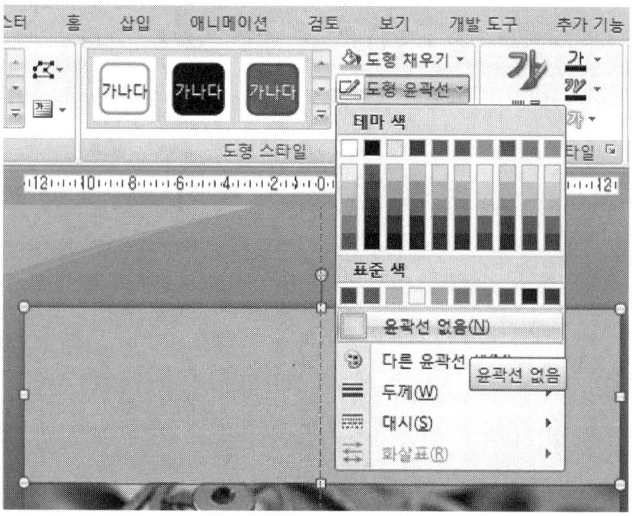

④ 대각선을 그리기 위한 안내선을 임의로 그리면 그림을 그릴 때 도움이 됩니다. 보기와 같은 다각형을 그리기 위해 [삽입]-[도형]-[자유형]을 선택해서 시작점으로부터 각 도형의 모서리에 해당하는 부분을 클릭, 클릭하면서 원하는 형태의 다각형을 그립니다.

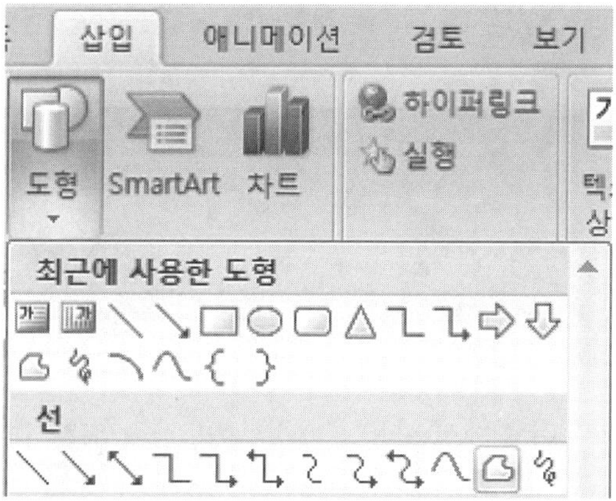

⑤ 가이드로 사용한 직선을 삭제하고, 위쪽 다각형을 선택해서 아래의 직사각형보다 진한 밝은 색으로 색을 채우고, [윤곽선 색]은 투명으로 설정합니다. 그라디언트 효과를 주기 위해 [도형 채우기]-[채우기 효과]-[그라데이션]에서 [어두운 그라데이션]-[선형 오른쪽]을 선택합니다.

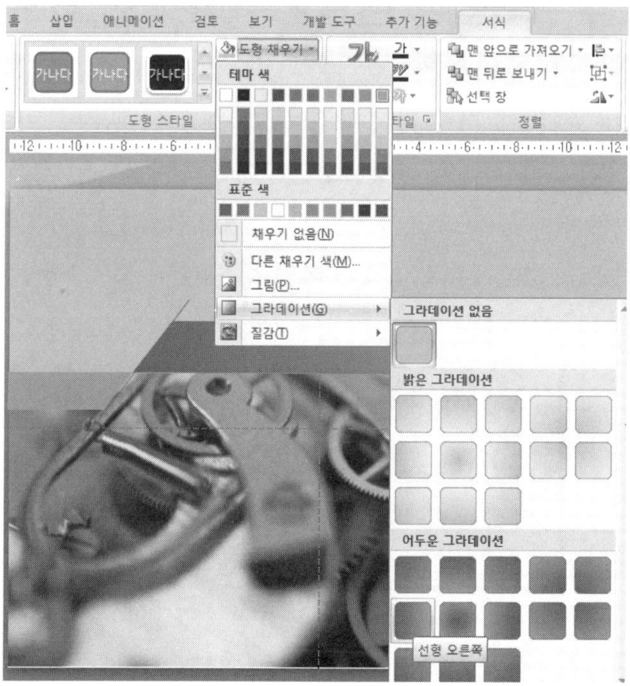

⑥ 아래쪽 다각형도 같은 색으로 면색을 채웁니다.

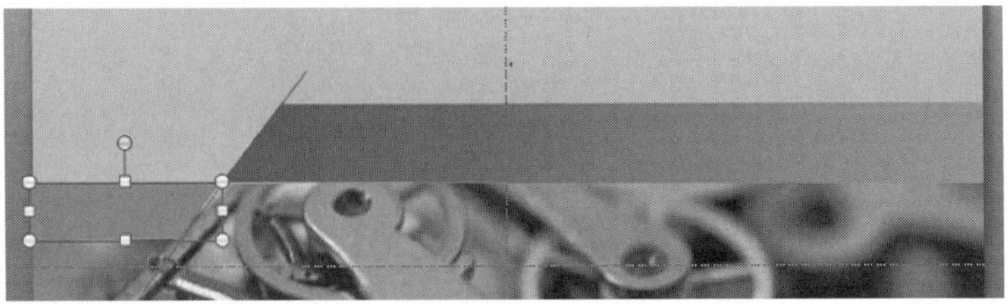

⑦ [제목 슬라이드 레이아웃]에서 사용한 배경 그림, 사각형, 다각형 그라데이션, 다각형을 복사하고 [Office 테마 슬라이드 마스터]에 붙여넣기하고 본문 슬라이드 마스터의 상단을 꾸밉니다.

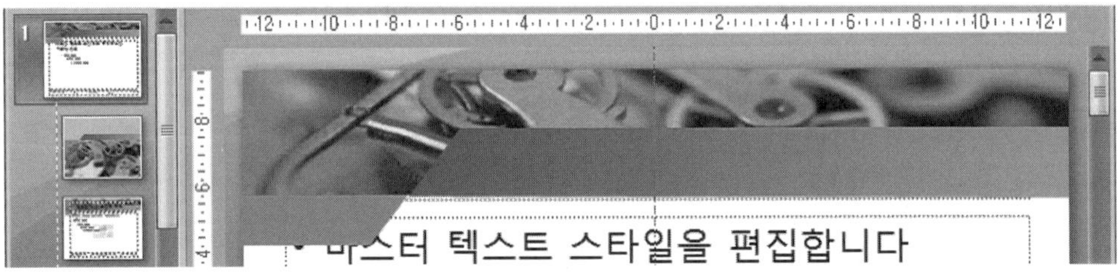

⑧ [Office 테마 슬라이드 마스터] 하단의 그림은 그림의 일부분을 자연스럽게 본문의 배경색과 혼합되도록 그라디언트나 투명 효과를 주어야 하는 부분이므로 채도를 빼서 회색톤으로 그림을 만든 뒤 배경색으로 일부분을 자연스럽게 채색하였습니다. 이는 파워포인트의 그림 편집 메뉴로는 만들기 어렵고, 그림 파일의 전문편집 프로그램인 포토샵을 활용합니다.

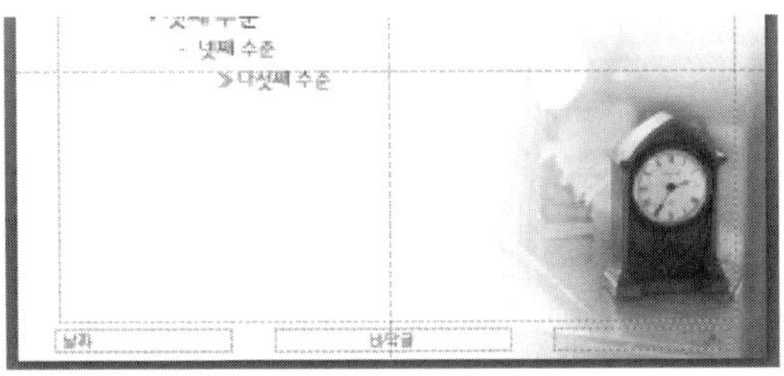

⑨ [제목 슬라이드 레이아웃]과 [Office 테마 슬라이드 마스터] 글상자의 글자 서식을 각

각 설정합니다. 마스터에서는 그림의 순서가 글상자 위에 있다 하더라도 슬라이드에 글자를 쓸 때는 그림이 배경에 있고 글자가 위에 위치하여 문제가 없으며, 편집시 편의를 위하여 그림을 그룹으로 묶어 글상자 하단으로 순서를 조정할 수 있습니다.

⑩ 본문 레이아웃의 제목이 되는 [마스터 제목 스타일 편집] 글상자를 선택하여, 글상자의 위치, 크기를 조정하고 '왼쪽 정렬', '기울임꼴', '굵게', '텍스트 그림자'를 적용합니다. 본문 레이아웃의 본문 글상자의 첫 번째 수준의 글머리 기호를 수정합니다. 커서를 첫 번째 수준의 단락에 위치시키고 [홈]–[단락]–[글머리 기호]에서 도형을 선택합니다.

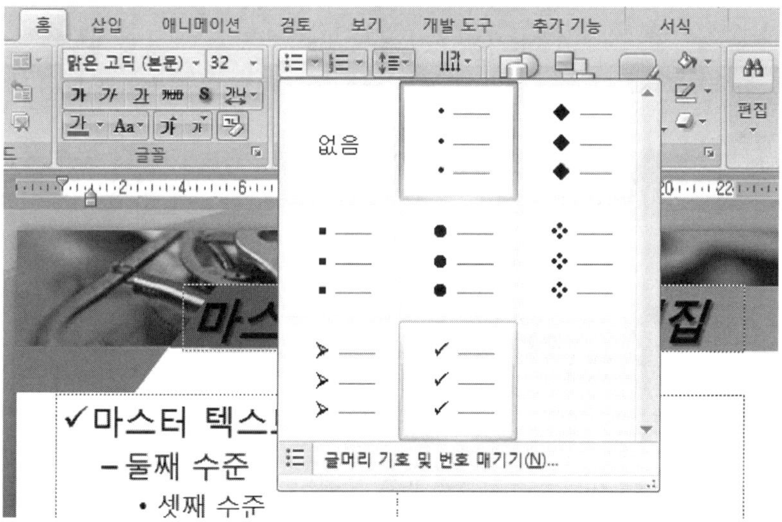

⑪ 편집을 마친 슬라이드 마스터를 계속 사용하기 위해서 저장을 합니다. [슬라이드 마스터] 상태에서 그대로 [Office 단추]-[다른 이름으로 저장]-[다른 형식]에서 [PowerPoint 서식 파일(*.potx)] 형식으로 저장합니다. 템플릿 파일이 저장되는 기본 위치는 C:₩Documents and Settings₩사용자 이름₩Application Data₩Microsoft₩Templates 폴더인데 다른 곳에 저장했다가 해당 파일을 찾아 설정할 수 있습니다.

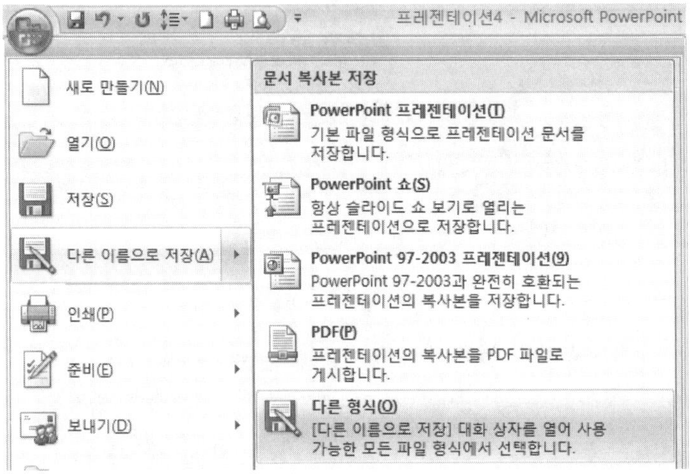

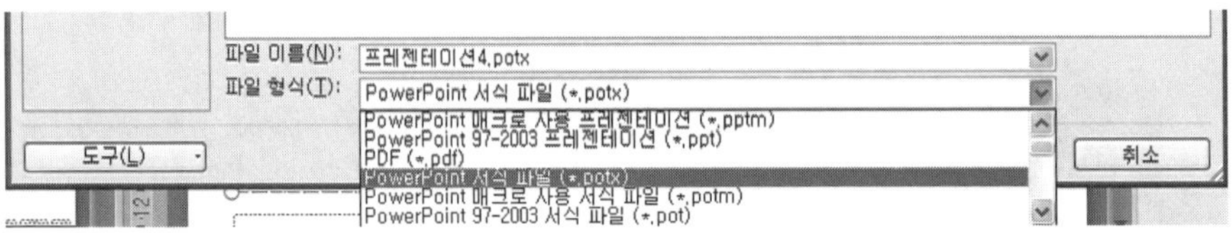

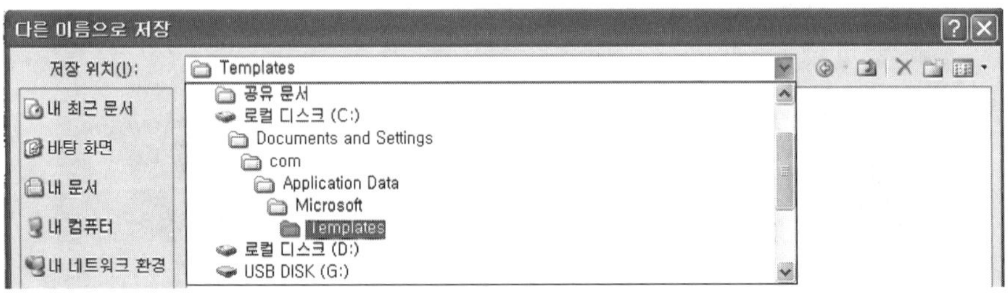

〈2010〉 [파일]-[다른 이름으로 저장]-[파일 형식]을 [PowerPoint 서식 파일(*.potx)]로 저장합니다. 저장 위치의 서식 파일을 [파일]-[새로 만들기]-[내 서식 파일]에서 서식 파일이 적용된 파일을 만들 수 있습니다.

〈2007 테마로 저장〉 편집이 끝난 슬라이드 디자인에서 [디자인]–[현재 테마 저장]을 누르면 'Document Themes' 폴더 하위에 '*.thmx'로 저장됩니다.

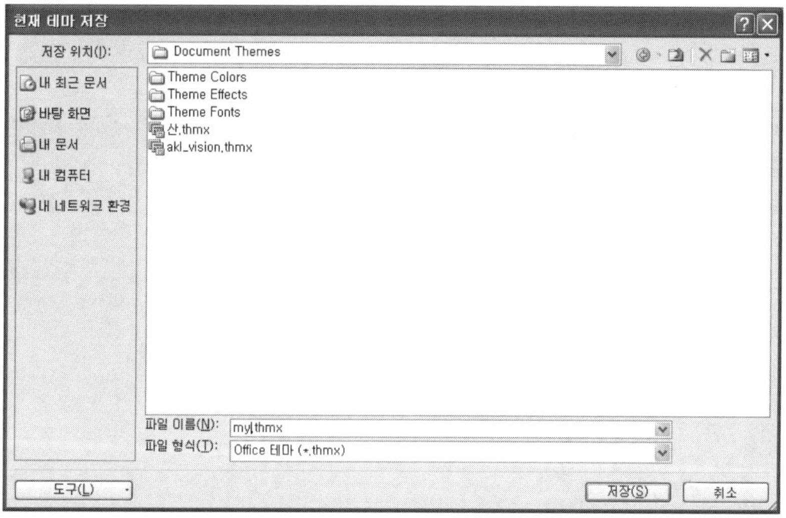

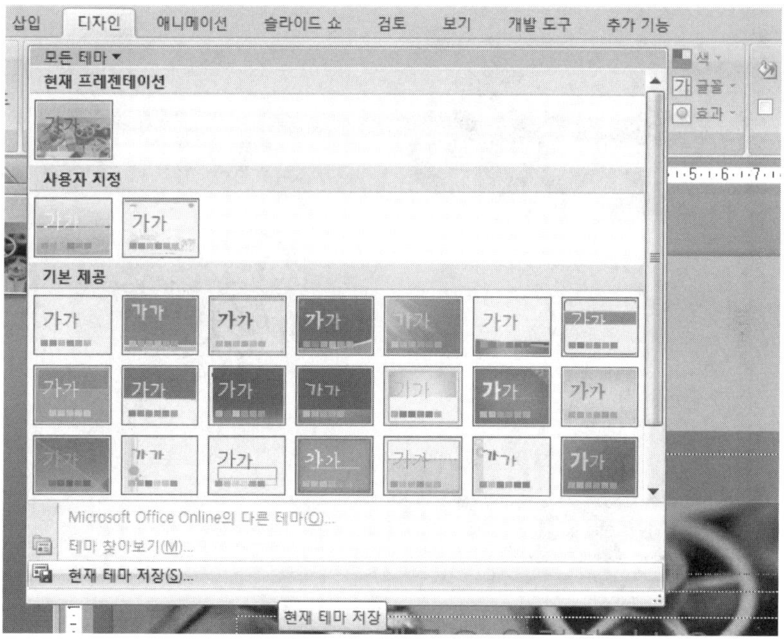

다. 서식 파일 활용하기

방법 1 〈2007〉 새로운 파워포인트 파일에 자신만의 서식 파일을 적용할 때는 [Office 단추]-[새로 만들기]-[새 프레젠테이션] 창에서 [내 서식 파일…]-[새 프레젠테이션]-mystyle.potx의 디자인 서식을 적용합니다.

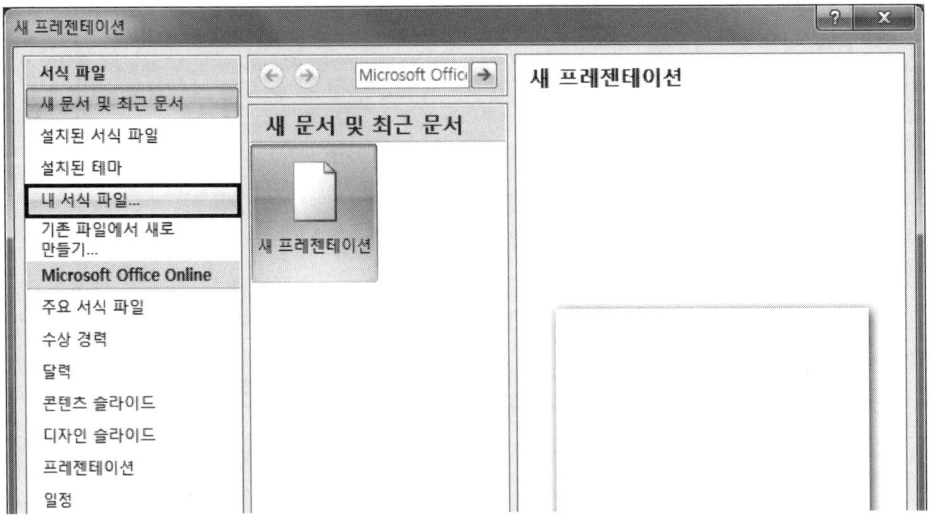

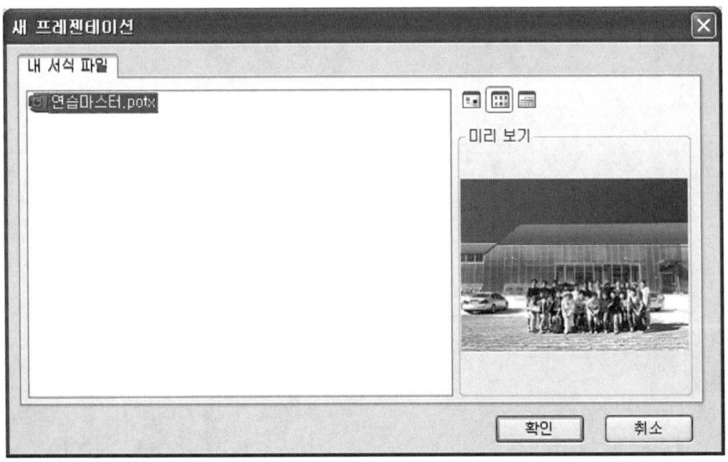

방법 2 〈2007-테마〉 곧바로 [디자인] 탭을 보면 자신이 만든 새로운 마스터가 [테마]에 등록되어 있는 것을 볼 수 있습니다. 파워포인트 문서를 작성 후 [테마 찾아보기]-[테마 또는 테마 문서 선택] 창에서 경로를 찾아서 '*.potx' 또는 '*.thmx' 파일을 [적용]할 수도 있습니다.

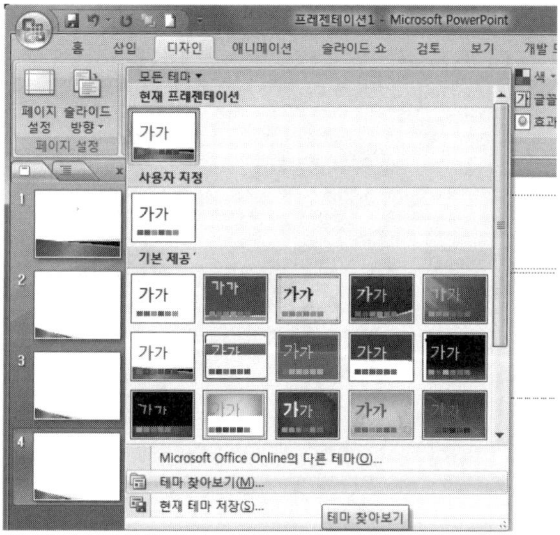

배경 그래픽 숨기기

[디자인]-[배경]-[배경 스타일]에서 배경을 선택합니다.

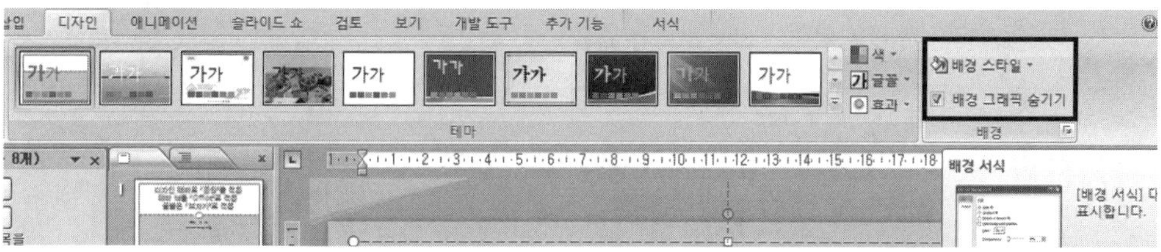

[배경 그래픽 숨기기]를 선택하면 슬라이드 디자인의 배경 그림, 도형이 없어지고 배경색을 전면에 모두 적용합니다.

디자인 서식 파일 판매 업체

http://www.themegallery.co.kr/

http://www.presentationpro.com/

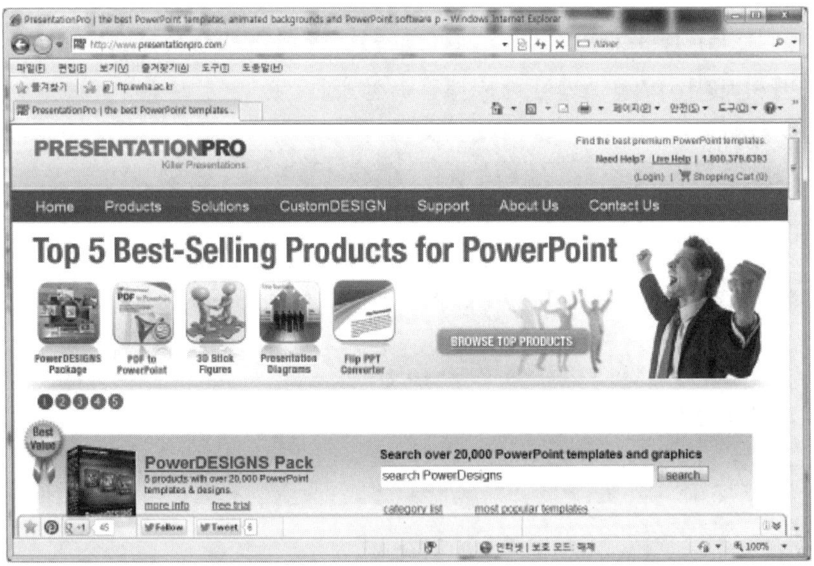

라. 하이퍼링크

한 슬라이드에서 다른 파일을 연결, 다른 슬라이드를 연결하거나 인터넷 웹사이트에 연결, 이메일 주소로 메일쓰기, 워드나 엑셀 같은 다른 프로그램을 바로 열 수 있습니다. 하이퍼링크 기능은 글자, 글상자, 도형, 실행단추 등에 설정할 수 있습니다. 그러나 글자는 하이퍼링크가 설정되는 순간 글자 서식이 변경되므로 도형에 링크를 설정합니다.

1) 마스터에 링크걸기

[보기]-[슬라이드 마스터]에서 도형을 하나 삽입하고 도형에 하이퍼링크를 설정합니다. [삽입]-[하이퍼링크]-[하이퍼링크 편집] 창에서 연결대상 : [현재 문서]-[슬라이드 제목]에서 해당 슬라이드를 선택합니다. 해당 슬라이드 마스터를 사용한 모든 문서에서 하이퍼링크된 도형이 삽입되고 이동 기능을 사용할 수 있습니다.

2) 목차에 링크걸기

목차 페이지에서 목차의 목록이 각 슬라이드에 연결되도록 설정합니다. 항상 목차 페이지로 이동하도록 실행단추를 설정할 수도 있습니다. 하이퍼링크가 설정된 개체를 매 페이지에 붙여넣기하거나 슬라이드 마스터에 삽입하여 본문 페이지에 반복되도록 설정할 수도 있습니다.

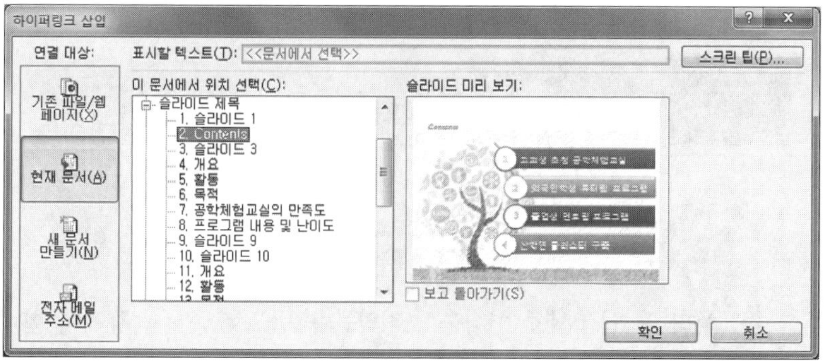

☞ 웹페이지로 링크를 시도한다면 프레젠테이션을 실시할 환경에서 인터넷이 연결되어 있는지, 속도가 어떠한지 미리 확인하고, 필요에 따라서 미리 웹브라우저에 해당 웹페이지를 먼저 연결시켜 놓을 수 있습니다.

마. 인 쇄

[인쇄 미리 보기]-[옵션]-[컬러/회색조]에서 (컬러, 회색조, 흑백) 중 하나를 선택하고 인쇄합니다.

-[회색조] : 그림과 도형을 회색조로 표현하고, 텍스트는 검정으로 인쇄

-[흑백] : 그림은 회색조로 표현하고, 도형은 흰색, 텍스트는 검정으로 인쇄

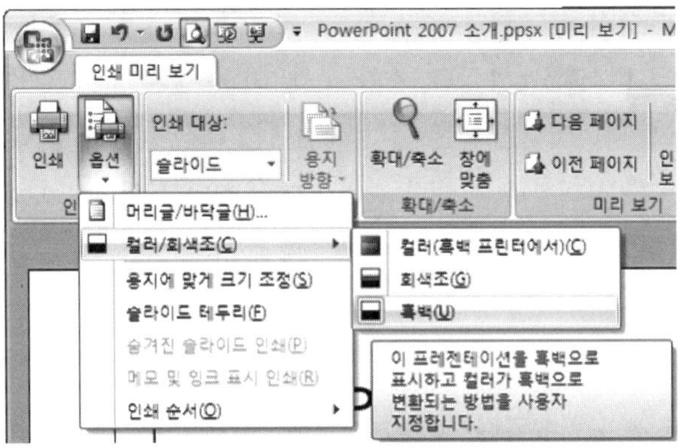

유인물 인쇄하기

슬라이드를 유인물로 나눠주기 위해 한 장에 여러 슬라이드를 인쇄합니다. 슬라이드 내용을 검토시에도 경제적으로 활용할 수 있습니다.

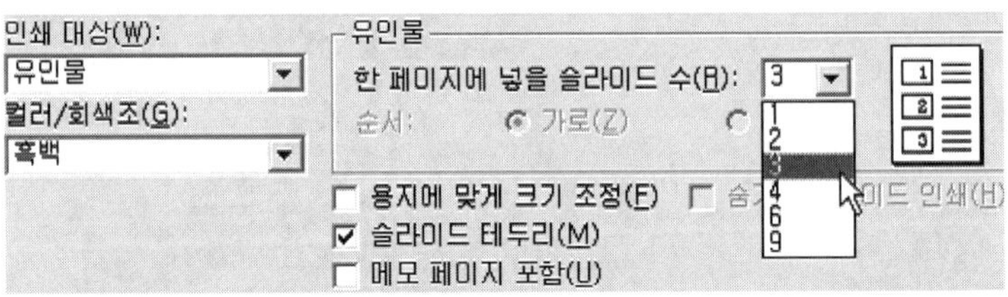

☞한 페이지에 여러 장 인쇄시에 여백을 조정하는 방법으로 [인쇄] 창에서 현재 설치된 프린터 드라이브의 [속성]에서 [완료] 탭의 [용지당 페이지 수]를 조정하여 인쇄하는 것도 효과적입니다. 프린터의 속성(등록 정보)에 들어가서 한 페이지에 여러 개 슬라이드 인쇄를 선택하면 여백이 적게 설정된 인쇄물을 얻을 수 있습니다.

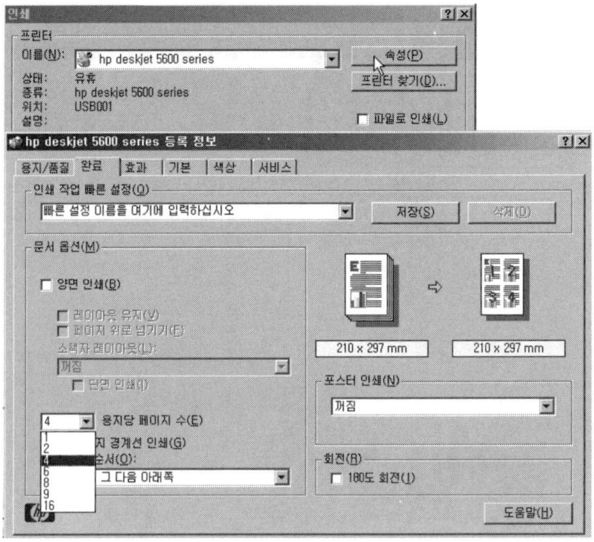

☞슬라이드를 여백 없이 용지에 꽉차게 인쇄하는 것은 프린터마다 인쇄지원 영역이 다르기 때문에 다르게 적용될 수 있습니다. 최신 프린터에서는 일부를 지원하고 있지만 일반 프린터에서는 지원하지 않습니다.

6 글자 디자인하기

가. 글꼴 서식

[홈]-[글꼴] 그룹-글꼴 바꾸기, 글꼴 크기, 글꼴 크기 변경, 굵게, 기울임, 밑줄, 그림자, 취소선, 문자 간격, 대/소문자 바꾸기, 글꼴 색 기능을 적용해보자.

Basic Tip 입력 메뉴 사용하기

프로그램의 메뉴 방식이 콤보 상자 방식이더라도 텍스트 영역이 선택되면 그 값을 직접 입력할 수 있습니다. [글꼴] 그룹에서는 [글꼴], [글꼴 크기] 아이콘의 값을 선택하고 숫자나 문자값을 입력하면 됩니다.

Basic Tip

서식 적용 영역

Microsoft Office 프로그램은 글상자 내부의 한 글자에 커서를 위치시키고 서식을 적용하면 띄어쓰기 전까지 단어 단위로 연속된 텍스트에만 적용됩니다. 물론 글상자 전체를 선택한 후 서식을 적용하면 글상자 내부의 모든 글자에 동일한 서식이 적용됩니다.

프레젠테이션 자료 제작시 워드프로세서를 이용한 문서 작성과 같이 본문은 12pt, 제목은 16pt 등의 정확한 글자 폰트의 크기를 설정하기보다는 슬라이드의 전체 레이아웃에서 적절한 글자의 크기 등이 정해지고, 하나의 슬라이드 안에서 강조해야 하는 글자를 상대적으로 크기 조정하므로 파워포인트의 폰트 크기는 숫자로 입력하기보다는 [글꼴 크기 크게], [글꼴 크기 작게]의 아이콘을 이용하는 것이 더 바람직합니다.

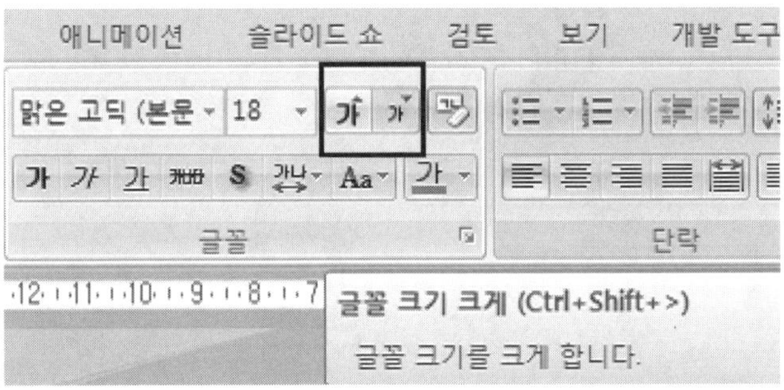

마찬가지로, 워드프로세서의 문서 작성시 문서의 가독성을 높이기 위해 줄 간격을 조정하는 경우 1줄 간격, 1.5줄 간격, 2줄 간격 또는 180%, 200% 등의 줄 간격을 이용하는 것과 마찬가지로 슬라이드 제작시에는 전체 글상자에서 키워드의 목록이 전체에 고루 퍼지도록 줄 간격을 조정합니다. 줄 간격을 설정할 때는 경우에 따라서 일부 단락 영역에 커서만 위치시켜 해당 줄 간격을 조정하기도 하고, 글상자 전체를 선택하여 적용할 수 있습니다.

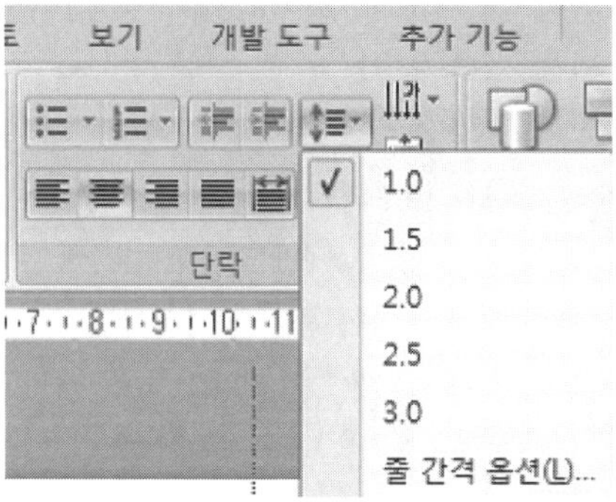

한 슬라이드의 줄 목록의 수는 7개를 넘지 않는 것이 좋습니다. 7개를 넘는다면 내용상 그룹핑하여 그룹별로 나누는 것이 좋습니다.

1) 영문자의 대/소문자 전환하기

영문자를 입력한 후 대/소문자를 전환해야 하는 경우에 [홈]-[글꼴]-[대/소문자 바꾸기]의 여러 메뉴를 이용하면 손쉽게 전환이 가능합니다.

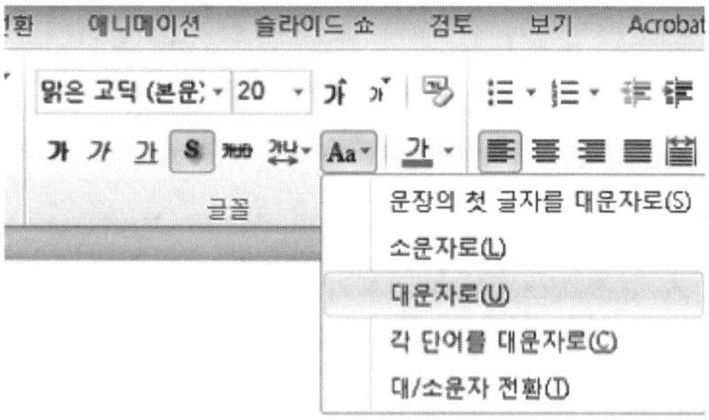

2) 한자 변환하기

한자로 변환할 한글을 입력하고, 글자를 선택하거나, 커서를 단어에 위치시키고 키보드의 [한자] 키를 사용합니다.

3) 특수문자 삽입하기

한글 자음 하나를 입력하고, 키보드의 [한자] 키를 누릅니다. 주로 많이 사용하는 도형이 위치한 'ㅁ', 원문자 기호가 있는 'ㅇ, ㅅ' 자음을 기억하는 것이 좋습니다.

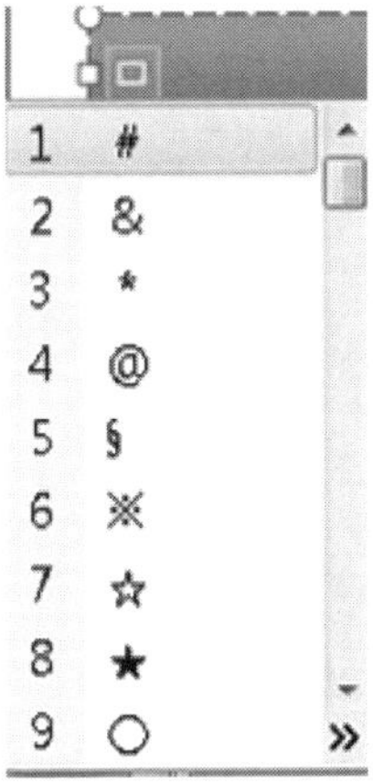

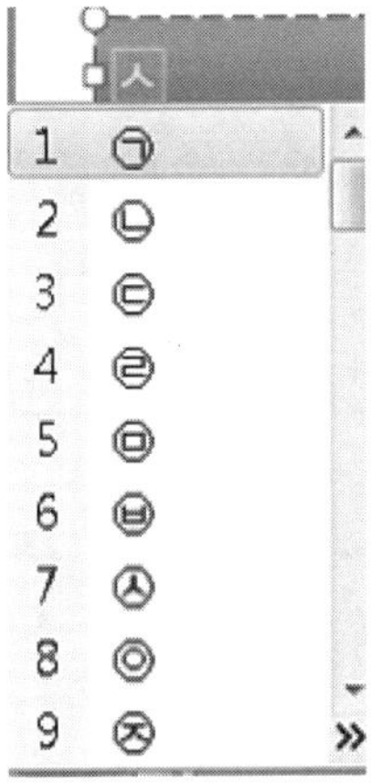

문자표

구 분	1	2	3	4	5	6	7	8	9
ㄱ-1		!	‘	,	.	/	:	;	?
ㄱ-2	ˆ	_	ˋ	|	￣	、	。	·	‥
ㄱ-3	…	¨	〃		―	‖	＼	∼	ˊ
ㄱ-4	～	ˇ	˘	˝	˚	˙	¸	˛	¡
ㄱ-5	¿	ː							ˋ
ㄴ-1	″	(	)	[	]	{	}	‘	’
ㄴ-2	“	”	〔	〕	〈	〉	《	》	「
ㄴ-3	」	『	』	【	】	ㄴ			
ㄷ-1	+	−	<	=	>	±	×	÷	≠
ㄷ-2	≤	≥	∞	∴	♂	♀	∠	⊥	⌒
ㄷ-3	∂	∇	≡	≒	≪	≫	√	∽	∝
ㄷ-4	∵	∫	∬	∈	∋	⊆	⊇	⊂	⊃
ㄷ-5	∪	∩	∧	∨	¬	⇒	⇔	∀	∃
ㄷ-6	∮	∑	∏						
ㄹ-1	$	%	₩	F	′	″	℃	Å	¢
ㄹ-2	£	¥	¤	℉	‰	㎕	㎖	㎗	ℓ
ㄹ-3	㎘	㏄	㎣	㎤	㎥	㎦	㎙	㎚	㎛
ㄹ-4	㎜	㎝	㎞	㎟	㎠	㎡	㎢	㏊	㎍
ㄹ-5	㎎	㎏	㏏	㎈	㎉	㏈	㎧	㎨	㎰

ㄹ-6	ns	ms	pV	nV	μV	mV	KV	MV	pA
ㄹ-7	nA	μA	mA	KA	pW	nW	μW	mW	KW
ㄹ-8	MW	Hz	KHz	MHz	GHz	THz	Ω	KΩ	MΩ
ㄹ-9	pF	nF	μF	mol	cd	rad	rad	rad/s	rad/s²
ㄹ-10	sr	Pa	KPa	MPa	GPa	wb	lm	lx	Bq
ㄹ-11	Gy	Sv	C/kg						
ㅁ-1	#	&	*	@	§	※	☆	★	○
ㅁ-2	●	◎	◇	◆	□	■	△	▲	▽
ㅁ-3	▼	→	←	↑	↓	↔	=	◁	◀
ㅁ-4	▷	▶	♤	♠	♡	♥	♧	♣	⊙
ㅁ-5	◈	▣	◐	◑	▒	▤	▥	▨	▧
ㅁ-6	▦	▩	♨	☏	☎	☜	☞	¶	†
ㅁ-7	‡	↕	↗	↙	↖	↘	♭	♩	♪
ㅁ-8	♬	㉿	㈜	No.	Co.	TM	a.m.	p.m.	Tel
ㅁ-9	ª	º							
ㅂ-1	─	│	┌	┐	┘	└	├	┬	┤
ㅂ-2	┤	┴	┼	━	┃	┏	┓	┛	┗
ㅂ-3	┣	┳	┫	┻	╋	┠	┯	┨	┷
ㅂ-4	┿	┝	┰	┥	┸	╂	┒	┑	┚
ㅅ-1	㉠	㉡	㉢	㉣	㉤	㉥	㉦	㉧	㉨
ㅅ-2	㉩	㉪	㉫	㉬	㉭	㉮	㉯	㉰	㉱
ㅅ-3	㉲	㉳	㉴	㉵	㉶	㉷	㉸	㉹	㉺
ㅅ-4	㉻	㈀	㈎						
ㅇ	ⓐ~	ⓩ	①~	⑩	⒜~	⒵	⑴~	⒂	
ㅈ	0	1	2	3	i	x	I	X	ㅈ
ㅊ	½	1/3	2/3	¼	¾	⅛	⅜	⅝	⅞
ㅋ	ㄱ	ㄲ	ㄳ	ㄴ	ㄵ	ㄶ	ㄷ	ㄸ	ㅓ
ㅌ	ㅨ	ㅫ	ㅹ						
ㅍ	A	z							
ㅎ-1	*Α*	*Β*	*Γ*	*Δ*	*Ε*	*Ζ*	*Η*	*Θ*	*Ι*
ㅎ-2	*Κ*	*Λ*	*Μ*	*Ν*	*Ξ*	*Ο*	*Π*	*Ρ*	*Σ*
ㅎ-3	*Τ*	*Υ*	*Φ*	*Χ*	*Ψ*	*Ω*	*α*	*β*	*γ*
ㅎ-4	*δ*	*ε*	*ζ*	*η*	*θ*	*ι*	*κ*	*λ*	*μ*
ㅎ-5	*ν*	*ξ*	*ο*	*π*	*ρ*	*σ*	*τ*	*υ*	*φ*
ㅎ-6	*χ*	*ψ*	*ω*						

4) 복사, 잘라내기, 붙여넣기

- [홈]-[클립보드] 그룹-[복사], [잘라내기], [붙여넣기]를 선택합니다.
- 단축키인 [Ctrl]+C/V/X를 사용합니다.
- 오른쪽 마우스 버튼 클릭해서 단축 메뉴를 이용합니다.

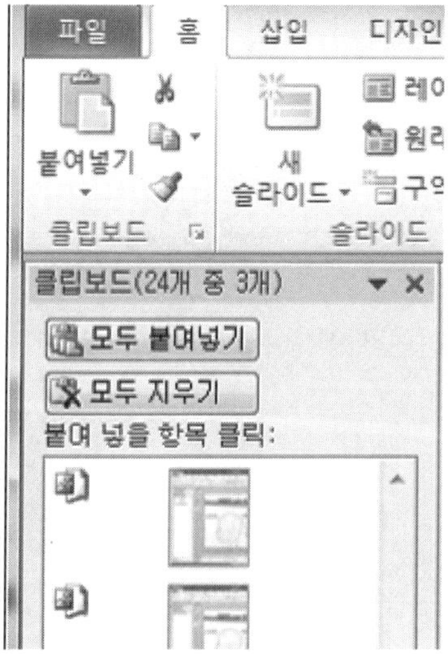

5) 마우스로 이동/복사하기

마우스로 영역을 선택하고 선택 영역 안에 마우스를 위치시켜 하얀 화살표가 생기면 클릭 앤 드래그합니다. 이때 [Ctrl] 키를 누르고 이동하면 복사가 됩니다.

6) 서식 복사

- [홈]-[클립보드] 그룹-[서식 복사]를 선택합니다.
- 글자의 서식만을 다른 글자에 적용할 수 있습니다. 글자 영역을 선택하고 [서식 복사] 아이콘을 누른 후 다른 글자 영역에 적용합니다.
- 글상자의 서식을 복사하여 다른 내용이 있는 글상자에 적용하는 경우 글상자를 선택한 후 [서식 복사]를 하고 다른 글상자에 적용합니다.

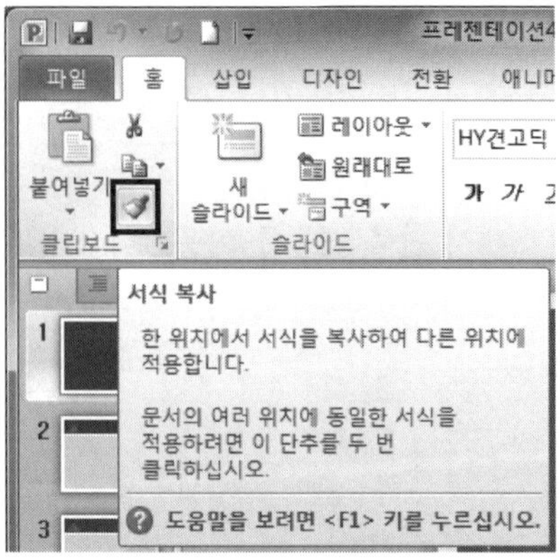

- 다른 여러 곳에 계속해서 서식을 붙여넣으려면 서식 복사 아이콘을 두 번 클릭합니다.
- 열려 있는 다른 파워포인트 파일의 개체에도 서식 복사를 사용할 수 있습니다.

7) 모두 선택

슬라이드 편집 화면을 클릭하고 [Ctrl]+A를 누릅니다. [홈]-[편집] 그룹-[모두 선택]을 이용할 수 있습니다.

그러나 슬라이드 편집 화면을 클릭하지 않고 슬라이드 노트보기나 개요보기에 커서가 있었다면 슬라이드 노트의 전체 내용이나 전체 슬라이드 등의 다른 영역을 모두 선택하게 됩니다. 커서의 위치를 확인합니다.

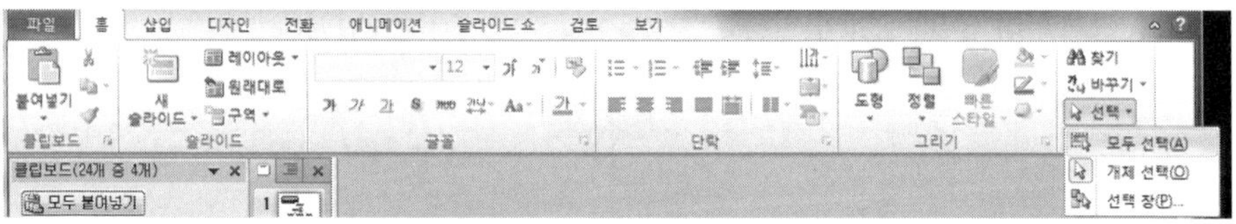

8) 작업 취소

작업 취소 단축키는 [Ctrl]+Z를 이용합니다. 거의 모든 응용프로그램에서 공통적으로 사용하는 단축키이니 외워두도록 합니다.

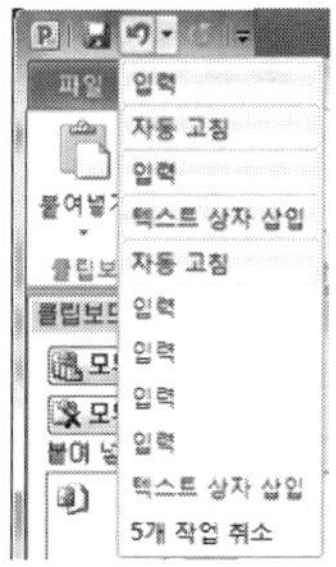

나. 단락 서식

[왼쪽 맞춤], [가운데 맞춤], [오른쪽 맞춤], [양쪽 맞춤], [균등 분할] 세로로 [위쪽 맞춤], [중간 맞춤], [아래쪽 맞춤] 단추를 이용하여 문단을 정렬합니다.

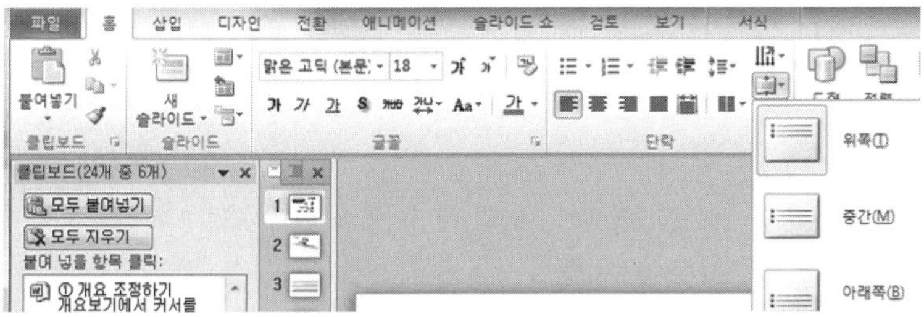

1) 글자 방향 변경하기

[가로]로 쓰기, [세로]로 쓰기, 텍스트 상자 서식에서 회전 각도를 주는 [모든 텍스트 회전] 시키기, [세로형] 쓰기 등 다양한 메뉴를 제공합니다.

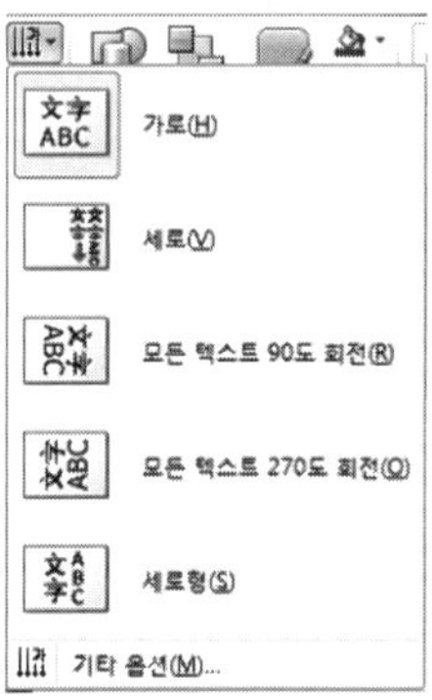

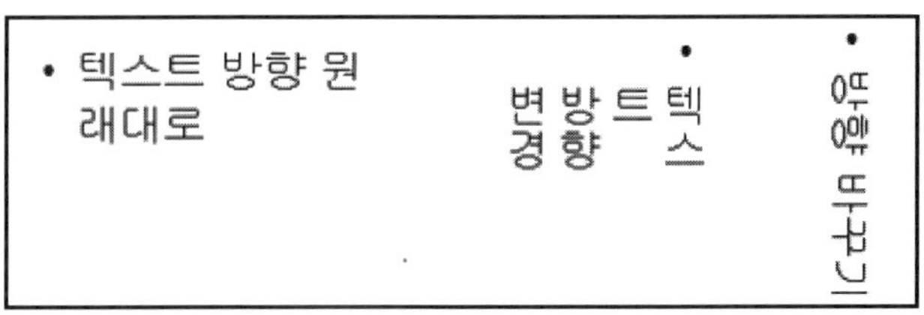

PRACTICE 글자 방향 변경하기

다음의 슬라이드를 작성해봅시다.

[홈]-[슬라이드] 그룹-[레이아웃]에서 [비교] 레이아웃을 선택하고 아래 글을 입력합니다.

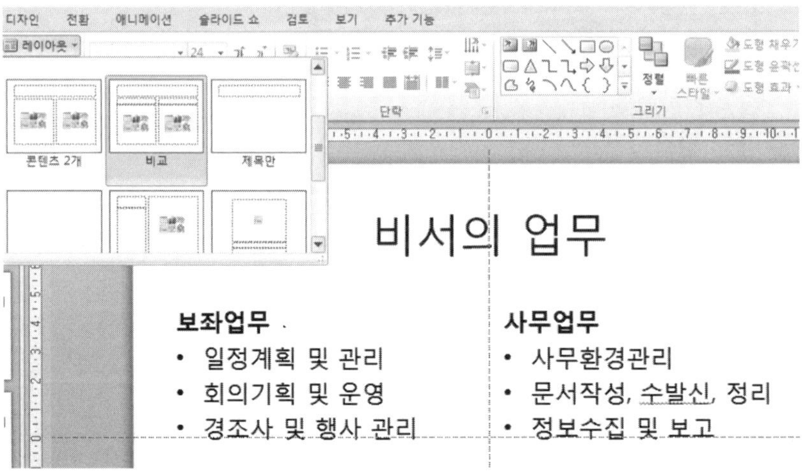

상단의 글상자는 보기와 같은 [글머리 기호]를 설정하고, [가운데 맞춤]합니다. 세로로 중간 정열을 하기 위해 [텍스트 맞춤] 단추를 눌러 [중간]을 선택합니다. 도형 채우기 색과 윤곽선 색을 설정합니다.

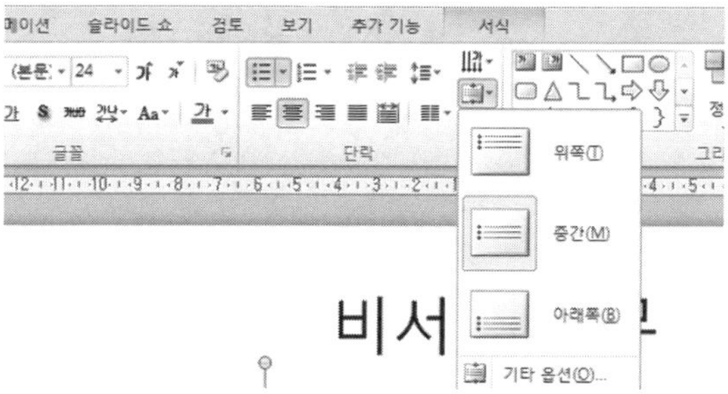

[홈]-[단락] 그룹-[텍스트 방향]에서 [세로]를 선택합니다.

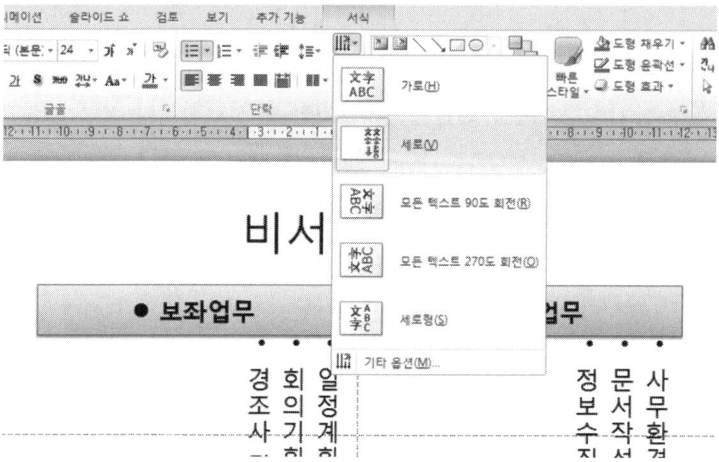

[삽입]-[이미지] 그룹-[클립아트]에서 적당한 키워드를 넣고 사진이나 그림을 검색하여 위와 같이 배치합니다.

---

2) 글머리 기호 및 번호 매기기

선택 영역을 지정하고 [홈]-[단락] 그룹-[글머리 기호], [번호 매기기]를 선택 또는 해제합니다. [글머리 기호 및 번호 매기기]에서 글머리 기호의 선택, 글머리의 크기나 색을 조정할 수 있고, 그림 번호를 글머리로 사용할 수 있습니다. 번호 매기기의 경우 시작 번호를 조절할 수 있습니다.

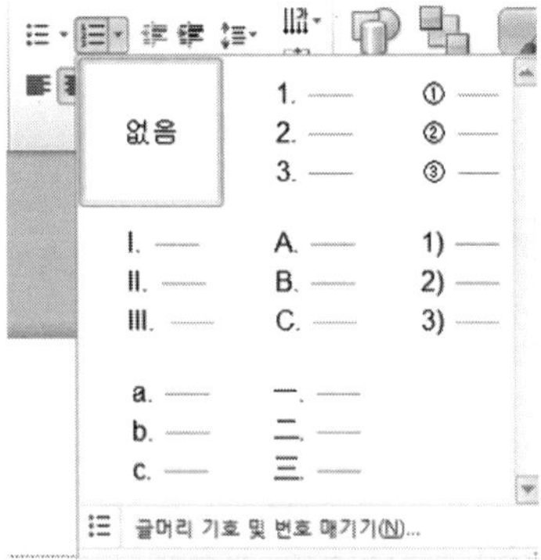

단락 영역을 선택한 후 [홈]-[단락] 그룹-[글머리 기호]를 클릭합니다. 글머리 기호 창에 나와 있지 않은 기호를 사용하려면 [사용자 지정]을 선택합니다. 기호 삽입과 같은 창이 나타납니다. 원하는 기호를 선택하고 크기, 색을 조정할 수 있습니다. 그림파일로 만들어진 글머리 기호나 동영상 클립을 글머리 기호로 사용하려면 [그림]을 선택한 후 확인을 누릅니다.

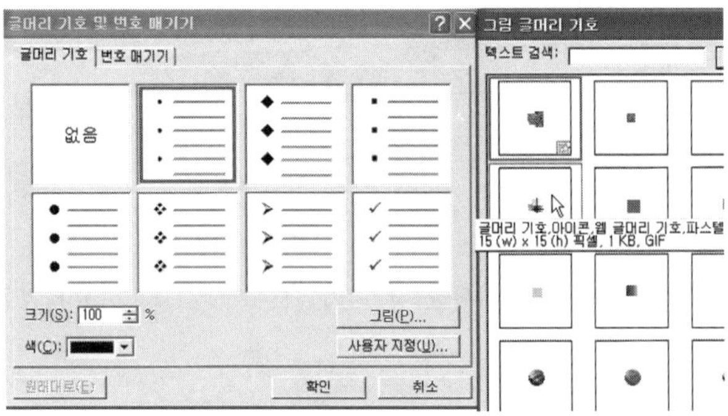

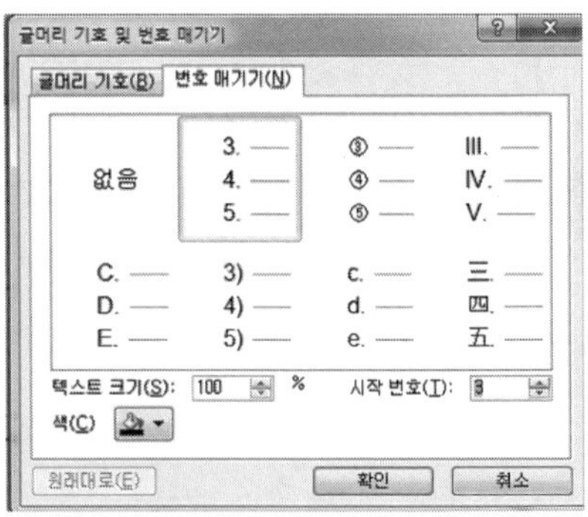

PRACTICE 글머리 기호 넣기

다음의 슬라이드를 작성해봅시다.

다. 워드아트

1) 글자에 투명도 설정하기

글자를 선택하고 [그리기 도구]-[서식]-[WordArt 스타일] 그룹-[텍스트 효과 서식] 창에서 [텍스트 채우기]-[단색 채우기]를 누르고 채우기 [색]과 [투명도]를 설정합니다.

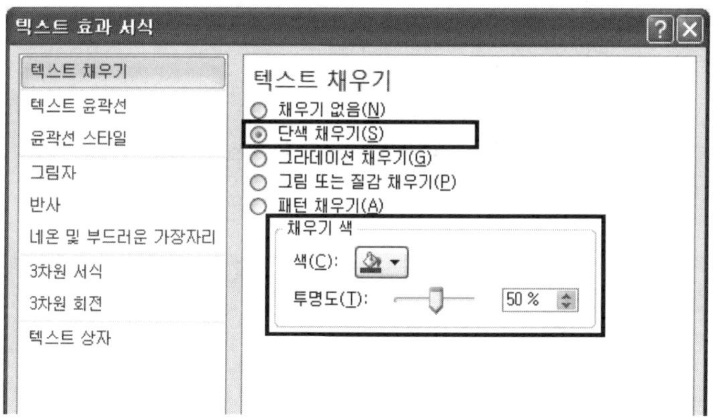

2) 그라데이션 설정하기

글자를 선택하고 [그리기 도구]-[서식]-[WordArt 스타일] 그룹-[텍스트 효과 서식] 창에서 [텍스트 채우기]-[그라데이션 채우기]에서 그라데이션의 중지점을 추가 및 제거하고 각각의 중지점에서 색과 투명도를 다르게 설정할 수 있습니다.

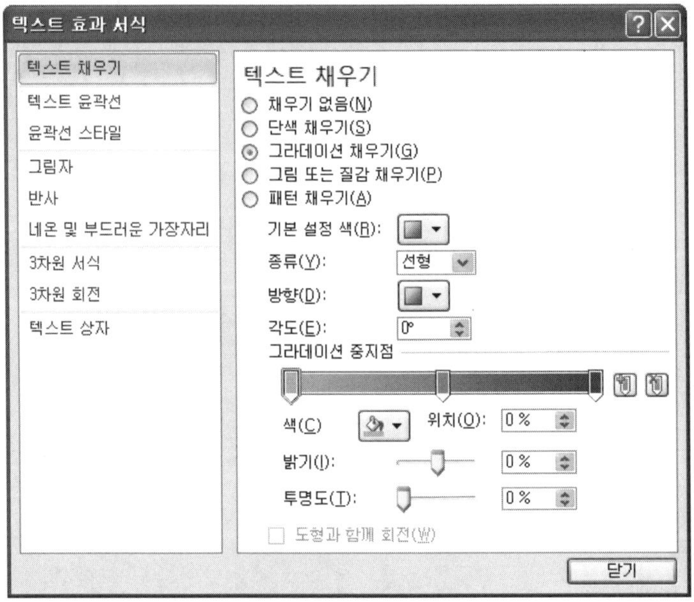

3) 텍스트 효과 주기

글자를 선택하고 [그리기 도구]-[서식]-[WordArt 스타일] 그룹-[텍스트 효과]-[반사] 중 선택합니다.

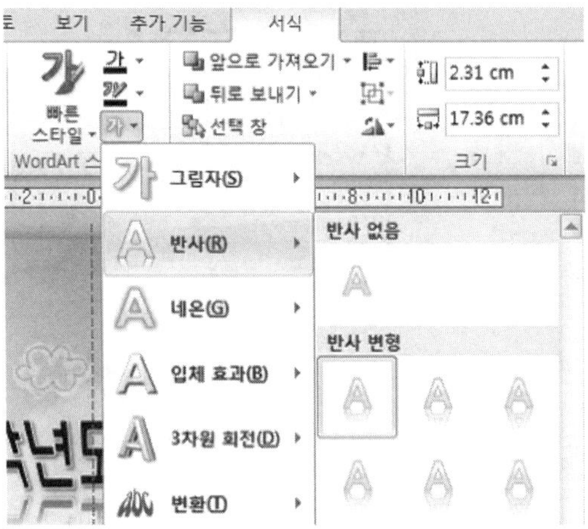

4) 글자에 테두리 설정하기

글자를 선택하고 [그리기 도구]-[서식]-[WordArt 스타일] 그룹-[텍스트 윤곽선] 단추를 눌러 색과 두께 등을 설정합니다.

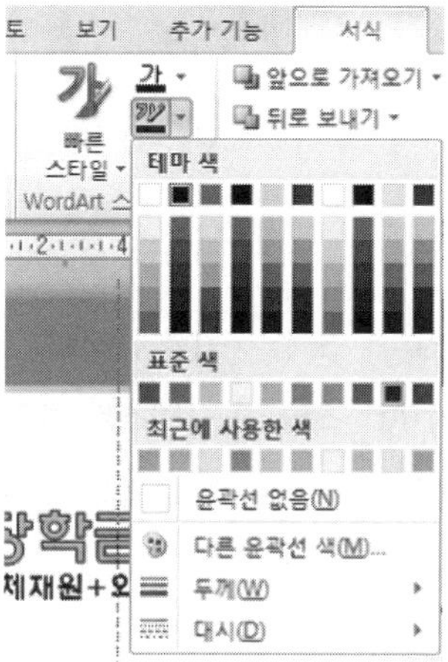

PRACTICE 워드아트 활용하기

다음의 슬라이드를 작성해봅시다.

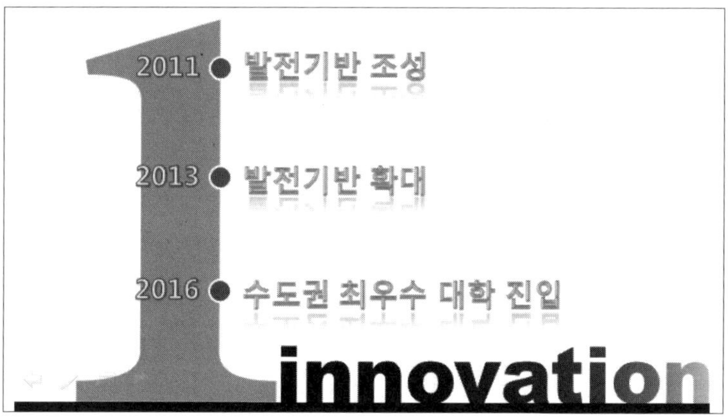

5) 입체 효과와 3차원 회전 주기

예

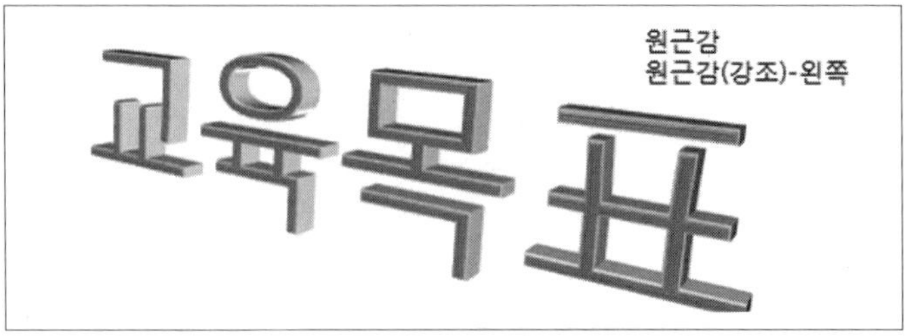

[그리기 도구]-[서식]-[WordArt 스타일]-[3차원 회전]-[원근감]-[원근감 강조(왼쪽)]

[그리기 도구]-[서식]-[WordArt 스타일]-[텍스트 효과]-[입체 효과]-[3차원 옵션]-[위쪽]-[리블렛] / 깊이-20pt / 표면-재질-[특수 효과]-[평면]

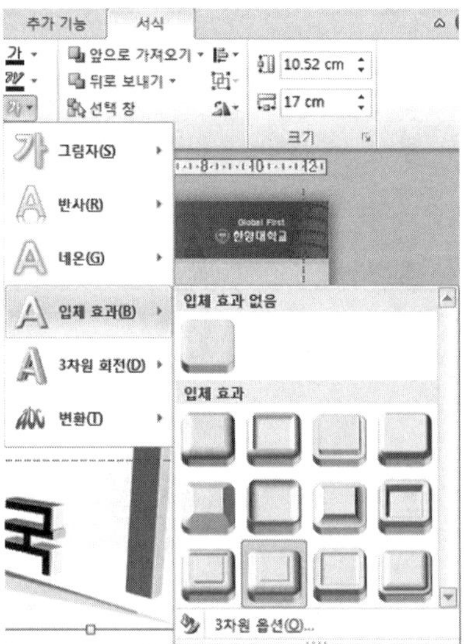

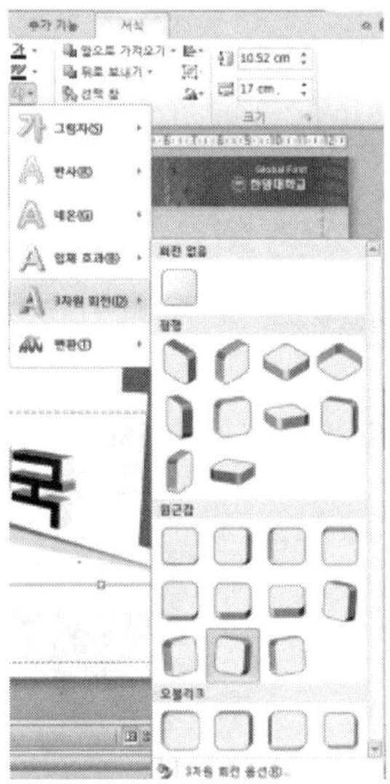

6) 네온 효과

예

[그리기 도구]-[서식]-[WordArt 스타일]-[텍스트 효과] 단추-[네온]-[네온 색]과 [부드러운 가장자리]의 크기를 설정합니다.

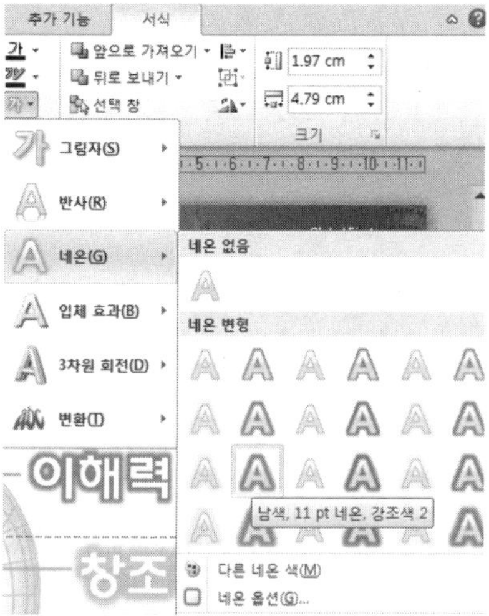

라. 스마트아트

PowerPoint 2010에서 더욱 업그레이드된 스마트아트는 다양한 도해를 만들어줄 뿐 아니라 도형 변환 기능을 이용하여 스마트아트를 도형으로 변환할 수도 있게 되었습니다.

1) 스마트아트 그래픽 삽입하기

방법 1 [삽입] 탭-[일러스트레이션] 그룹-[SmartArt 그래픽 삽입] 명령 단추를 클릭하고 SmartArt 대화상자가 나타나면 SmartArt 아이콘이 있는 레이아웃에서 아이콘을 클릭합니다.

방법 2 텍스트를 입력한 후 마우스 오른쪽 단추로 클릭한 후 바로가기 메뉴에서 [SmartArt 그래픽으로 변환]을 클릭합니다.

방법 3 텍스트를 입력한 후 [홈] 탭-[SmartArt 그래픽으로 변환]을 누른 후 [스마트아트 그래픽 선택] 창에서 그래픽을 선택하고 확인합니다.

[프로세스형]-[기본 갈매기형 수장 프로세스형]-[확인]합니다.

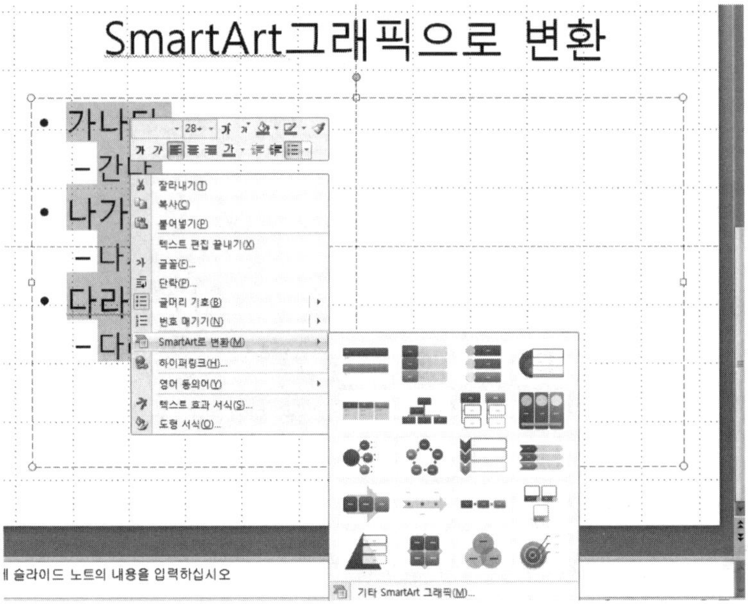

〈스마트아트 그래픽 종류〉

- [목록형] : 비순차적이거나 그룹화된 정보를 나열식으로 보여줄 때 사용합니다.
- [프로세스형] : 작업, 프로세스 또는 워크플로우의 진행 방향, 순차적 단계를 보여줄 때 사용합니다.
- [주기형] : 서로 유기적으로 연결되어 있는 요소들이 연속적으로 영향을 주거나 일정 주기로 작업이 진행되는 경우에 사용합니다.
- [계층구조형] : 자주 사용하는 스마트아트 그래픽으로, 한 조직에서 직위관계나 지휘,

명령 계통 등의 계층관계를 보여줄 때 사용합니다.

- [관계형] : 상반되거나 상호보완적이거나 계층관계 또는 비례관계 등 정보간에 관련성이 있을 때 사용합니다.
- [행렬형] : SWOT분석에 자주 사용하는 스마트아트 그래픽으로 사분면에서 전체에 대한 구성 요소의 관계를 설명할 때 사용합니다.
- [피라미드형] : 특정 구조 및 각 요소의 비율을 상위에서 하위까지 단계적으로 보여줄 때 사용합니다.

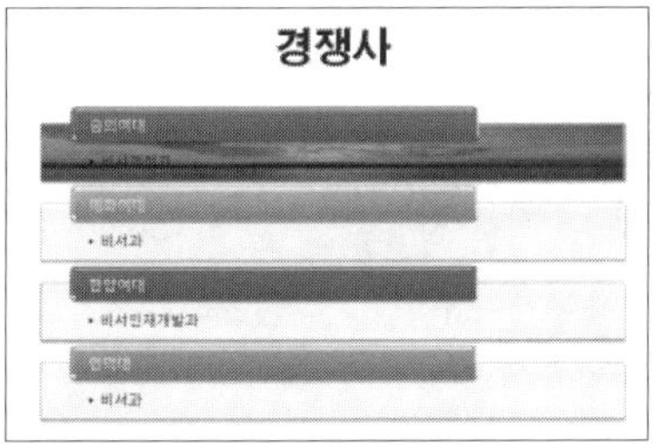

〈세로 상자 목록형 스마트아트〉

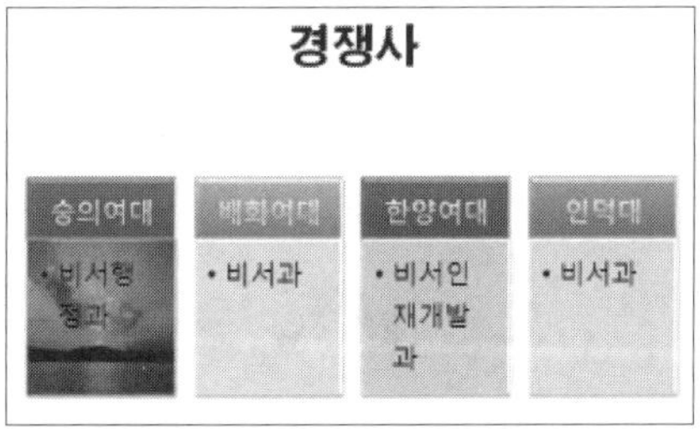

〈가로 글머리 기호 목록형 스마트아트〉

2) 도형 추가하기

[스마트아트 도구]-[디자인] 탭-[도형 추가]-[뒤에 도형 추가], [앞에 도형 추가]를 이용합니다. 스마트아트 개체 위에서 마우스 오른쪽 버튼을 눌러 [도형 추가]-[앞에 도형 추가]를 하고, 텍스트 창에서 내용을 입력합니다.

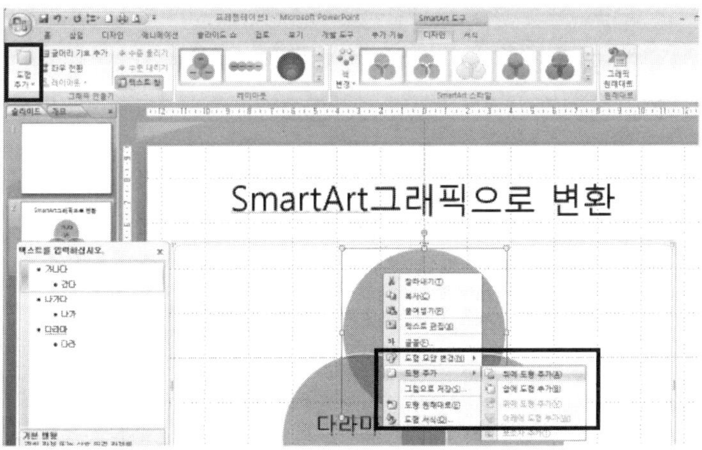

3) 스마트아트 서식 설정하기

[스마트아트 도구]-[디자인] 탭-[스마트아트 스타일] 그룹-[색 변경]에서 색을 선택합니다. [스마트아트 도구]-[디자인] 탭-[스마트아트 스타일] 그룹-목록 단추 [자세히]-[평면], [금속], [일몰], [조감도] 등에서 선택합니다.

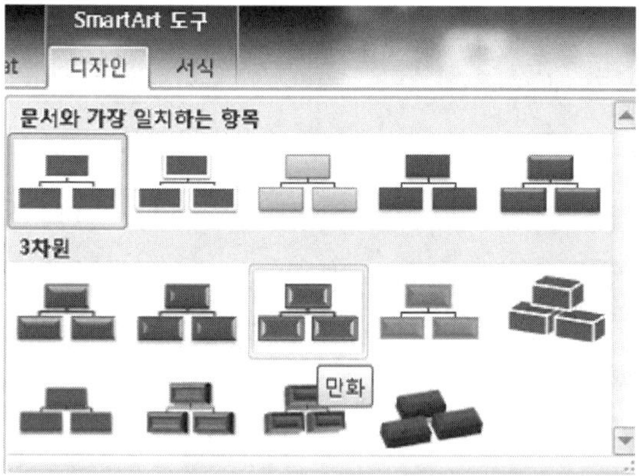

세부적 수정을 위해서는 스마트아트 개체 위에서 마우스 오른쪽 버튼을 눌러 [도형 서식]-[3차원 회전]-Z값 등을 변경합니다.

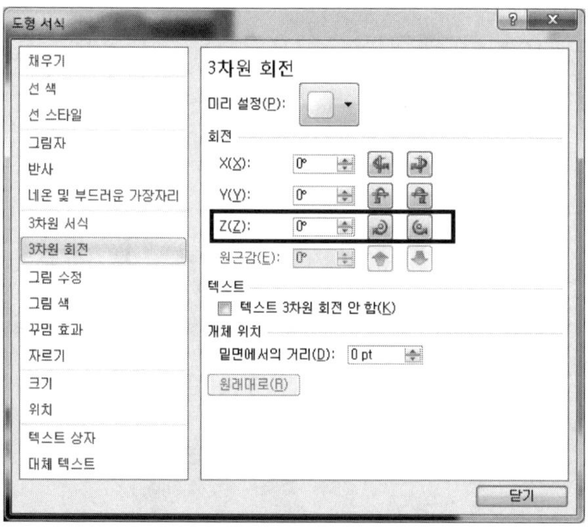

PRACTICE 조직도 그리기

그룹 비서의 형태

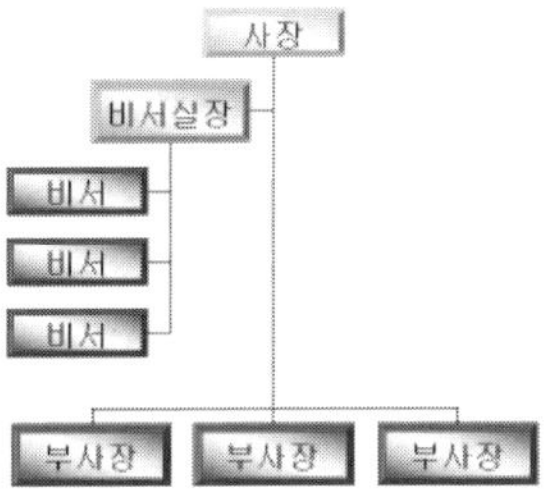

단독 비서의 형태

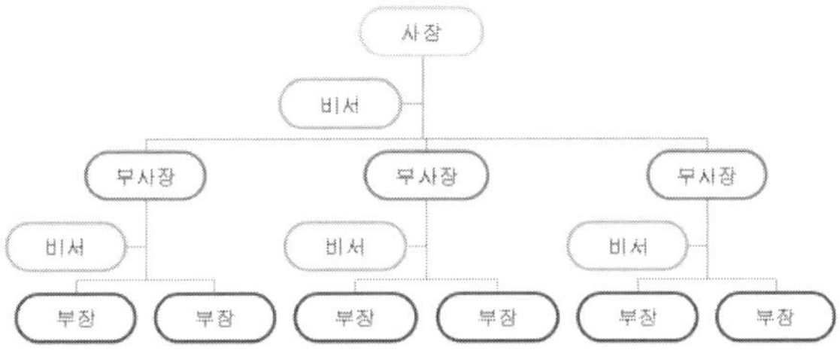

Organization Chart

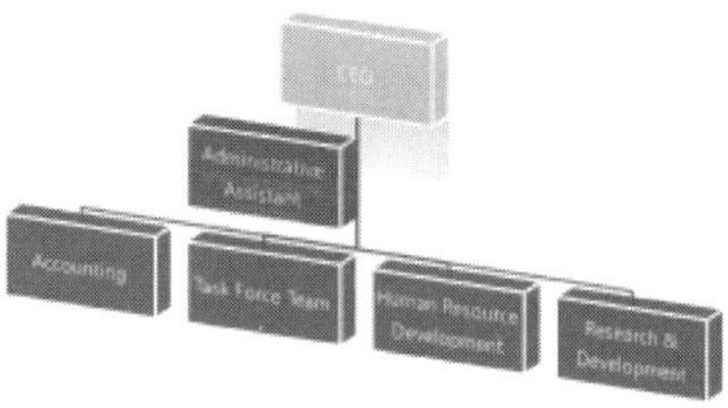

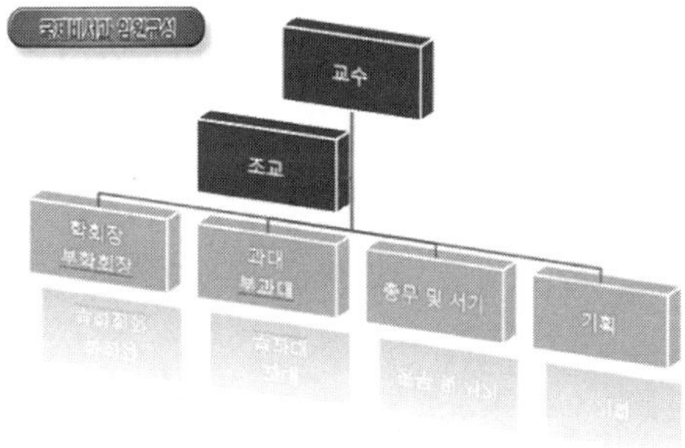

PRACTICE 스마트아트 활용하기

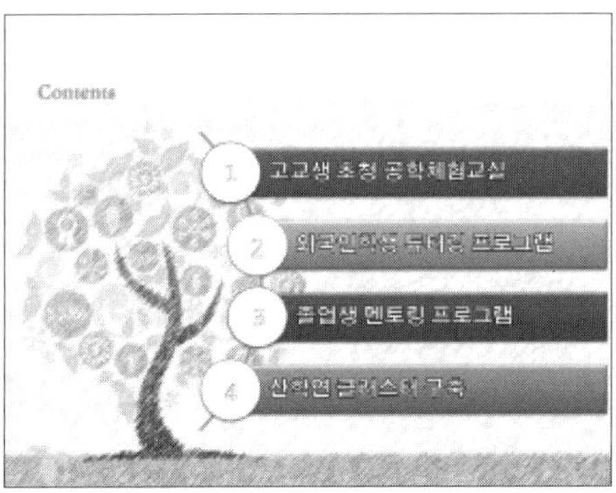

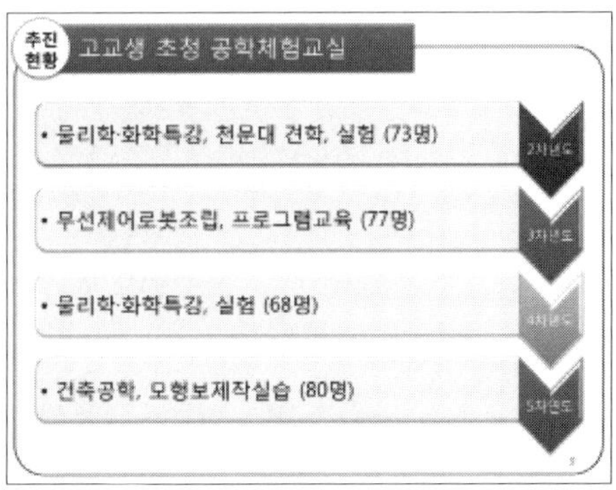

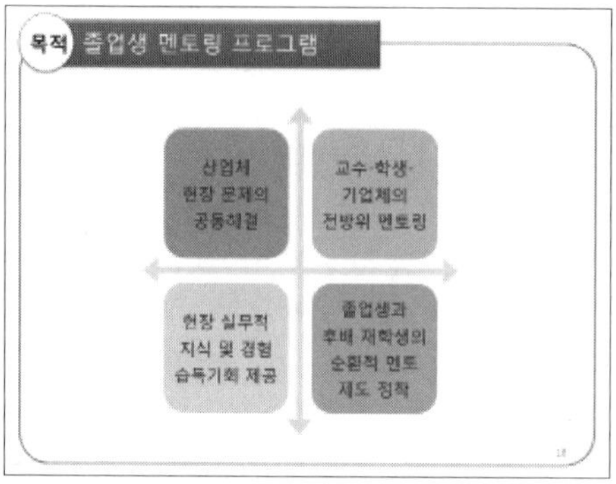

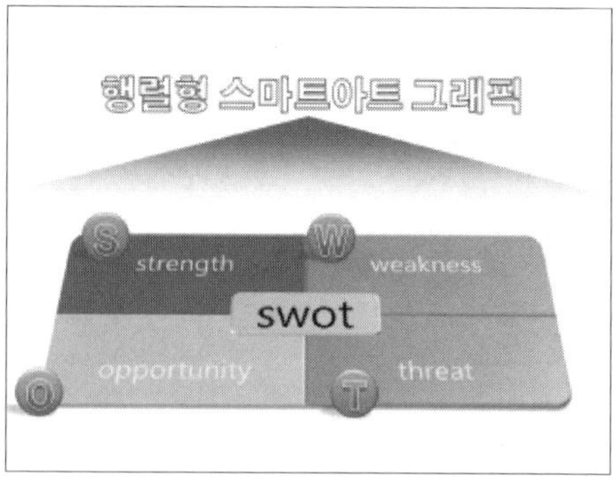

4) 스마트아트를 도형으로 변환하기

스마트아트를 선택하고 [SmartArt 도구]-[디자인] 탭-[원래대로] 그룹-[변환]을 클릭하여 [도형으로 변환]을 선택합니다. 도형으로 변환된 후 그룹화를 해지합니다. 그룹이 해지되면 각 개체를 선택하여 서식을 자유롭게 변경할 수 있습니다.

7 그리기

가. 그리기 환경 설정하기

그리기 작업을 할 때 [눈금자], [눈금선], [안내선]을 화면에 표시하면 좀 더 쉽게 도형을 그리고 위치 및 배분을 설정할 수 있습니다. [보기]-[표시] 그룹-[눈금자], [눈금선], [안내선]을 체크합니다. 또는 화면 여백에서 오른쪽 마우스 단축키를 누르면 [눈금자], [눈금 및 안내선]을 선택할 수 있습니다.

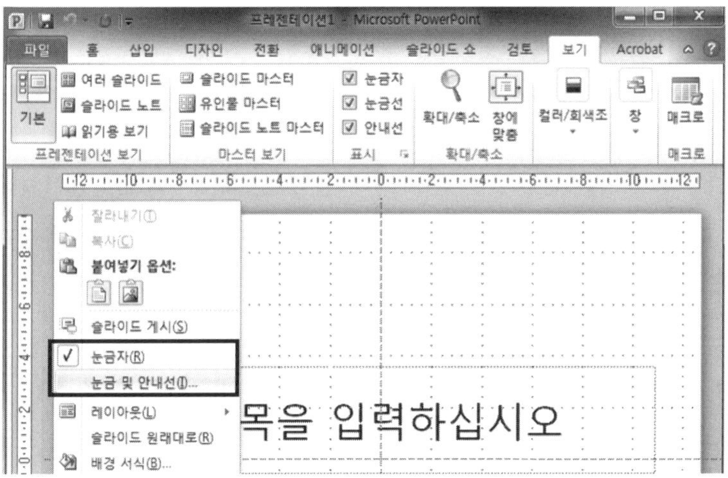

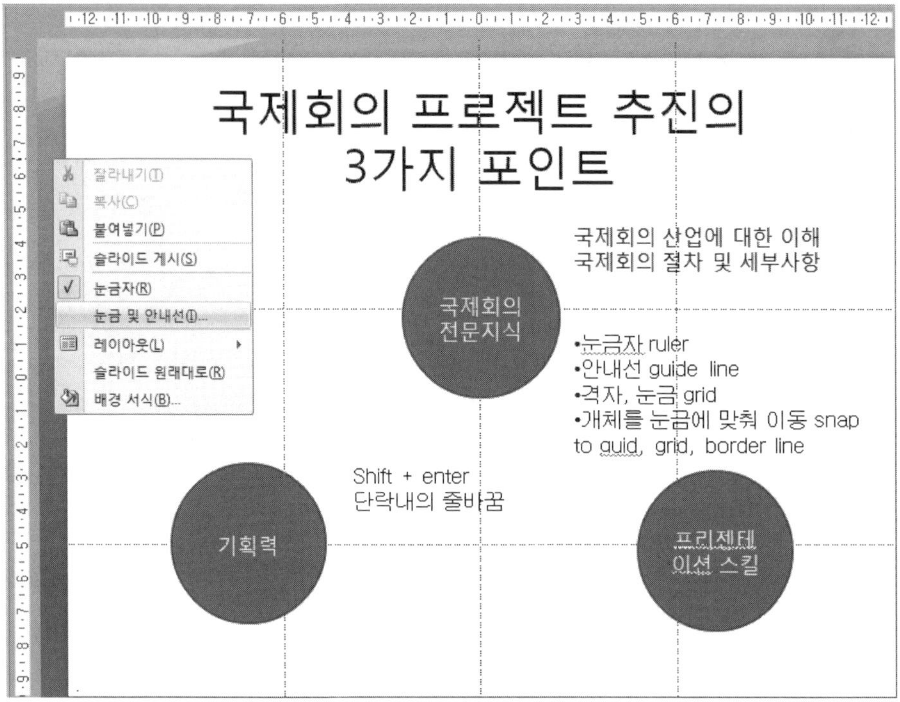

포토샵에서 사용되는 기능도 함께 알아봅시다.

- [눈금자]는 화면 상단과 왼쪽에 표시되는 눈금을 표시하는 [룰러(ruler)]입니다.
- [눈금선]은 다른 그래픽 프로그램에서 사용하는 [격자, 그리드(grid)]와 같은 메뉴입니다. 바둑판처럼 가로세로를 일정한 간격으로 직각이 되게 만든 구조로 개체를 배치하거나 도형을 그릴 때 편리하게 사용할 수 있습니다.
- [안내선]은 다른 그래픽 프로그램에서 사용하는 [가이드(guide)]와 같은 메뉴입니다. 그리기 안내선을 화면에 표시하면 가로와 세로의 가운데에 하나씩만 안내선이 나타납니다. 안내선은 현재 슬라이드에서 설정하면 전체 슬라이드에서 모두 동일하게 볼 수 있습니다. 모든 슬라이드에서 그림이나 글자의 배치 등 개체들의 위치를 설정할 때 유용하게 사용될 수 있어 통일성 있는 레이아웃을 만들 수 있습니다. 완성 후에는 [보기]-[표시] 그룹에서 [안내선]을 해제 또는 [눈금 및 안내선] 창에서 [화면에 그리기 안내선 표시]를 해제하면 됩니다.

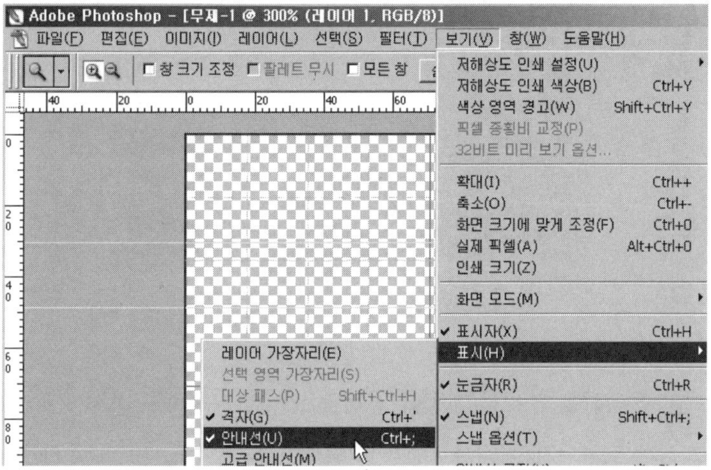

〈Adobe Photoshop 한글판〉

- 안내선 이동하기 : 그리기 안내선을 마우스로 선택하면 슬라이드의 정가운데를 (0,0)으로 하는 단위가 표시되며, 선택하여 가로 방향 또는 세로 방향으로 움직이면 이동하는 눈금자의 단위를 표시해줍니다.
- 안내선 복사하기 : 여러 개의 그리기 안내선을 화면에 배치하고 싶은 경우 그리기 안내선을 복사합니다. 복사하는 방법은 안내선을 선택해서 이동하다가 [Ctrl] 키를 같이 누릅니다. 마우스를 떼기 전에 [Ctrl] 키를 떼면 복사가 되지 않으므로, 마우스로 이동한 후 [Ctrl] 키가 적용되어 복사가 되는 화면을 확인하고 [Ctrl] 키를 뗍니다. 이렇게 여러 안내선을 설정하여, 개체의 배치를 도울 수 있습니다.

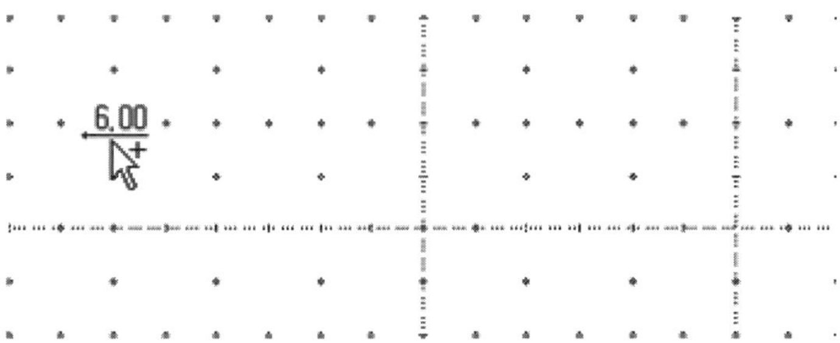

▪ [개체를 눈금에 맞춰 이동]은 포토샵의 [snap to grid], [스냅 옵션]–[격자]에 해당합니다. 개체를 일정하게 배치하고 만들 때 도움이 되는 기능입니다.

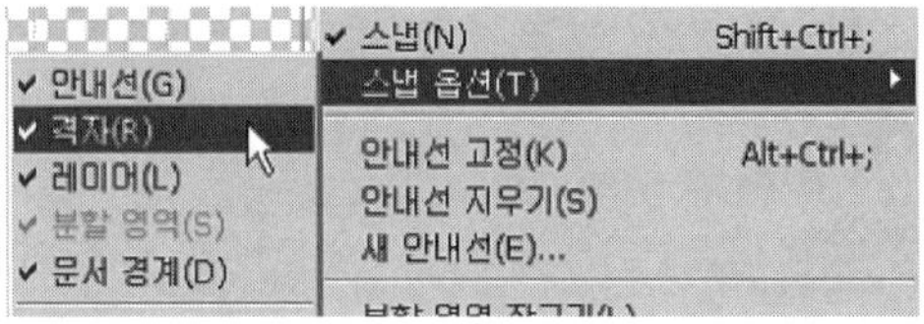

〈Adobe Photoshop 한글판〉

화면에 그리기 안내선을 표시하고 눈금 간격을 1cm로 설정하고 화면에 눈금을 표시합니다. 그 위에 그리기 도구상자의 직사각형을 그려보면 화면에 표시된 눈금에 맞추어 사각형이 그려지는 것을 확인할 수 있습니다.

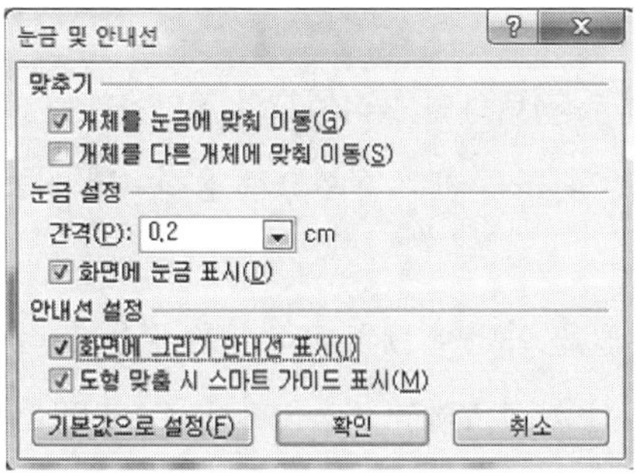

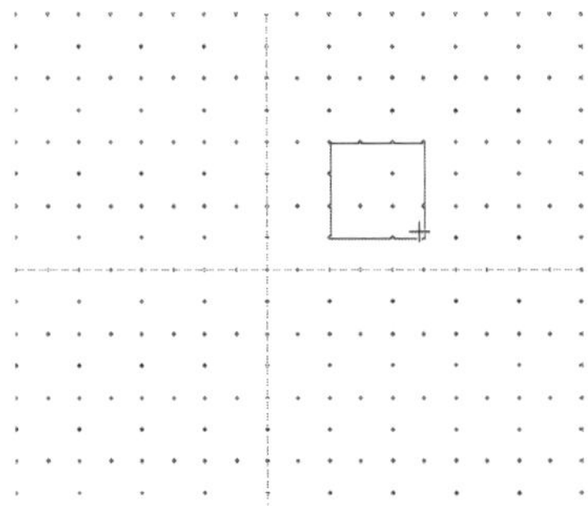

이때 설정된 간격 사이에 사각형을 위치시키거나 크기를 설정하고 싶을 때는 [Alt] 키를 눌러서 도형의 크기나 위치를 설정할 수 있습니다.

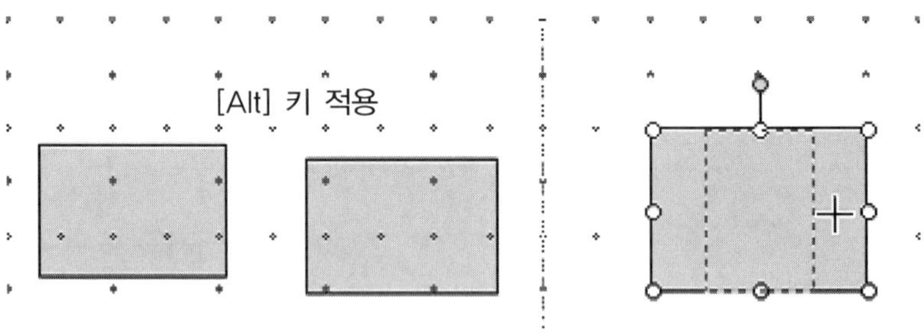

나. 보조키를 이용한 도형 그리기

직사각형, 타원 등의 도형모양을 선택하고 편집화면에 클릭 앤 드래그로 자유롭게 도형을 그릴 수 있습니다. 도형을 그린 후 텍스트를 추가하고 도형의 색, 스타일 등을 수정할 수 있습니다.

1) 기본 도형 그리기

도형을 선택하고 슬라이드에 클릭만 하면 기본 사이즈의 정도형이 그려집니다.

2) 정도형 그리기

[Shift]를 선택하고 도형의 영역을 잡으면 정원이나 정사각형 등의 정도형을 그릴 수 있습니다. 클릭 앤 드래그로 도형을 그리는 중 마우스를 떼기 전에 [Shift] 키를 눌러서 정도형을 적용합니다. 도형을 그리고 난 후까지 [Shift] 키가 눌려 있어야 정도형을 그리는 기능이 적용될 수 있습니다.

3) 시작점을 기준으로 도형 그리기

[Ctrl] 키를 선택하고 도형을 그리면 시작점을 기준으로 도형의 중심점이 되는 도형이 그려집니다.

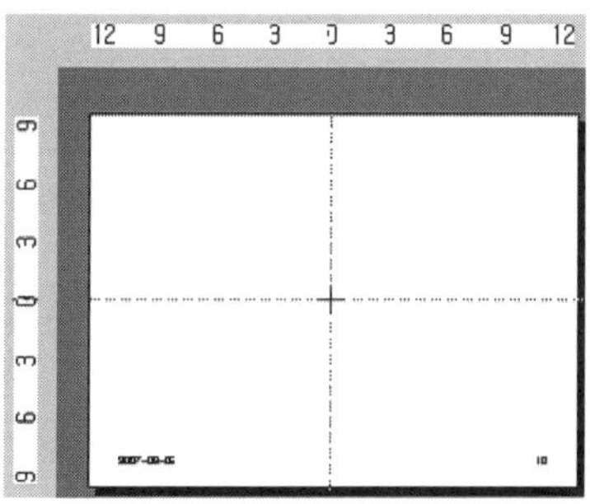

〈시작점을 슬라이드의 가운데에 위치〉

〈클릭 앤 드래그〉

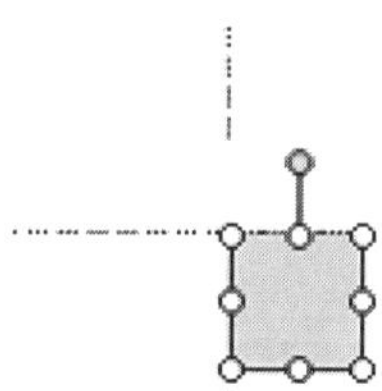

〈[Ctrl] 적용〉

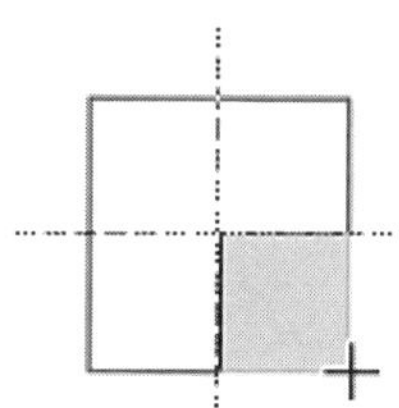

PRACTICE 피라미드 그리기

피라미드 모양의 다음 도형을 [Ctrl] 키를 이용하여 손쉽게 만들어봅시다.

① 그리고자 하는 사각형의 1/4만한 크기로 슬라이드의 안내선으로부터 영역을 잡고, [Ctrl] 키를 적용하여 도형을 세로 안내선의 중심에 위치시킵니다.

② 만들어진 도형을 줄맞춰 복사하기 위해 도형을 선택하고 이동하다가 복사하는 키 [Ctrl], 줄맞춰 이동하는 키 [Shift]를 눌러 4개를 더 복사합니다. 도형 복사가 연속적으로 이루어지는 경우 [Ctrl]과 [Shift] 키는 계속 누르고 있고 마우스만 클랙 앤 드래그를 반복합니다.

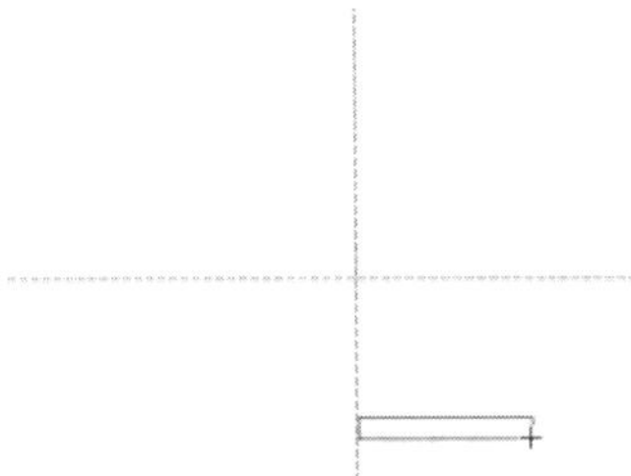
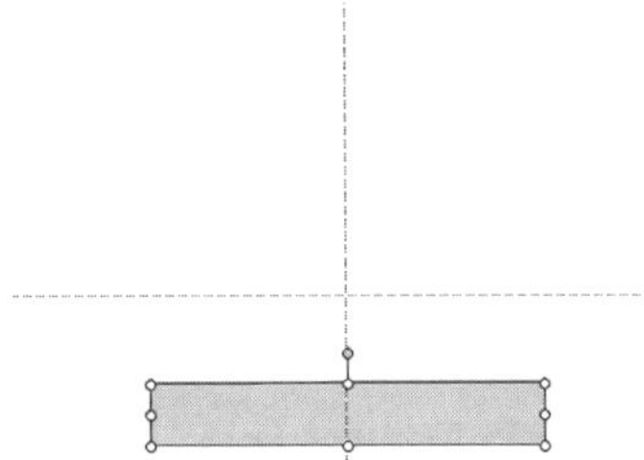

③ 한쪽 방향으로 줄였다가 다시 가운데로 위치 이동을 하는 방법보다는 각 도형의 조절점에서 양방향 화살표를 선택하고 크기를 줄일 때 [Ctrl] 키를 같이 눌러서 도형의 중심을 기준으로 도형을 줄이도록 합니다.

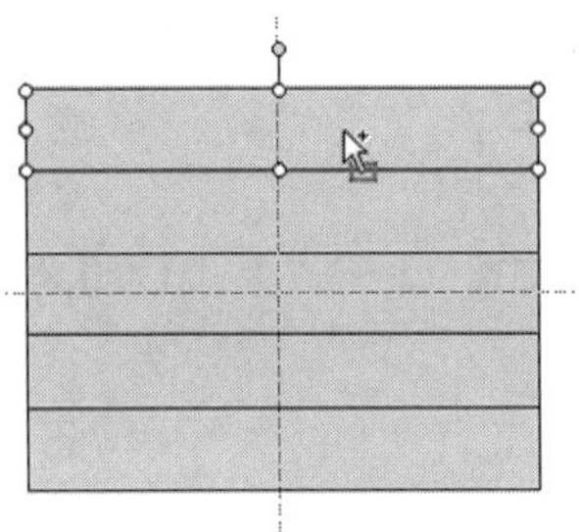
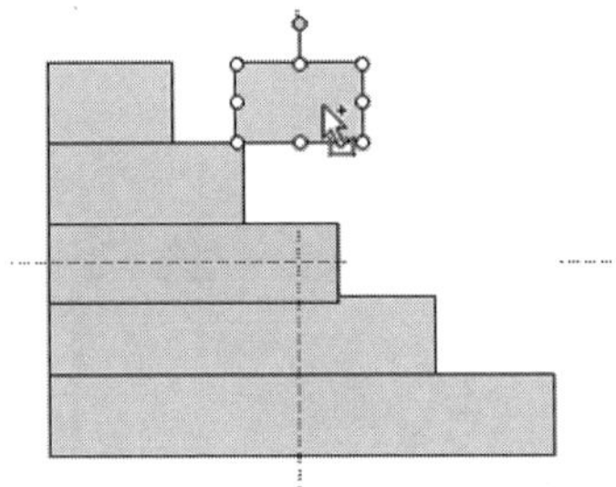
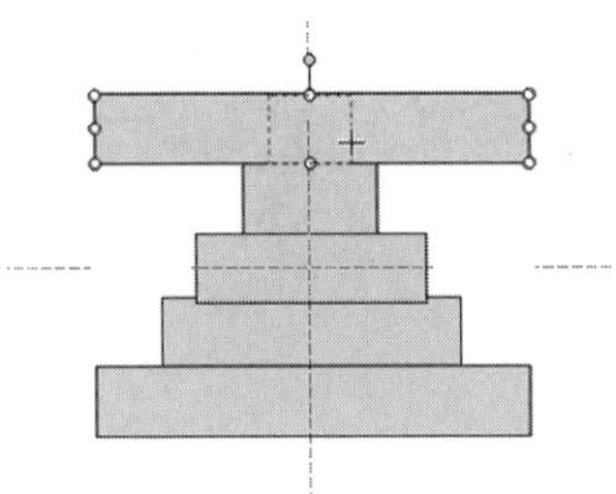
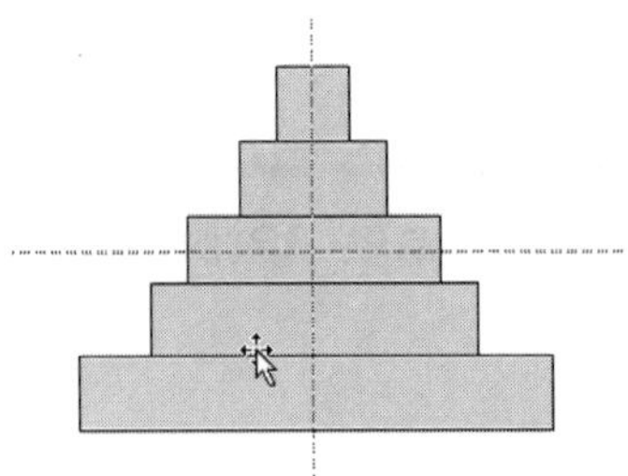

PRACTICE 과녁 그리기

여러 개의 정원이 슬라이드 가운데에 아래와 같이 배치되도록 도형을 만들어봅시다.

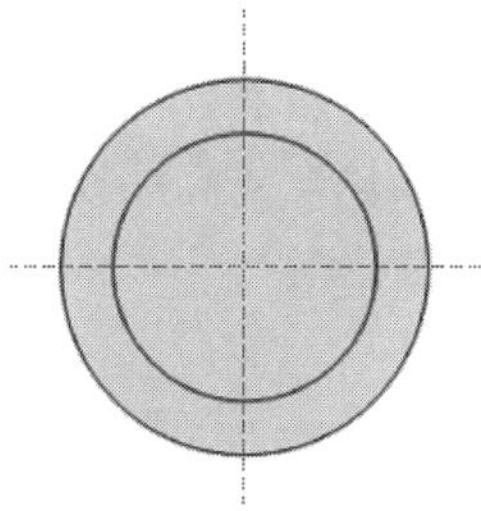

[Shift]와 [Ctrl] 키를 이용하여 슬라이드 중심에서 시작하는 정원을 두 개 그립니다. 도형을 하나만 선택하고 정원을 유지하는 [Shift] 키와 중심으로부터 크기 조정에 해당하는 [Ctrl] 키를 함께 선택하고 크기를 조절합니다.

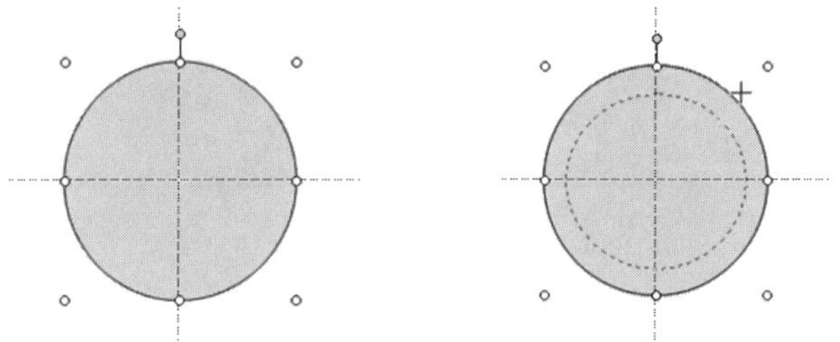

4) 도형 복사

- [홈]–[클립보드]–[복사]/[붙여넣기] 또는 개체를 선택하고 선택한 도형 영역 위에서 오른쪽 마우스 버튼을 눌러 나오는 단축 메뉴를 활성화하여 [복사]/[붙여넣기]를 선택합니다.
- 도형을 선택하고 [Ctrl] 키를 누른 상태에서 드래그합니다.
- 도형이나 선을 선택하고 이동 및 복사할 때 [Shift]를 함께 누르면 정방향으로만 개체가 이동하여 복사됩니다.

5) 도형으로 표 만들기

한 셀의 영역을 기본 도형의 [빗면]으로 만들고, 테두리 색을 없앱니다.

빗면 도형을 선택한 상태에서 [Ctrl]+D를 눌러 빗면 도형을 복제합니다. D는 복제라는 뜻의 duplicate를 의미합니다. 복제된 빗면 도형을 다음 셀이 될 영역에 위치시킵니다.

연속해서 [Ctrl] 키를 누른 상태에서 D를 누르면 처음 만든 빗면 도형으로부터 다음 도형의 간격을 유지하면서 복사를 반복합니다.

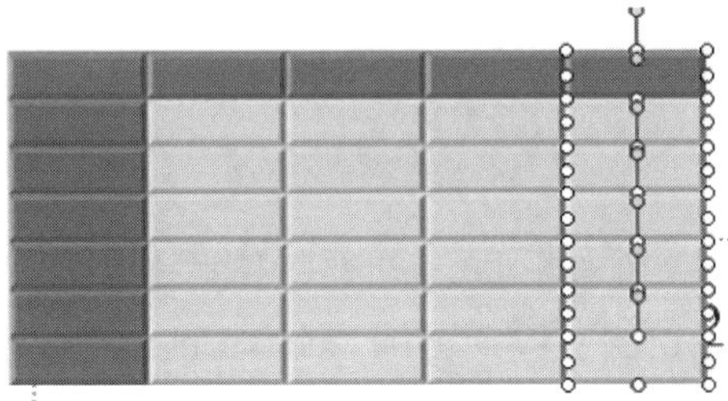

PRACTICE 표 그리기

October, 2011

SUN	MON	TUE	WED	THU	FRI	SAT
	1	2	3	4	5	6
7	8	9	10	11	12	13
14	15	16	17	18	19	20
21	22	23	24	25	26	27
28	29	30	31			

다. 선 그리기

왼쪽에서 오른쪽으로 드래그하여 선을 그리거나 두 도형을 연결하는 연결선을 만들 수 있습니다. 연결선은 연결한 도형의 위치나 크기가 변경되어도 연결선이 유지됩니다. 연결선을 클릭한 후 한 도형 위에 마우스를 올리면 도형에 빨간색 연결지점을 표시해줍니다. 선을 선택해 각 도형의 원하는 연결지점으로 마우스를 옮겨 클릭하면 선과 도형을 연결하는 연결선이 만들어집니다.

선을 그린 후 [선 스타일]에서 선의 두께인 [너비]를 글자 포인트 단위로 바꾼다거나, [대시 종류]를 [둥근 점선], [사각 점선]으로 바꾼다거나, [화살표 설정]에서 [시작 종류], [끝 종류], [크기] 등을 변경할 수 있습니다.

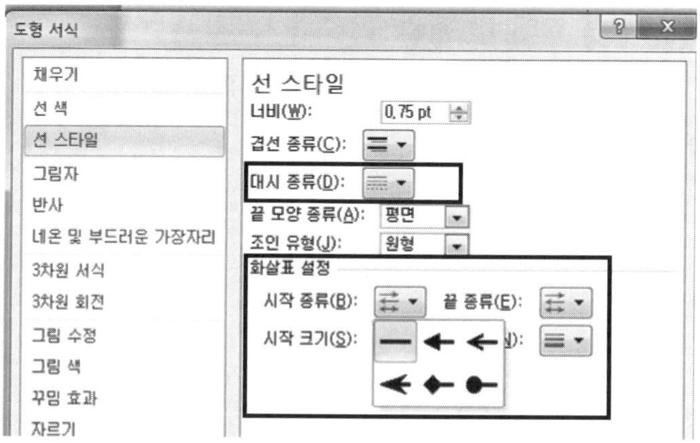

[선 색]에서는 선의 투명도를 조정하거나, 그라데이션 선을 만들 수 있습니다. 선의 서식은 도형에서 테두리 서식과 같습니다.

1) [Shift]와 함께 선 그리기

도형 그리기와 마찬가지로, 선을 비뚤지 않고 정확하게 그리고자 할 때는 그리기를 마치기 전에 [Shift] 키를 눌러주면 가로 또는 세로 직선을 쉽게 만들어 줍니다. 직선이 아닌 경우 기울기가 45도 단위로 기울어진 선을 그릴 수 있습니다.

2) 곡선 그리기

[삽입]-[도형]-[곡선], [자유형], [자유곡선]을 이용합니다.

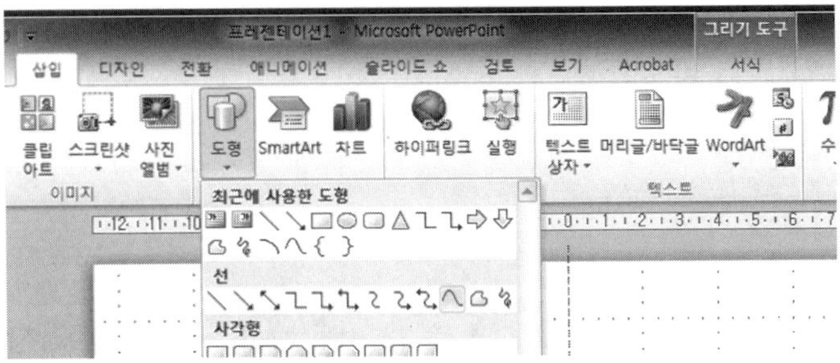

곡 선

원하는 지점에서 클릭, 클릭, 클릭하면서 지점을 설정하고 마지막은 더블클릭하여 선을 마감합니다. 곡선을 만들기 위해선 최소한 점이 3개 필요합니다. 클릭한 지점을 매끈한 곡선으로 연결해줍니다.

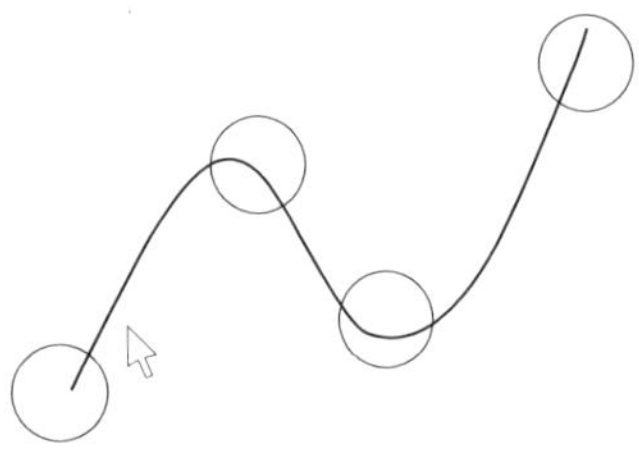

자유형

곡선과 자유곡선의 혼합된 형태로 하나의 도형안에서 곡선과 직선을 함께 사용할 수 있습니다. 구름과 별을 그려봅시다. 하나의 폐도형 안에 직선과 곡선이 혼합된 형태도 그릴 수 있습니다.

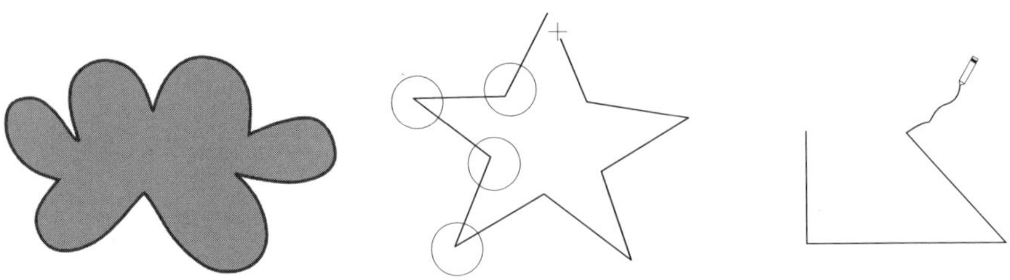

자유곡선

펜모양의 아이콘으로 표시되며 펜으로 그리듯 드로잉하면 원하는 선모양을 자유자재로 그릴 수 있습니다.

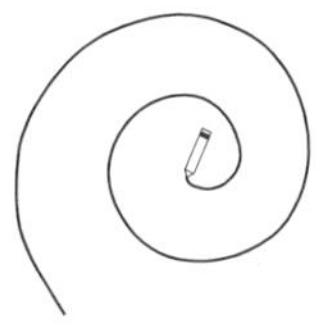

PRACTICE 투명한 추세선 그리기

①

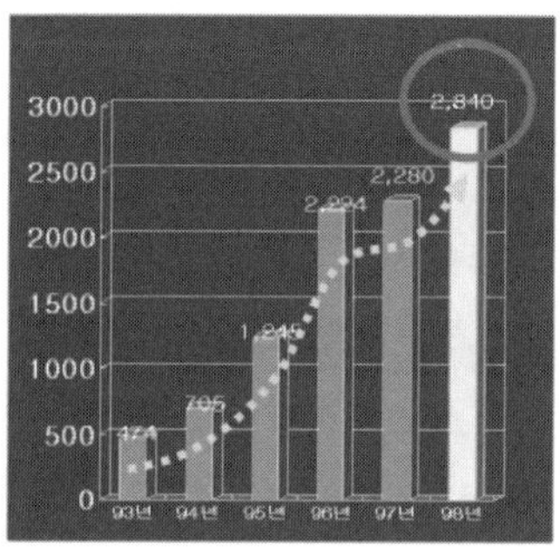

②

① 곡선의 시작점에서 클릭, 기준점이 되는 부분에서 클릭, 마지막 선의 완성은 두 번 클릭하여 선을 만듭니다. 선의 서식을 위와 같이 수정합니다.
선의 두께를 20pt로 설정합니다. 선을 선택하고 [선 스타일]에서 선택할 수 없기 때문에 [다른 선]에서 12를 입력합니다. 여기서 pt 단위는 글자 단위입니다. 선 두께는 20폰트 글자 크기의 세로 높이만한 선 두께를 의미합니다.

② 선의 화살표모양을 조정하기 위해 [그리기 도구], [도형 서식] 창에서 화살표의 [시작 종류], [시작 크기], [끝 종류], [끝 크기] 등을 설정합니다.
이 선에 투명도를 주어서 다른 개체와 함께 배치해봅니다. 선 개체에 투명도를 주기 위해서 [도형 서식]의 [선 색]에서 [투명도]를 조절합니다. 투명도 100%는 완전히 투명한 상태를 말합니다.

라. 도형 수정하기

1) 도형 선택, 정렬하기

연속된 영역의 개체들을 한꺼번에 선택하려면 하얀색 비스듬한 화살표 상태에서 선택하고자 하는 영역을 사각형 형태로 드래그합니다. 개체를 선택하는 하얀 화살표가 사각으로 그리는 영역에 모두 포함되어야 선택이 됩니다.

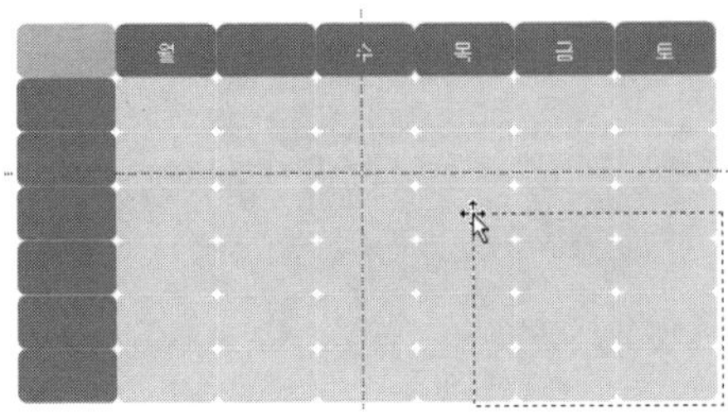

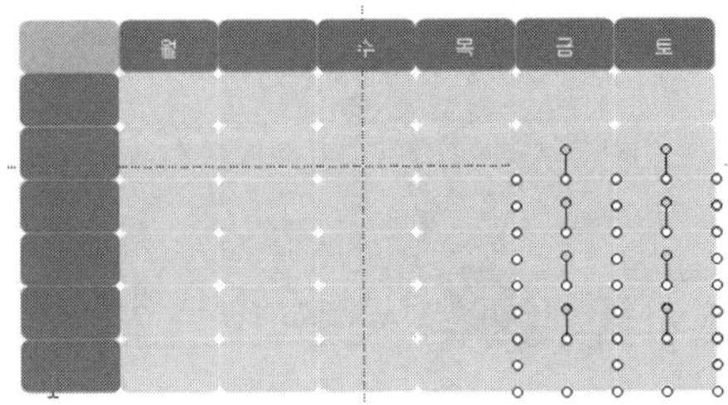

▶ 비연속적 영역의 개체들을 선택하려면 [Shift]나 [Ctrl] 키를 누른 상태에서 개체를 선택합니다.

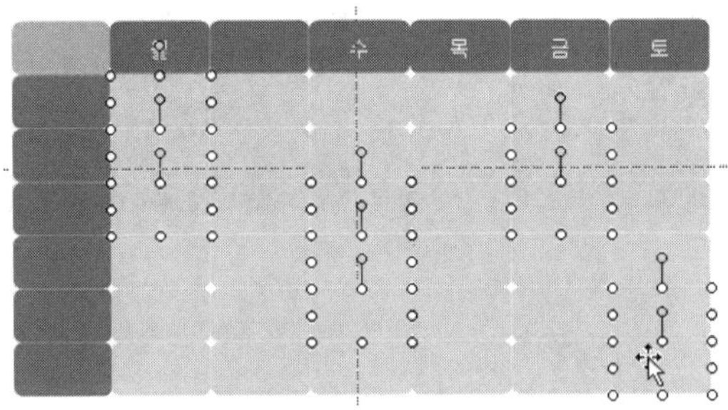

▶ 모든 개체 선택과 선택된 개체 일부 제외

한 슬라이드 내의 전체 개체 선택은 [Ctrl]+A를 누릅니다.

선택된 도형에서 일부 도형만 제외하고자 한다면 [Shift]나 [Ctrl] 키를 누른 상태에서 해당 개체를 선택합니다.

▶ 순서 정하기

여러 개 도형이 겹쳐 있을 때 도형의 순서를 변경합니다. [그리기 도구]-[서식]-[정렬]

그룹-[앞으로 가져오기], [뒤로 보내기]를 누르거나, 도형을 선택하고 오른쪽 마우스 버튼을 눌러 [맨 앞으로 가져오기], [맨 뒤로 보내기]를 실행합니다. [Tab]을 선택하면 겹쳐있는 개체가 하나씩 선택됩니다.

위치 맞춤/ 배분

하나 이상의 도형을 선택하고 [그리기 도구]-[서식]-[정렬] 그룹-[맞춤]에서 선택합니다. 맞춤의 기준점은 마지막 선택한 도형입니다.

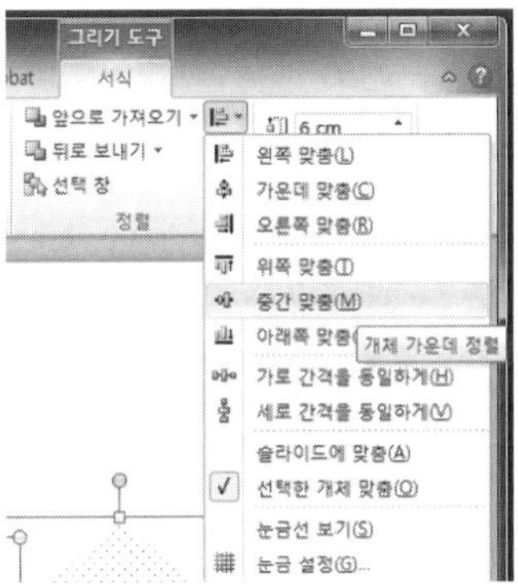

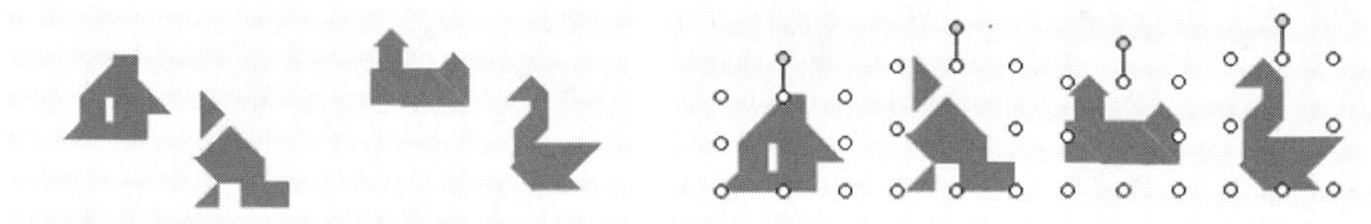

예시처럼 도형이 산만하게 배치되어 있는 경우, 모든 모형을 선택하고 [그리기 도구]-[서식]-[정렬] 그룹-[맞춤]에서 [가로 간격을 동일하게]를 선택합니다.

도형 그룹화

두 개 이상의 도형을 하나의 도형으로 묶어 크기를 바꾸거나 이동하기 쉽도록 합니다. 그룹화된 도형에 서식을 수정하거나 크기를 조정하면 함께 적용됩니다. 여러 도형으로 구성된 그림을 만들고서 도형간의 레이아웃과 크기를 유지한 채로 한꺼번에 조정하려 한다면 반드시 그룹화를 하여 하나의 도형으로 만들고 크기를 조정하여야 합니다. 그룹을 구성한 도형들의 중심점이 하나가 되어 여러 도형으로 만들어진 그림의 레이아웃을 유지하게 됩니다.

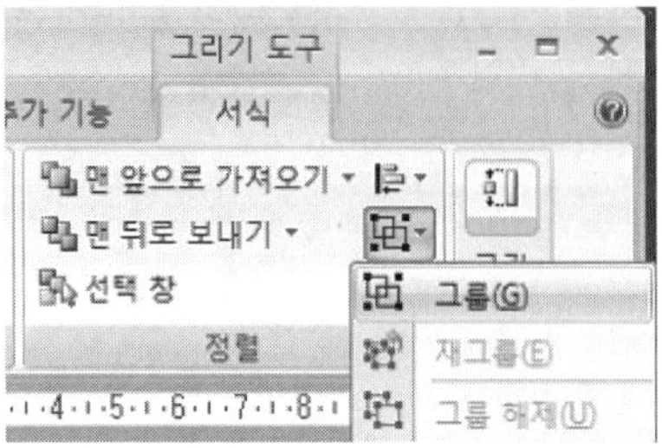

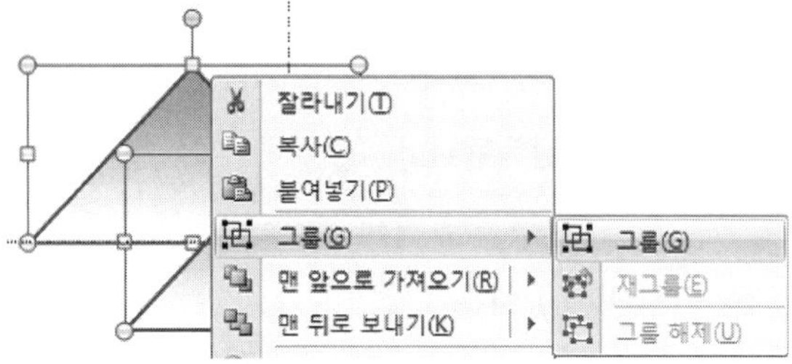

- 여러 개의 도형 선택은 [Shift] 또는 [Ctrl] 키를 이용하고 그룹 선택이 된 영역 위에서 오른쪽 마우스 버튼을 눌러서 [그룹]-[그룹] 또는 [그리기 도구]-[서식]-[정렬] 그룹-[그룹]-[그룹]에서 설정합니다. 그룹과 그룹을 다시 그룹화할 수 있으므로 하위 개체 집합을 그룹화하고 그룹화된 개체들을 또다시 그룹화합니다. 해제도 같은 방식으로 이루어집니다.
- 도형 그룹화 상태에서는 그룹화된 도형을 선택하고 색상 등의 서식을 설정하면 하위 도형 모두가 적용을 받습니다. 그룹화된 하위 도형 중 일부 도형의 서식을 설정하고 싶을 때는 굳이 그룹화를 해지하지 않아도, 한번 더 하위 개체를 선택하여 그룹화된 개체 중 하나의 도형만 서식을 적용할 수 있습니다.

2) 도형의 크기, 위치 이동

크기 조절

도형을 선택하면 하얀색 8개의 조절점이 생깁니다. 크기 조절을 위해서는 조절점에 마우스를 대고 양방향 화살표가 표시되면 클릭 앤 드래그하여 조절할 수 있습니다. 도형의 꼭지점 부분에서 크기를 조정하면 가로 세로 비율을 한꺼번에 조절하는 것이고, 도형의 면 부분에 있는 조절점에서 크기를 조정하면 한 면만 조정됩니다.

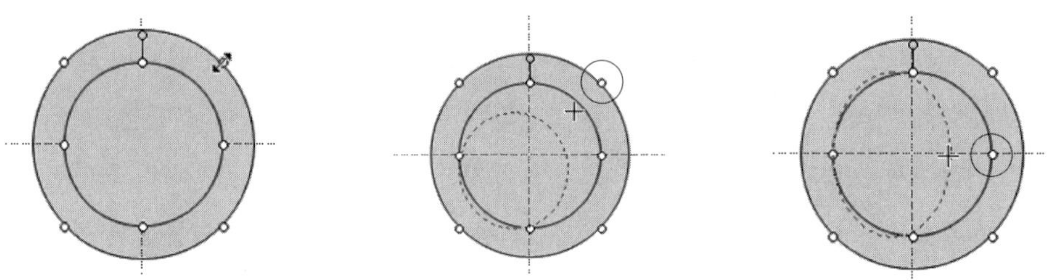

▪ 이때 도형의 중심점에서 대칭으로 조절할 때는 [Ctrl] 키를 누른 상태에서 크기를 조정 합니다.

▪ 정도형을 만들고 크기 조정을 하는 경우 양방향 화살표를 드래그할 때도 [Shift] 키를 눌러서 정도형을 유지시켜야 합니다.

위치 이동

위치 조정을 위해서는 도형 내의 영역에 마우스를 대면 네 방향 화살표가 표시되었을 때 이동할 수 있습니다.

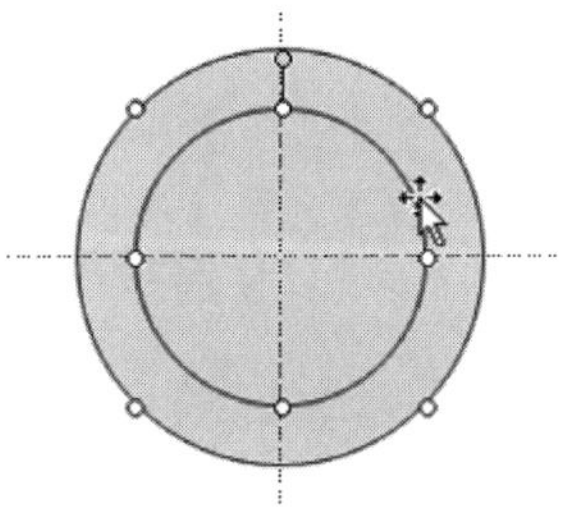

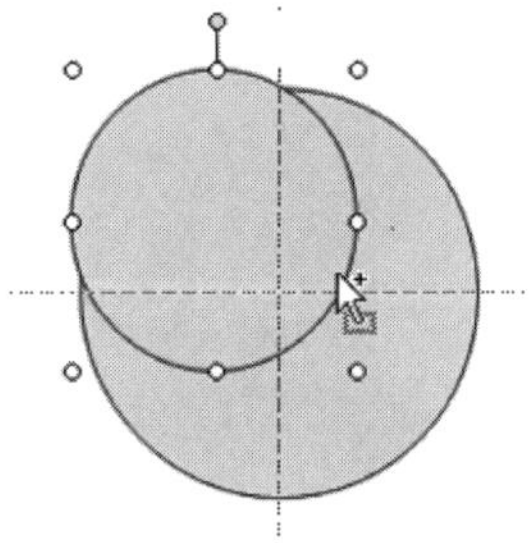

회 전

도형을 선택하면 생기는 도형 상단의 녹색 조절자를 이용하여 회전시킬 수 있습니다. 도형의 크기가 작으면 이 녹색 조절자가 나타나지 않을 수 있습니다. [Shift] 키를 누른 상태로 회전하면 15° 각도로 회전됩니다.

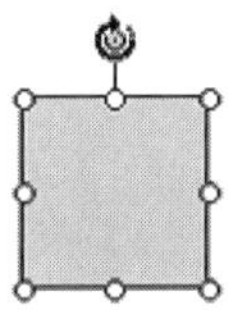

▪ 정확하게 30도만 시계방향으로 회전하고 싶다면?

[그리기 도구]–[서식]–[정렬] 그룹–[회전]–[기타 회전 옵션]으로 들어가거나 [그리기 도구]–[서식]–[크기]의 확장 단추를 눌러 크기 창이 뜨면 [회전] 항목에 수치를 넣어 회전시킬 수 있습니다.

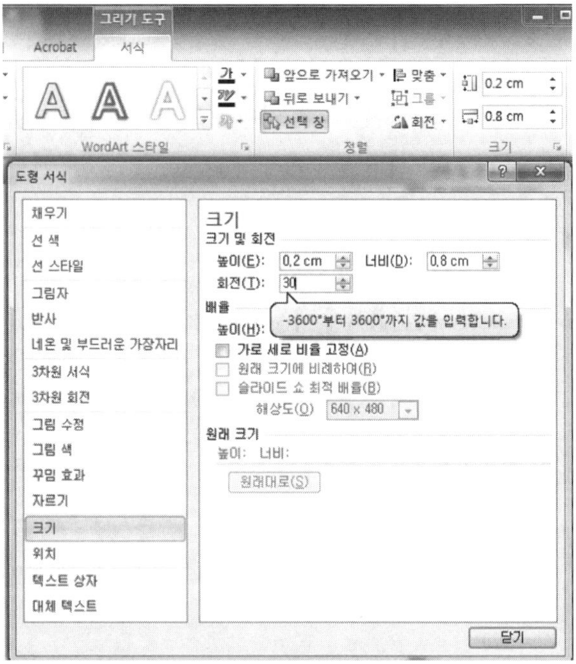
그리기 도구
Acrobat
서식
앞으로 가져오기
뒤로 보내기
선택 창
맞춤
그룹
회전
0.2 cm
0.8 cm
WordArt 스타일
정렬
크기
도형 서식
채우기
선 색
선 스타일
그림자
반사
네온 및 부드러운 가장자리
3차원 서식
3차원 회전
그림 수정
그림 색
꾸밈 효과
자르기
크기
위치
텍스트 상자
대체 텍스트
크기
크기 및 회전
높이(E): 0.2 cm
너비(D): 0.8 cm
회전(T): 30
배율
높이(H):
-3600°부터 3600°까지 값을 입력합니다.
가로 세로 비율 고정(A)
원래 크기에 비례하여(R)
슬라이드 쇼 최적 배율(B)
해상도(O) 640 x 480
원래 크기
높이: 너비:
원래대로(S)
닫기

〈2010〉

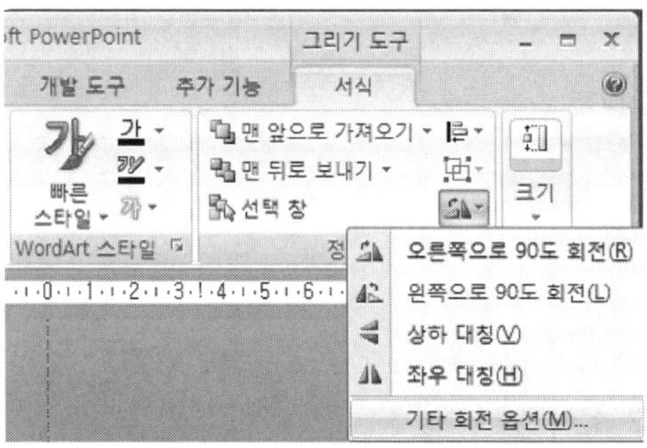
ft PowerPoint
그리기 도구
개발 도구
추가 기능
서식
빠른 스타일
WordArt 스타일
맨 앞으로 가져오기
맨 뒤로 보내기
선택 창
크기
오른쪽으로 90도 회전(R)
왼쪽으로 90도 회전(L)
상하 대칭(V)
좌우 대칭(H)
기타 회전 옵션(M)...

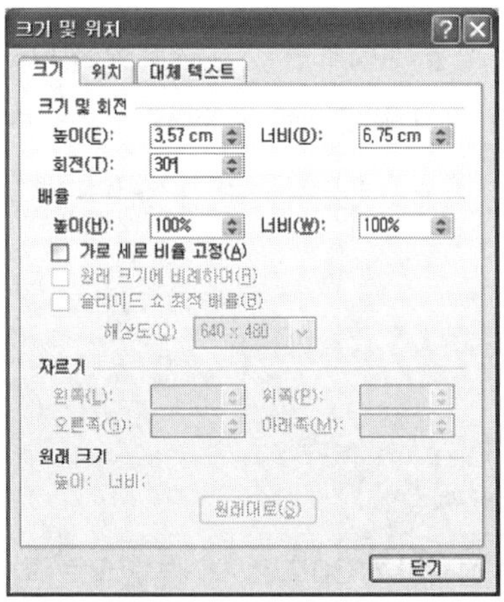
크기 및 위치
크기
위치
대체 텍스트
크기 및 회전
높이(E): 3.57 cm
너비(D): 6.75 cm
회전(T): 30
배율
높이(H): 100%
너비(W): 100%
가로 세로 비율 고정(A)
원래 크기에 비례하여(R)
슬라이드 쇼 최적 배율(B)
해상도(O) 640 x 480
자르기
왼쪽(L):
위쪽(P):
오른쪽(G):
아래쪽(M):
원래 크기
높이: 너비:
원래대로(S)
닫기

〈2007〉

3) 도형 채우기

도형의 면색에 여러 가지 색과 투명도, 그라데이션, 질감, 그림을 적용합니다. 색을 적용할 도형을 선택하고 [서식]-[도형 스타일] 그룹-[도형 채우기]에서 선택합니다.

▶ 그라데이션

그라데이션은 한 색상에서 다른 색상으로 점진적이며, 매끄럽게, 단계적으로 변해 가는 것을 말합니다.

PRACTICE 그라데이션 화살표 그리기

가는 화살표를 이용하여 개체를 연결하는 것보다 그라데이션 삼각도형을 이용하면 방향성과 움직임이 더 효과적으로 표현됩니다.

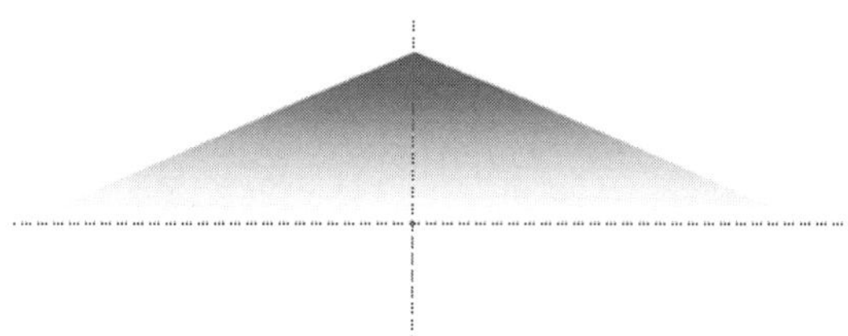

슬라이드 가운데에 [Ctrl] 키를 이용하여 이등변삼각형을 삽입합니다.

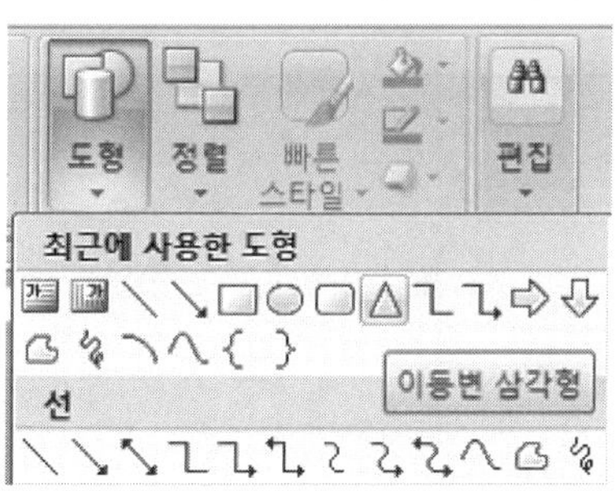

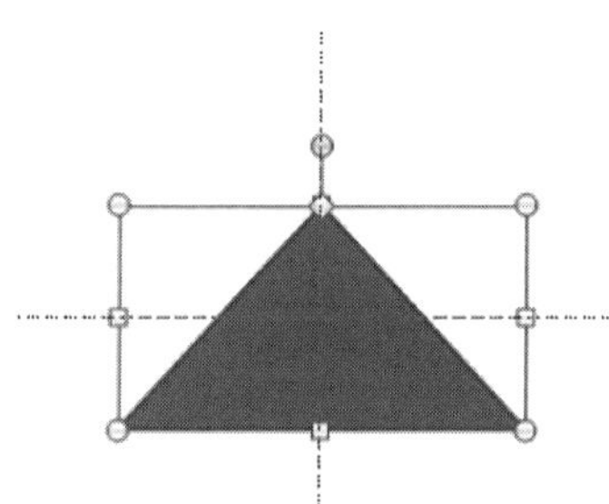

삼각형을 선택하고 [도형 채우기]-[그라데이션 채우기]에서 색을 정하고 음영 스타일을 설정합니다(선형, 방향 등). 중지점 2는 선택하고 제거합니다. 화살표의 머리부분만 진하게 표현하

기 위해 [중지점 1] 부분은 투명도를 0%로, [중지점 2] 부분은 투명도를 100%로 설정합니다.

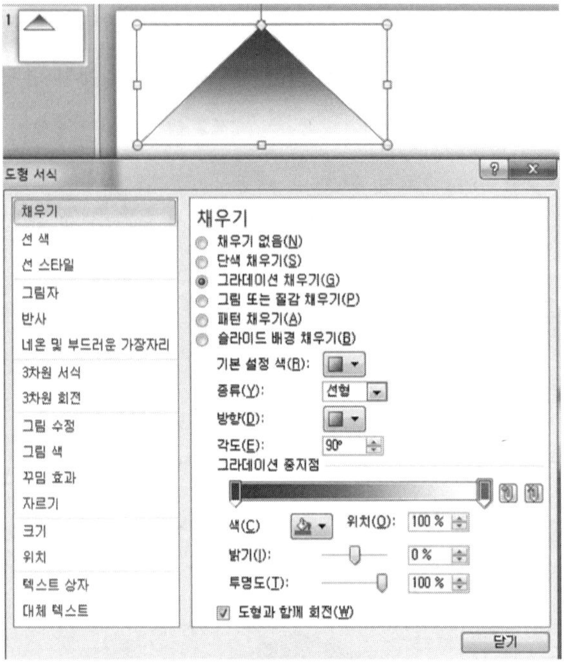

〈2010〉

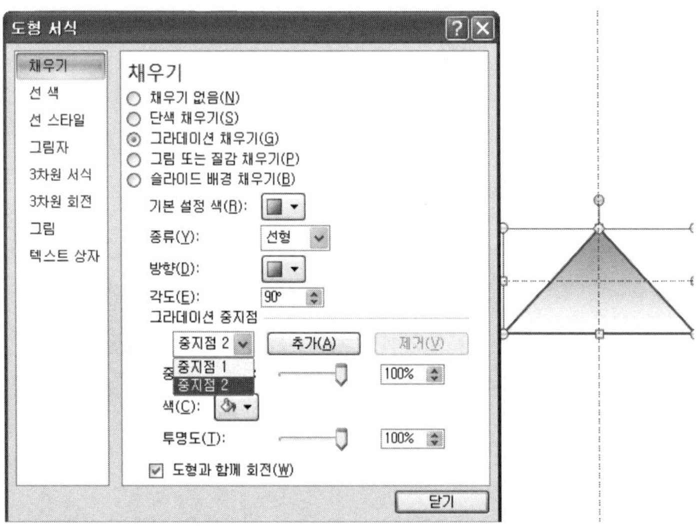

〈2007〉

테두리는 [선 색]-[선 없음]으로 설정합니다.

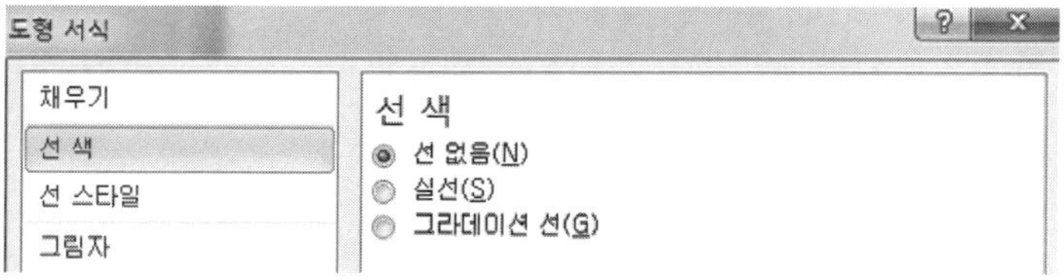

테두리는 [그리기 도구]-[서식]-[도형 윤곽선]-[윤곽선 없음]으로 설정합니다.

질감(2007)

포장지나 벽지처럼 도형의 면에 작은 그림파일을 반복적으로 배치하는 것입니다.

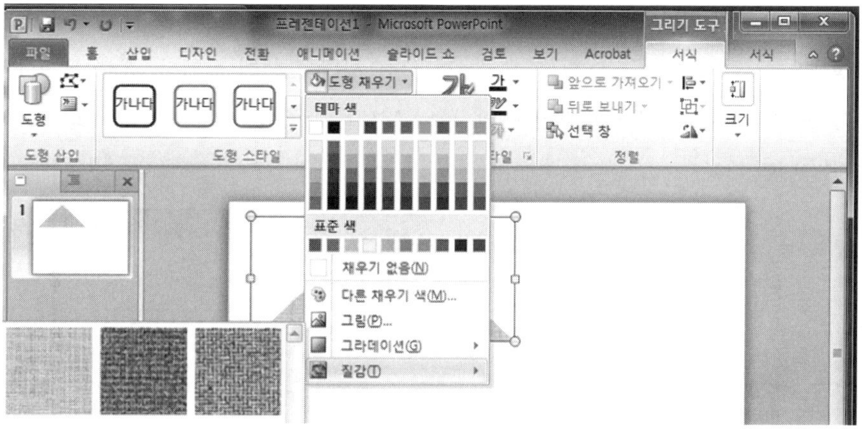

[그리기 도구]의 [서식]-[도형 채우기]-[질감] 탭에서 선택하고 [확인]합니다. 다른 그림파일을 도형의 면에 채우고 싶을때는 [다음에서 삽입 : 파일]을 눌러서 해당 그림파일을 참조합니다.

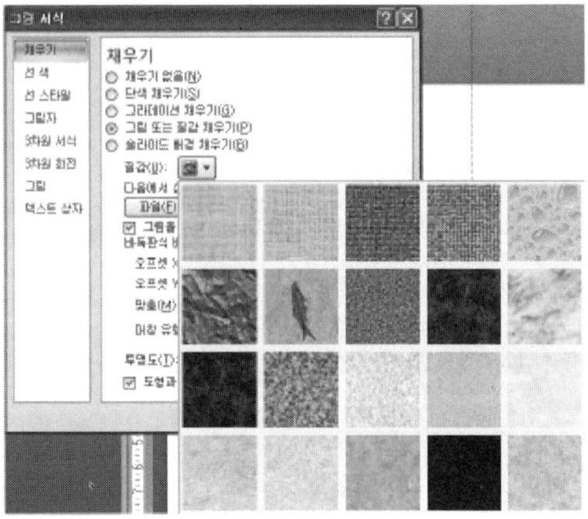

무늬(2010)

도형의 색을 다양하게 이용하여도 인쇄물이 흑백만 가능하다고 한다면, 색은 모두 흰색과 검정색으로, 회색조인 경우 흰색, 회색, 검정색으로만 표현이 됩니다. 흑백 모드에서 개체를 다양하게 표현하고자 한다면 도형에 무늬를 사용하여 각 도형의 면색을 다르게 표현할 수 있습니다.

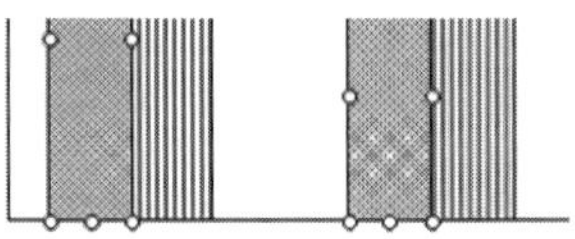

그 림

도형의 면에 그림을 채우는 방식입니다. 도형을 만든 후 도형을 선택하고 [그리기 도구]-[서식]-[도형 스타일] 그룹-[도형 채우기]-[그림]을 눌러 특정 그림파일을 삽입하고 [확인]합니다.

▶ 도형 변경

도형을 선택하고 [그리기 도구]-[서식]의 [도형 삽입] 그룹-[도형 모양 변경]에서 다른 도형을 선택합니다. 도형의 크기나 서식은 그대로 유지하면서 도형의 형태만 변형하는 것입니다.

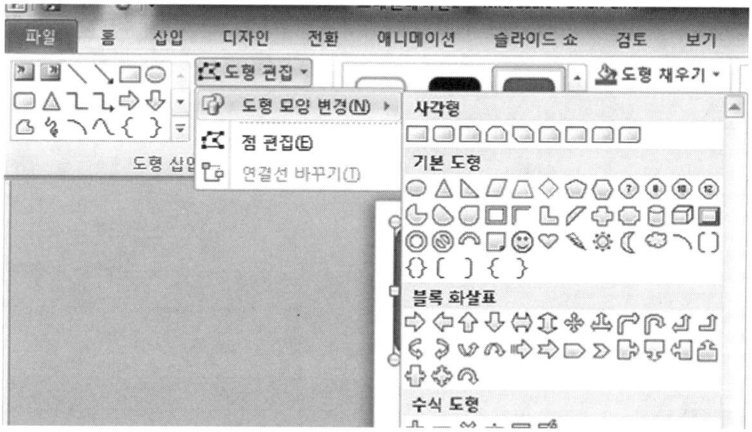

4) 기타 도형 수정하기

▶ 문자열 추가하기

도형을 선택한 후 곧 바로 텍스트를 입력합니다. 또는 도형을 선택하고 오른쪽 마우스 버튼을 눌러 단축 메뉴를 표시하고 [텍스트 편집]을 누릅니다.

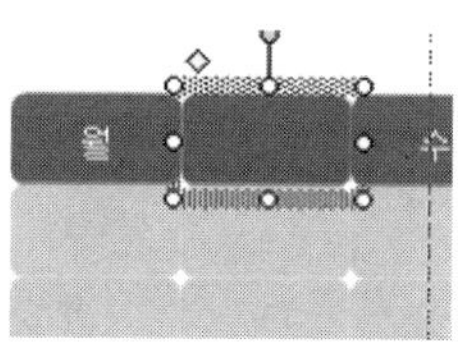

그림으로 저장

파워포인트 내에서 만든 도형, 삽입한 그림, 편집한 도형이나 그림 등은 파워포인트 파일 내에 포함된 개체입니다. 여러 도형 및 글상자 등은 그룹화시켜서 하나의 도형으로 만들고 그림으로 저장할 수 있습니다. 이를 다른 이름으로 저장하여 두면, 다른 프로그램에서 그림 파일명을 참조하여 불러올 수 있습니다.

그림이나 도형 개체를 선택하고 선택 영역 위에서 오른쪽 마우스 버튼을 눌러 단축 메뉴에서 [그림으로 저장]을 선택합니다. 저장 창에서 저장 위치, 파일 이름을 설정하고, 적당한 파일 형식을 선택하여 저장합니다.

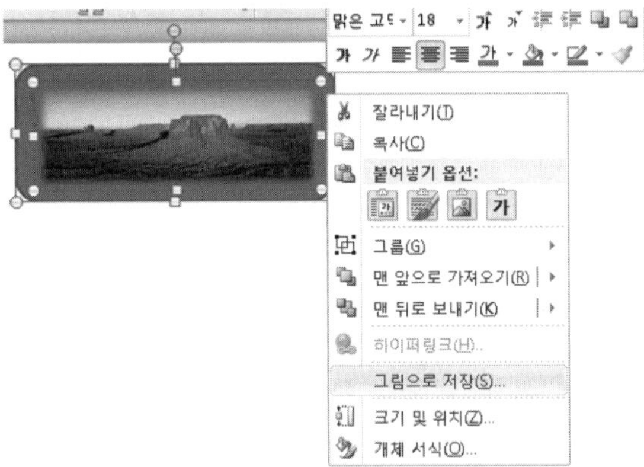

PROJECT 태극기 그리기

다음의 반원 4개와 직사각형 4개를 이용하여 태극기를 그려봅시다.

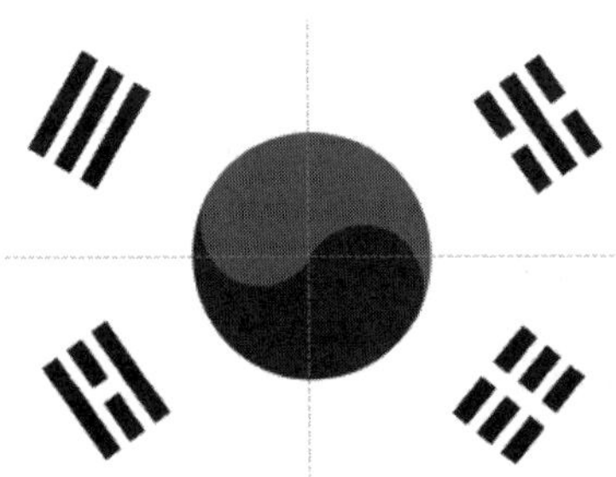

새 슬라이드를 추가합니다. 눈금자와 안내선을 화면에 표시합니다. 대각선의 안내선이 필요하다면 선을 이용하여 대각선을 추가합니다. [기본 도형]-[원호]를 이용하여 반원을 그립니다. 이때 정도형을 그리기 위해 [Shift] 키를 사용하고, 가로세로 안내선이 맞닿는 정점에서 시작하여 도형을 그리기 위해 [Ctrl] 키를 적용합니다.

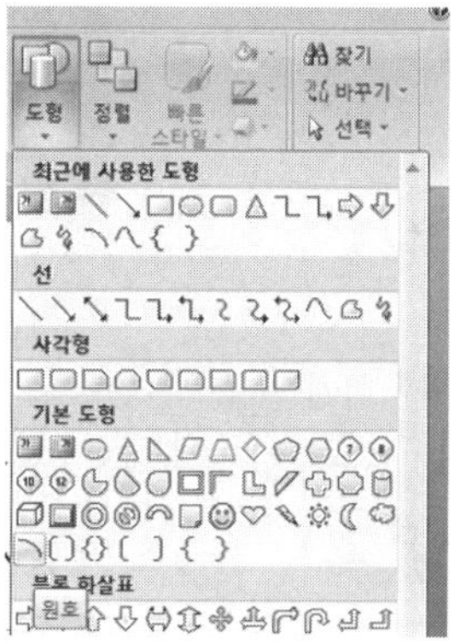

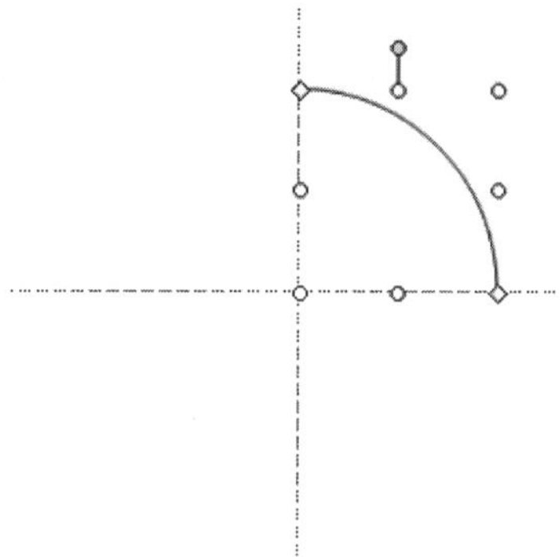

먼저 빨간색으로 면색을 채우고 테두리 색을 투명으로 설정합니다. 호 도형의 노란색 아이콘을 연장하여 반원을 만듭니다.

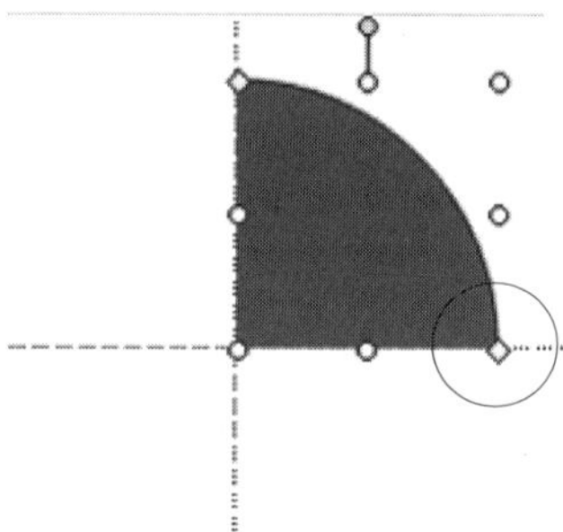

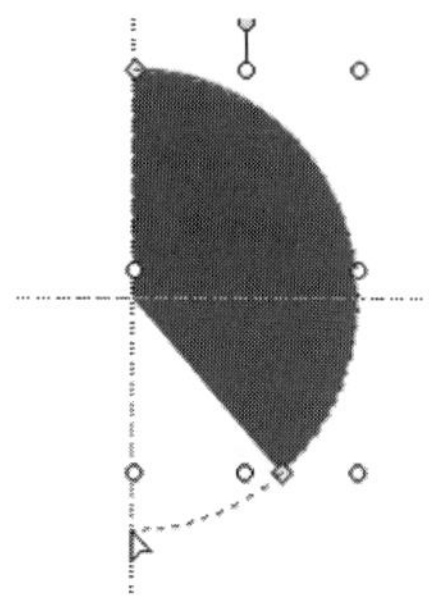

태극무늬의 반을 구성하기 위해 빨간 도형의 1/2 크기의 파란색 반원을 만듭니다. 빨간 반원을 한 번 더 복사하여 파란색으로 채우기 색을 바꾸고 두 도형을 겹쳐 놓습니다. 파랑, 빨강 도형을 순서적으로 선택하고 [정렬] 그룹의 메뉴를 사용할 수 있습니다. 복사는 [Ctrl] 키를 누른 채 오른쪽으로 이동합니다.

완전히 겹쳐진 두 도형 중 앞에 배치한 도형을 정도형을 유지한 채 1/2 크기로 줄입니다. 크기 조절을 위해 꼭지점 위치의 조절자에서 양방향 화살표를 만들고 [Shift] 키를 적용하여 1/2 크기로 줄입니다.

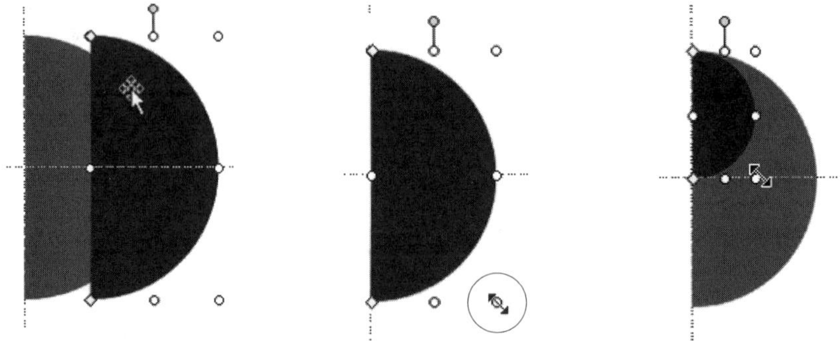

태극무늬의 반이 완성되었습니다. 반대쪽을 채우기 위해 현재 만들어진 두 개의 반원을 복사하여 왼쪽에 위치시키고 배치와 면색을 바꿉니다. 먼저, 두 도형을 선택하고 왼쪽으로 줄맞춰 이동([Shift] 적용)하면서 복사([Ctrl] 키를 적용)합니다.

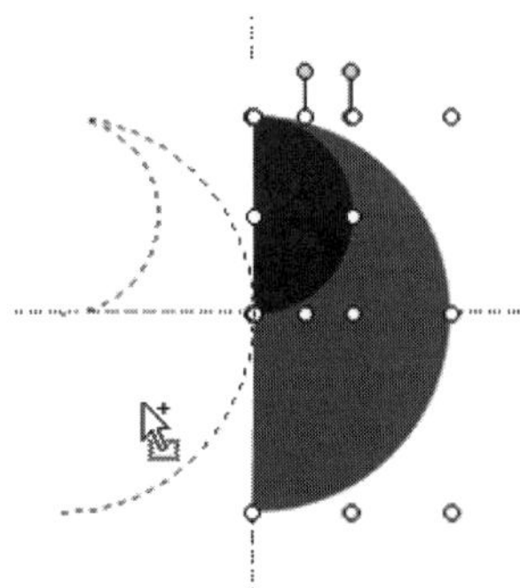

복사한 후 선택된 왼쪽의 두 도형을 세로선을 기준으로 뒤집어 줍니다. [그리기 도구]-[서식]-[정렬] 그룹-[회전]-[좌우 대칭]을 적용합니다. 배치를 적용하기 위해 두 도형의 위치를 [그리기 도구]-[서식]-[정렬] 그룹-[맞춤]-[오른쪽 맞춤], [아래쪽 맞춤]을 한 번씩 누릅니다.

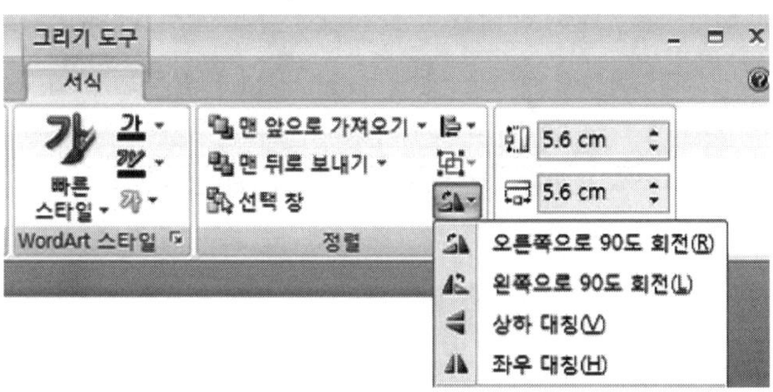

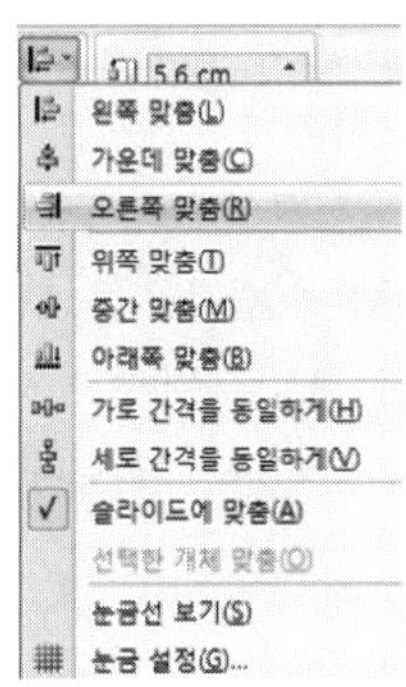

복사된 왼쪽 도형의 색을 반대로 바꿔줍니다.

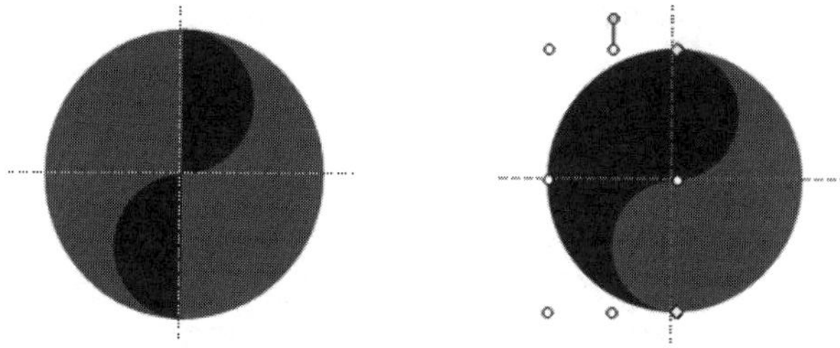

완성된 태극무늬를 회전시키기 위해서 그룹을 설정합니다. 4개의 도형을 모두 선택하고 선택 영역 위에서 단축 메뉴 중 [그룹]-[그룹]을 선택하여 하나의 도형으로 그룹화시킵니다. 그룹화된 도형을 회전시킵니다. 회전시킬 때에도 [Shift] 키를 누른 채 적용하여 15도 단위로 회전시키도록 합니다.

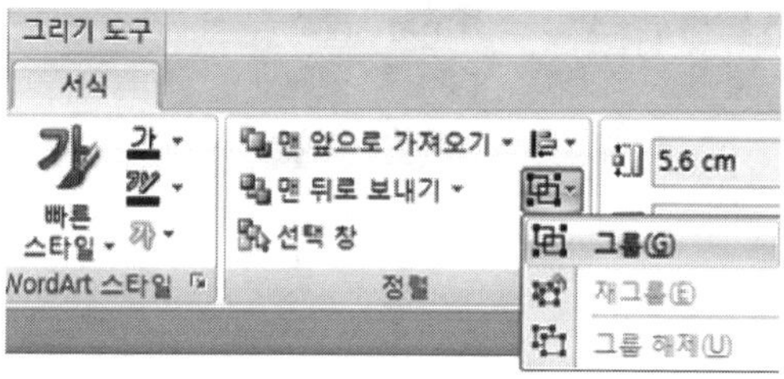

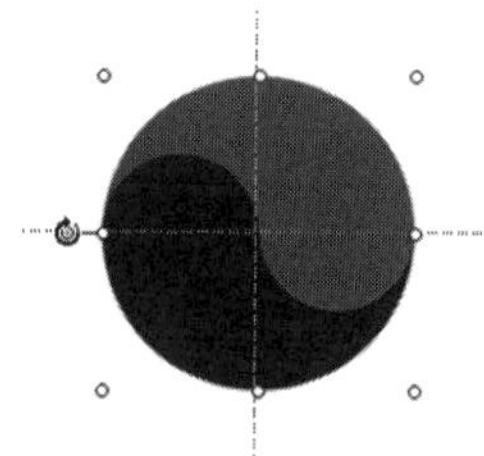

완성된 태극모양을 세로축을 중심으로 뒤집기를 합니다. [그리기 도구]-[서식]-[정렬] 그룹-[회전]-[좌우 대칭]을 적용합니다. 이제 완성된 태극문양이 슬라이드에 적절하게 나타나도록 크기를 맞춥니다. 도형을 선택하고 도형의 가운데를 기준으로 크기 조정하기 위해 [Ctrl] 키를 적용합니다. 정도형을 적용하기 위한 [Shift] 키도 같이 누릅니다.

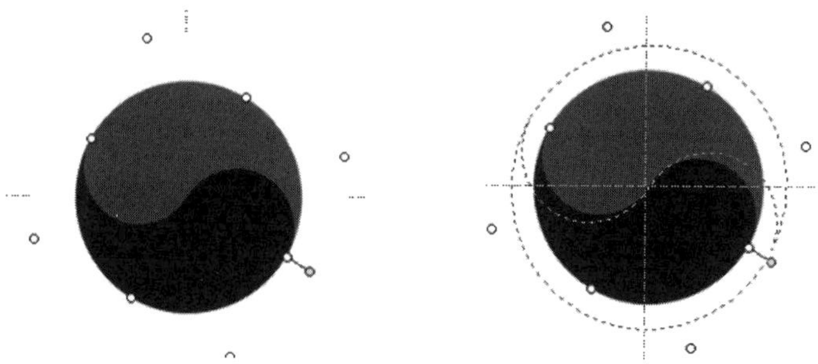

건곤감리를 표현하기 위해 직사각형으로 다음과 같은 도형을 만듭니다. 3개의 검정 사각형과 1개의 흰색 사각형을 만들고, 흰색 사각형의 배치를 그림과 같이 합니다. 4개의 직사각형은 [그리기 도구]-[서식]-[정렬] 그룹-[맞춤]-[세로 간격을 동일하게]를 적용합니다. 흰색 직사각형은 [Shift]를 누르며 90도 회전한 후, 4개의 직사각형 모두를 선택하고 [그리기 도구]-[서식]-[정렬] 그룹-[맞춤]-[가운데 맞춤]을 설정합니다. 이 4개의 도형을 [Ctrl]과 [Shift] 키를 누른 채 3번 더 복사하여 준비합니다.

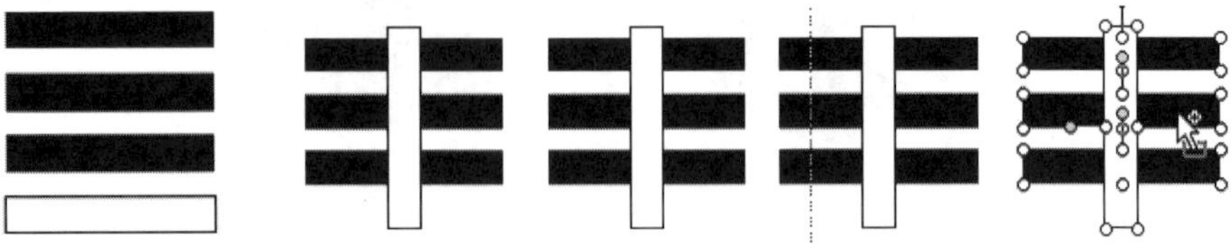

검정 사각형의 순서를 바꾸기 위해 [그리기 도구]-[서식]-[정렬] 그룹-[맨 앞으로 가져오기]를 사용하여 건곤감리를 표현합니다.

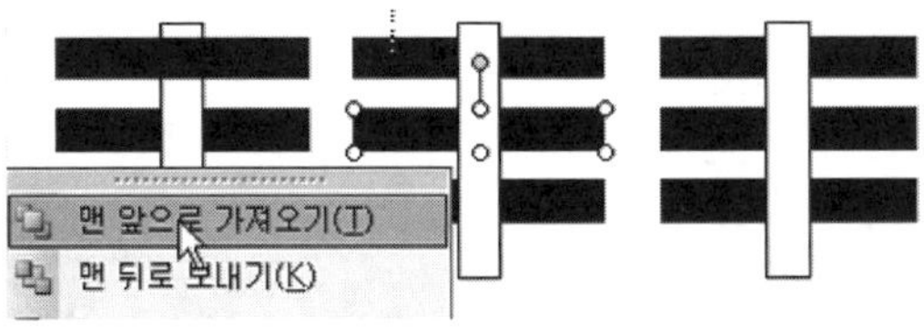

흰색 사각형의 테두리를 투명으로 설정합니다. 연속해서 기능을 사용하기 위해서 바로 전에 한 번 적용한 사항을 F4, [Ctrl]+Y를 누르면서 반복합니다. 4개의 도형씩 그룹화를 적용합니다. 그룹화된 도형을 각자의 위치에 배치합니다. 그룹별로 회전시킵니다.

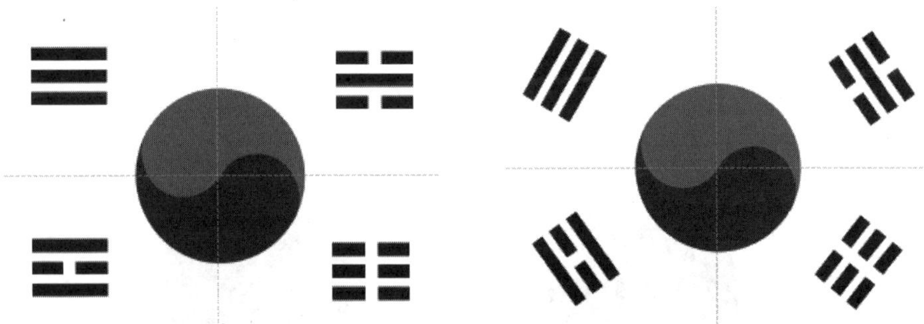

마. 도해(圖解)

프레젠테이션 자료 제작시 전체 원고에서 프레젠테이션에 이용될 주된 문장들을 뽑아내서 슬라이드에 각각 배치하고 전체 논리의 흐름을 잡습니다. 각 슬라이드에 배치된 문장들 중 주된 키워드를 뽑아 키워드간의 관계를 생각하면서 도해를 합니다.

프레젠테이션 자료 제작을 문장형으로 하는 경우 청중은 발표자의 발표를 듣는 동시에 제시된 슬라이드의 텍스트를 읽어보느라고 집중을 할 수 없습니다. 문장은 처음부터 끝까지 모두 읽고 난 후에 이해를 할 수 있는 반면, 도해형으로 하는 경우 초점이 되는 단어가 눈에 띄어서 주된 요지를 한눈에 알아볼 수 있습니다. 도해는 어려운 논리를 일목요연하게 보고 쉽게 이해하도록 돕습니다. 또한 문장형 자료를 작성하는 동안 문장을 다듬으면서 수렴적 사고를 하게 되는 반면, 도해형 자료를 작성하면서 미세한 부분보다는 큰 숲을 볼 수 있는 안목이 생기며 창의적 사고를 돕는 발산적 사고를 하게 됩니다.

제한된 시간 안에 주어진 텍스트로 도해화를 하기 위해서는 다음과 같은 파워포인트 도형 템플릿을 참조합니다. 평소 잘 만들어진 슬라이드를 모아두고, 웹이나 교재 CD에서 얻을 수 있는 디자인 서식 파일이나 도해 패턴, 도해 템플릿, 클립아트, 그림파일 등을 DB화 해 놓으면 요긴하게 사용할 수 있습니다.

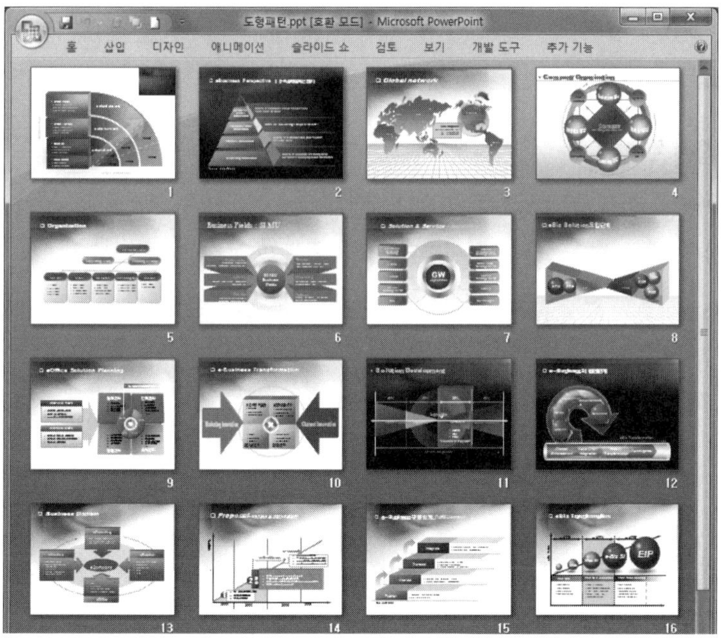

논리를 표현하는 6가지 도해 패턴

교차, 대비형

- 제휴 관계도, 개념 설명도, 구성원도, 고객의 실태 분석도, 계층 관계도 등
- 원이나 사각형 등 도형의 교차에 의해 중복, 합동, 계층, 집합 등의 관계를 나타냄.

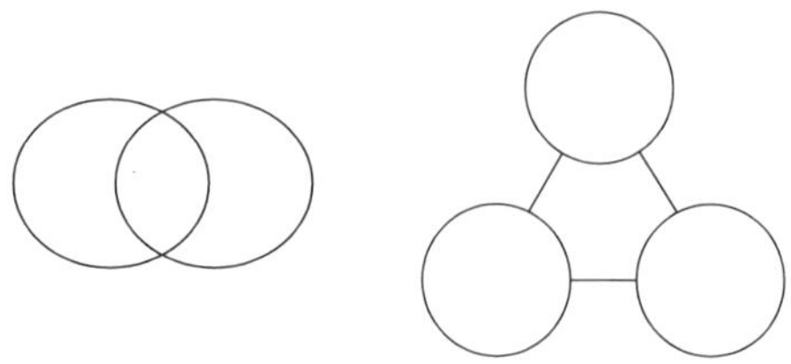

전개, 추이형

- 순서도, 순서 설명도, 제조 과정도, 스케줄, 시간에 의한 해설도 등
- 도형 사이를 화살표로 연결하여 논리적인 해설이나 시간을 쫓아가며 설명할 때 사용

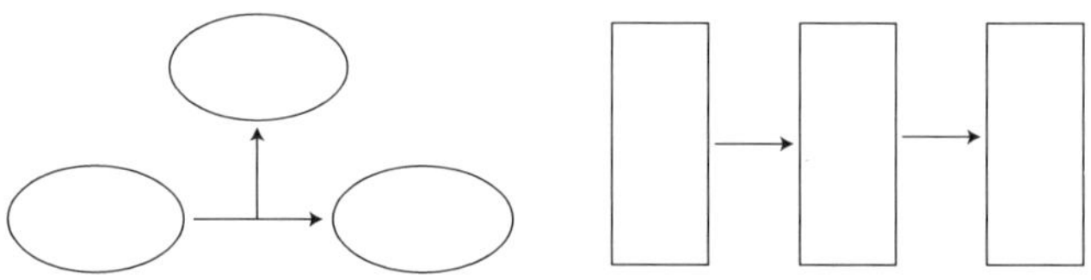

상승, 성장형

- 기업 구성도, 목표 설정도, 제품사이클, 단계 상승도, 시대성, 추이성 등
- 단계 상승, 수준 향상, 상승형 성장도, 장래의 목표 설정에 자주 사용

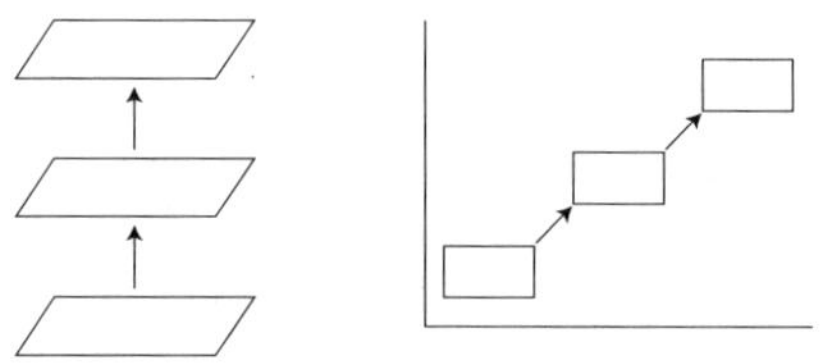

순환, 반복형

- 제품 순환도, 상품의 기획 개발도, 아이디어 평가도, 새로운 시스템 도입도, 반복 훈련도

- 그 자체가 완결되어 있는 시스템도, 서비스의 환원이나 결합을 보충할 때의 피드백 그림 등에 사용됨.

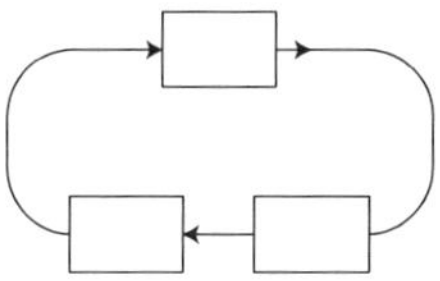

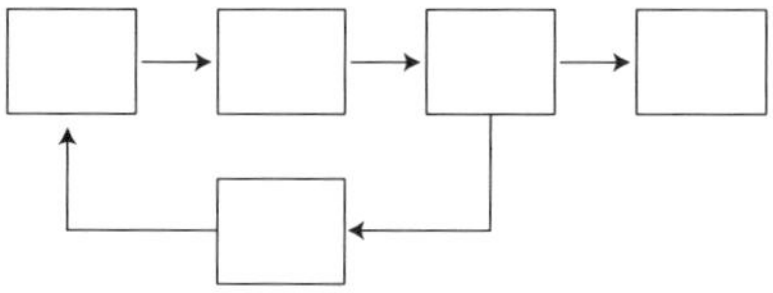

확산, 수속형

- 조직도, 특수 요인도(원인 해명), 기업 변천도, 그룹(회사, 부서), 구성도, 분석도
- 계통도 등 파생되는 요소를 이해하기 쉽게 나열하여 보여주거나 반대로 요소를 취합하여 무언가를 설명할 때 사용함.

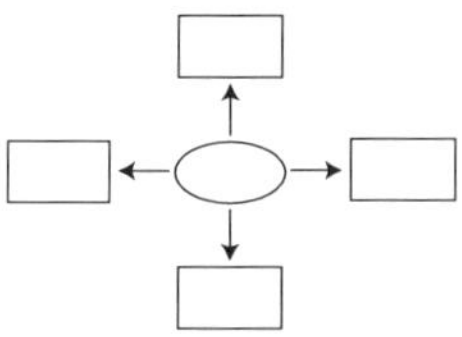

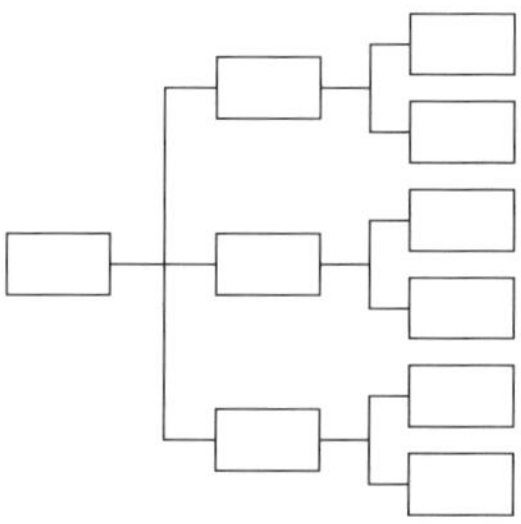

입체 평면형

- 피라미드 구조도, 상품 위치도, 마케팅 분석도, 시장성 구분도, 매트릭스 등
- 사실적이고 입체감이 있는 것으로 표현하거나 평면으로 치환하여 순서를 설명할 때 사용함.

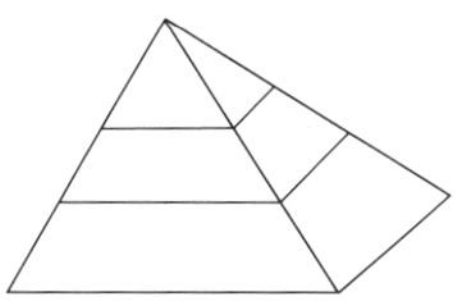

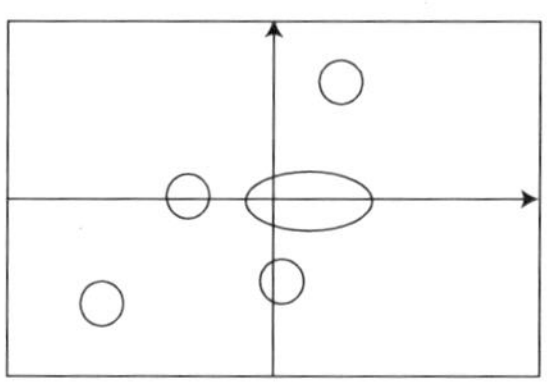

심리, 정서적 차원의 학교 교육서비스의 필요성 급증

- 과중한 학습 부담, 진로 고민, 학교내외 폭력, 집단 따돌림, 교실붕괴, 불안정한 가정, 사회 유해환경 등으로 인해 초 · 중 · 고등학생들은 극심한 심리적 스트레스와 정서적 혼란을 경험
- 이로 인해 각종 비행이나 자살 등에 빠져들고 있음
- 이러한 문제를 예방하고 해결해줄 수 있는 역할과 기능을 수행할 수 있는 학교 상담자의 양성과 운영이 절실히 필요
- 전문상담교사의 필요성에 대한 인식 조사(한국청소년상담원)
  -현장교사(94%), 학교행정가(41.4%), 교육전문가(56.0%), 학부모(49.2%)

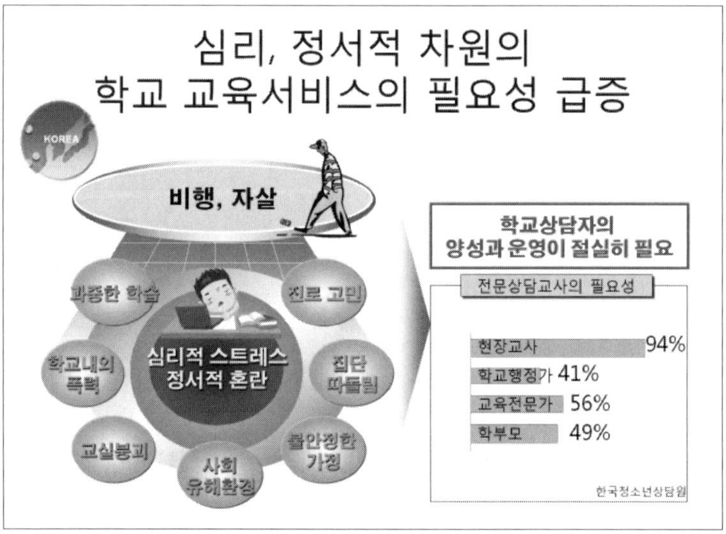

8 그 림

가. 이미지 삽입하기

[삽입]-[그림], [클립아트], [스크린샷]을 이용합니다. 클립아트 삽입시 [Office.com 콘텐츠 포함]을 체크하면 마이크로소프트가 운영 중인 www.office.com 사이트에서 좀 더 품질좋은 그림이나 클립아트를 찾아올 수 있습니다.

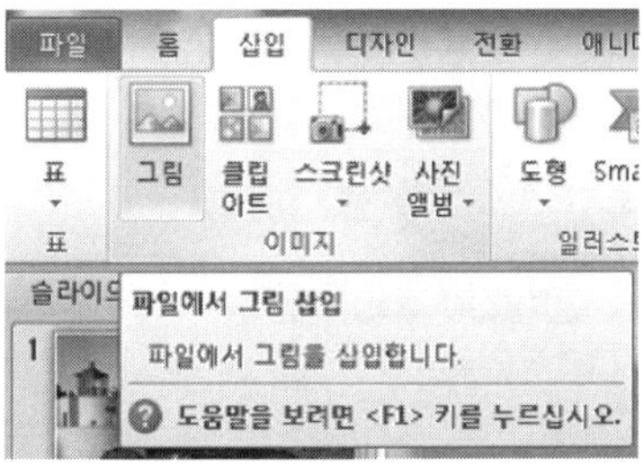

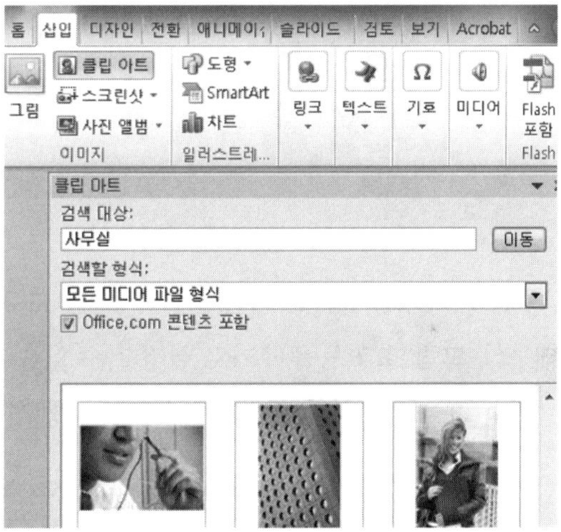

[클립아트] 작업 창에서 텍스트 상자에 키워드를 입력합니다. '사무, 컴퓨터, 사람, …' 결과 창에 나타난 클립아트를 선택하면 슬라이드에 추가됩니다.

이때 결과 창에서 노란색 별모양의 아이콘이 붙어 있으면 해당 그림은 애니메이션 효과가 있다는 의미이고, 프레젠테이션 쇼 보기 상태에서 확인할 수 있습니다.

이전 버전에서는 그림 하단에 지구모양의 아이콘이 표시되는데 이는 웹에서 가져온 그림이라는 의미입니다. 만약 컴퓨터가 인터넷에 연결되어 있지 않으면 웹에 있는 클립아트 목록은 처음부터 나타나지 않습니다.

나. 그림에 효과넣기

[그림 도구]-[서식]-[그림 스타일]에서 쉽게 다양한 그림 효과를 적용할 수 있습니다.

그림을 선택하고 추가된 리본 메뉴인 [그림 도구]-[서식]-[그림 스타일] 그룹에서 그림의 테두리, 그림 효과 등을 추가로 설정할 수 있습니다.

다. 이미지 조정하기

파워포인트에서는 그림의 전체 톤을 조정할 수 있습니다. 일부분의 그림을 조정하고 싶다면 포토샵을 이용해야 합니다. 또한 PowerPoint 2010은 [**꾸밈 효과**]라는 포토샵의 필터 효과와 같은 기능을 지원하고 있습니다.

1) 이미지 조정

[그림 도구]-[서식]-[조정] 그룹-[수정]에서 선명도, 밝기 및 대비를 수정할 수 있습니다.

[그림 도구]-[서식]-[조정] 그룹-[꾸밈 효과]에서 특이한 필터 기능을 사용할 수 있습니다. 꾸밈 효과의 세부 옵션은 [**꾸밈 효과 옵션**]을 선택합니다.

2) 색

[그림 도구]–[서식]–[조정] 그룹–[색]에서 채도, 색조, 다시 칠하기 기능을 사용할 수 있습니다. 그림의 배경색을 지워 투명하게 해야 하는 경우 **[투명한 색 설정]**을 사용하거나, [배경 제거]를 사용할 수 있습니다.

빛깔의 세 가지 속성

- 색상(色相) color
- 명도(明度) brightness 색의 밝고 어두운 정도
- 채도(彩度) saturation 빛깔의 선명한 정도

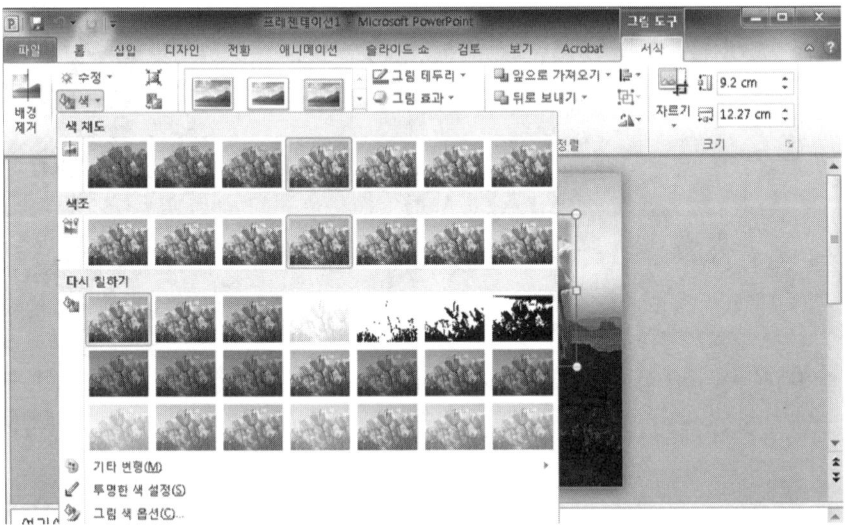

3) 배경 제거

[배경 제거]는 PowerPoint 2010에 추가된 기능으로 복잡한 배경을 좀 더 간단하게 선택하고 삭제할 수 있습니다. [그림 도구]–[조정] 그룹–[배경 제거]를 누르면 배경 모드로 전환되면서 그림에서 제거할 부분이 자동으로 선택되어 보라색으로 나타납니다. [그림 도구]–[배경 제거] 탭–[고급 검색] 그룹–[보관할 영역 표시], [제거할 영역 표시]를 클릭해, 마우스 포인터로 그림의 일부분을 클릭합니다. [변경 내용 유지]를 누르면 배경이 제거된

결과 화면이 나타납니다.

4) 그림 압축

해상도가 높을 그림이나 그림의 일부 영역을 자르기를 이용하여 편집하고 원래 상태의 그림으로 되돌아가지 않아도 되는 경우에 그림 압축을 이용하여 그림의 용량을 줄입니다.

파워포인트 내의 그림을 하나 선택하고, [그림 압축]을 클릭하면 아래와 같은 창이 뜹니다. [압축 옵션]에서 [이 그림에만 적용]을 해지하면 문서에 있는 모든 그림에 압축이 적용되는 것입니다. 잘려진 그림 영역을 영구히 삭제할지를 결정합니다. [대상 출력:]은 해상도를 묻는 부분으로 인쇄용은 220ppi, 웹이나 화면은 150ppi, 문서 크기를 최소화하는 경우 96ppi, 문서 해상도를 그대로 사용 중에 선택합니다.

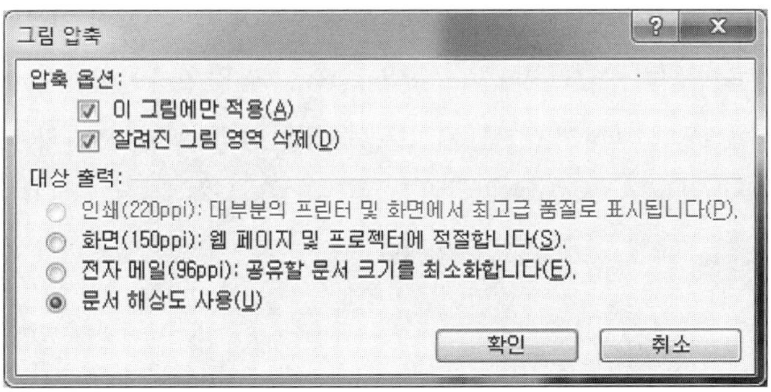

5) 기　타

- [그림 바꾸기] : 기존의 그림을 선택하고 [그림 바꾸기]를 하면 그림 개체의 서식을 유지한 상태에서 그림만 바꿔줍니다.
- [자르기] : [그림 도구]-[서식] 탭-[크기] 그룹-[자르기]를 선택한 후 그림을 선택하고, 그림의 조절점을 그림의 안쪽으로 끌면 자르기가 실행되고, 반대 방향으로 끌면 그림이 복원됩니다.

- [그림 원래대로] : 그림의 크기, 색, 명도, 명암을 원래상태대로 되돌립니다.

라. 클립아트 편집하기

클립아트란 컴퓨터 사용자가 편리하게 사용할 수 있도록 미리 만들어놓은 다양한 사진, 그림, 소리, 비디오 클립 모음입니다. 갤러리에서 원하는 클립을 키워드나 종류별로 찾아서 쓸 수 있습니다.

또한 검색된 클립아트의 일부분을 수정하거나 여러 클립아트를 조합하여 새로운 클립아트를 만들 수 있습니다. 단, 실사 이미지나 동영상 클립아트는 그림의 일부나 전부를 이와 같이 변경할 수 없습니다. 실사 이미지의 클립아트는 그림을 잘라낼 수만 있을 뿐입니다.

삽입된 클립아트를 선택하고 [그룹]-[그룹 해제]를 선택합니다. 아래와 같은 그리기 개체로 변환 창에서 [예]를 누르고 다시 한번 [그룹]-[그룹 해제]를 선택합니다.

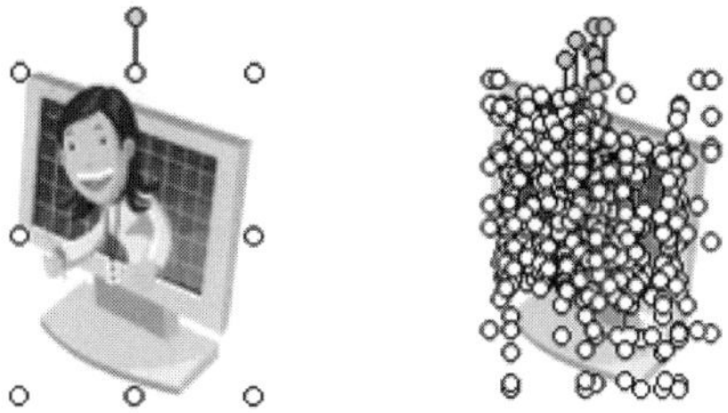

클립아트의 그림을 구성하는 모든 그림 각각이 선택되고 그 중 일부의 그림을 삽입하거나 복사하여 추가할 수 있습니다. 수정이 완료된 그림은 다시 한번 [그룹화]하여 하나의 개체로 묶어줍니다.

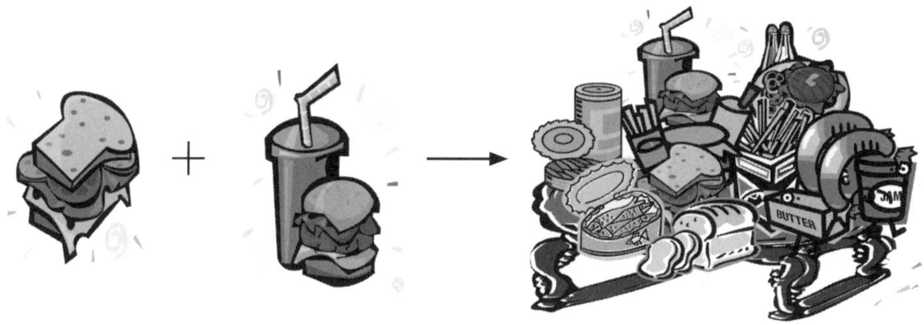

9 종합문제

가. 초급 연습문제

다음 조건과 각 문항에서 제시한 조건에 맞도록 프레젠테이션 슬라이드를 작성하시오.

(50분)

A. 전체 슬라이드

1) 슬라이드는 5장으로 구성하여 입력하고 슬라이드 배경은 임의의 디자인 서식을 적용합니다.
2) 글자 크기 : 임의의 글자 크기를 적용하되 제시된 슬라이드와 같은 구성이 되도록 글자 크기를 조정합니다.
3) 바닥 글에는 '자신의 학번 이름'을 입력하고 페이지 번호를 표시하되 첫 번째 슬라이드에서는 생략합니다.

B. 슬라이드 작성

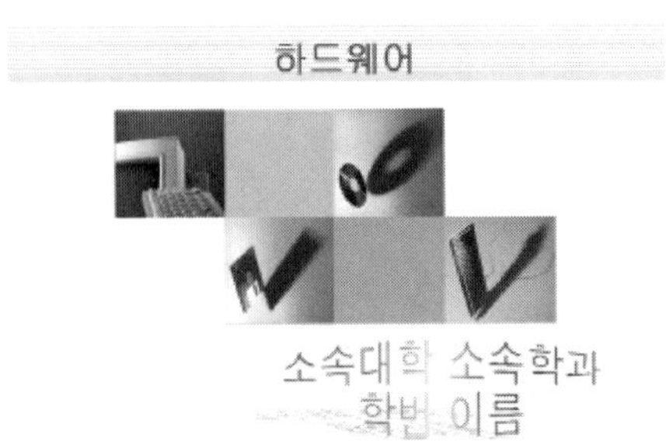	1) 제목 슬라이드 제목은 하드웨어로 입력하고 자신의 소속 대학, 학번과 이름으로 임의의 디자인의 워드아트를 삽입합니다.

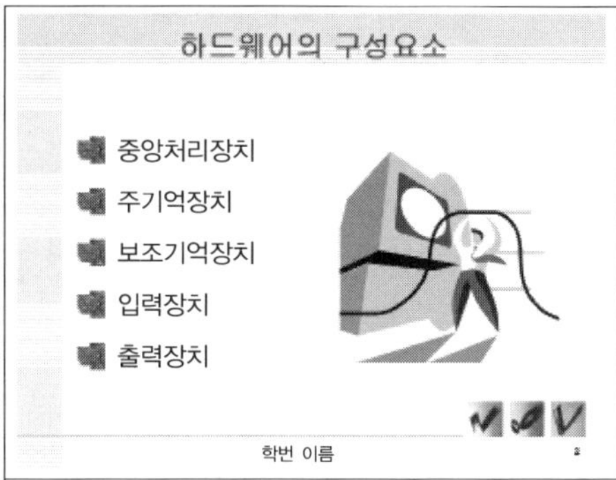

2) 문자열 슬라이드

- 글머리 기호 바꾸기 : 텍스트 상자를 선택하고 글머리 기호를 보기와 같이 수정합니다.
- 텍스트 상자의 오른쪽에 적당한 크기의 클립 아트를 추가합니다.

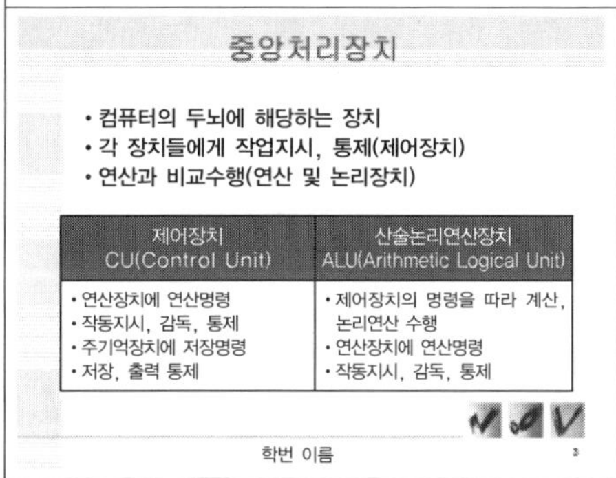

3) 표 슬라이드

- 표 괘선 : 외곽선은 실선 3pt로 나타내고, 내부는 가는 실선 1pt로 지정합니다.
- 제목 행의 세로 정렬 : 수직 방향으로 가운데 맞춤합니다.
- 제목 행의 서식 : 연두색 계열을 지정하고 임의의 그라데이션을 적용합니다.
- 본문 행의 서식 : 글머리 기호를 적용합니다.

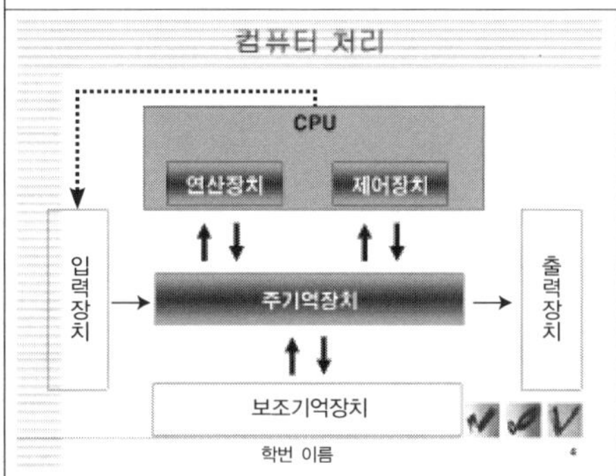

4) 그리기 슬라이드

- 주기억장치 도형 : 임의의 그라데이션을 적용합니다.
- 입력, 출력장치 도형 : 투명 면색을 적용합니다.
- CPU 입력장치 연결선 : 선 종류는 사각 점선으로 합니다.
- 모든 도형 개체는 하나의 그룹으로 그룹화합니다.

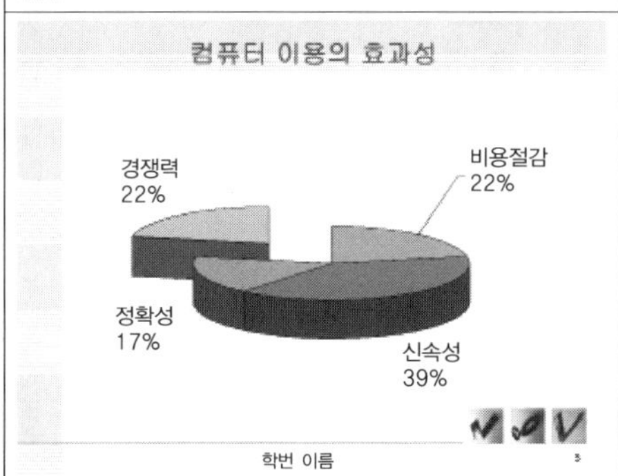

5) 차트 슬라이드

- 차트 데이터 : 보기와 같이 나타나도록 데이터 시트의 값을 수정합니다.
- 차트 종류 : 3차원 효과의 원형으로 설정합니다.
- 차트 옵션 : 범례는 삭제하고 데이터 레이블 중 보기와 같이 백분율이 표시되도록 합니다.

나. 중급 연습문제

수험자 유의사항

- 답안 문서는 '학번 이름.pptx'로 저장하고, usb에 저장합니다.
- 저장이 안 되거나 저장 파일이 손상되었을 경우에는 0점 처리합니다. 시험을 완료하면 파일이 저장되었는지 확인 후 학번 이름을 쓴 문제지를 제출하고 퇴실합니다.
- 특별히 서식에 대한 지시사항이 없으면, 글자나 개체의 크기와 색, 글자체, 줄간격 등은 임의로 적용하되 제시된 슬라이드와 같은 구성이 되도록 조정합니다. 서식에 대한 지시사항은 [→ 글머리 기호 적용]과 같이 표시하였습니다.

A. 전체 슬라이드

1) 각 슬라이드의 제목은 개요 보기 상태에서 보이도록 입력한다.

2) 마스터를 사용하여 다음의 서식을 설정한다.
   - 보기와 같은 제목 영역과 본문 영역 사이에 직사각형을 그리고 임의의 그라데이션을 설정한다.
   - 마스터의 제목 글상자 스타일은 'HY헤드라인M'으로 설정하고 본문 글상자는 'HY견고딕'으로 설정한다.

3) 슬라이드 번호와 바닥글 삽입(학번과 이름), 제목 슬라이드에는 생략, 날짜 및 시간은 자동으로 업데이트 설정한다.

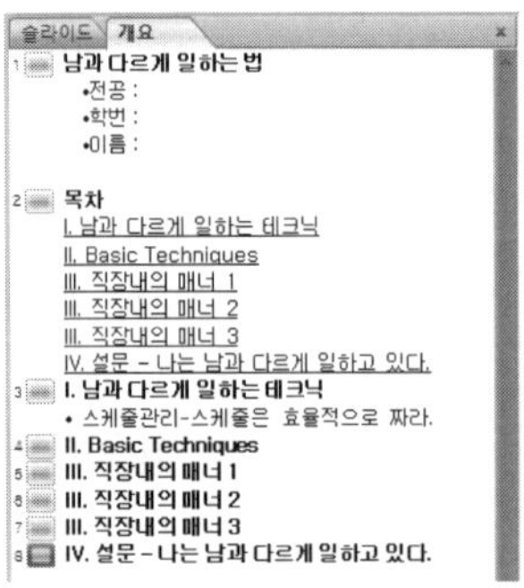

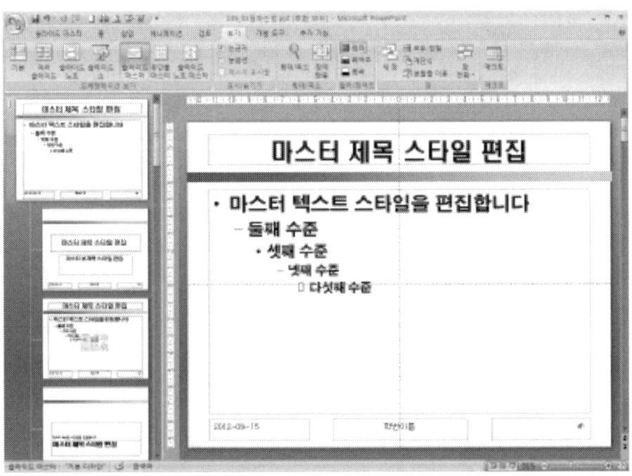

B. 슬라이드 작성

①

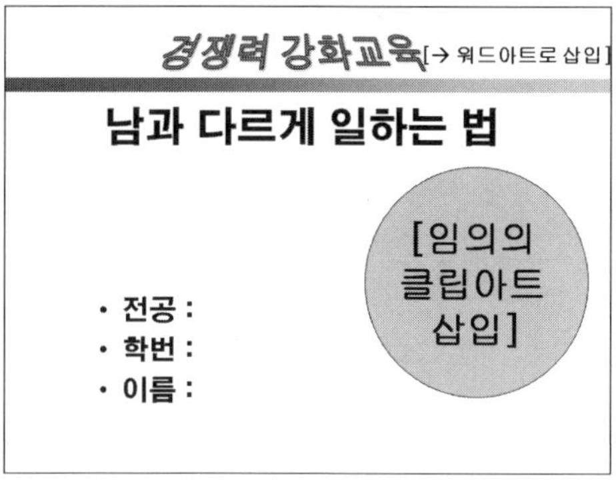

②

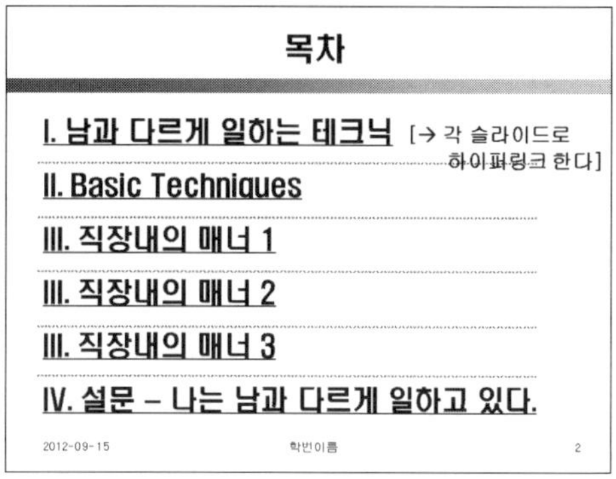

③

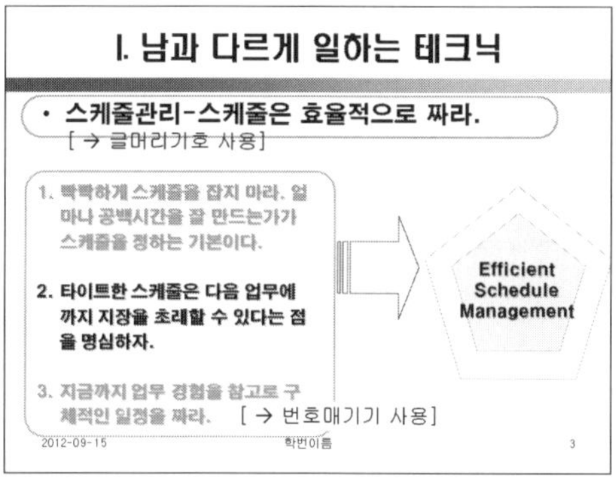

④

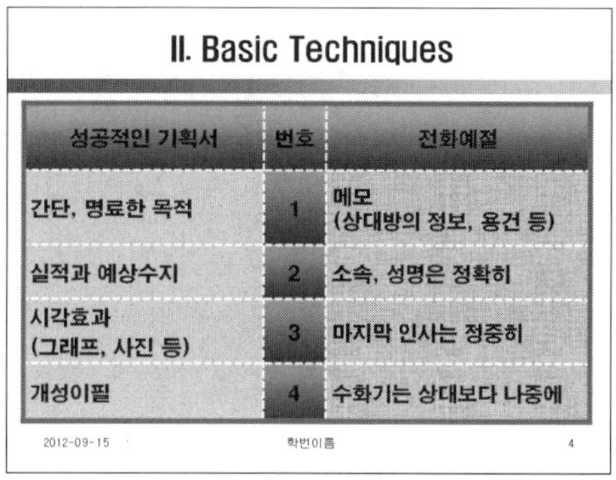

⑤

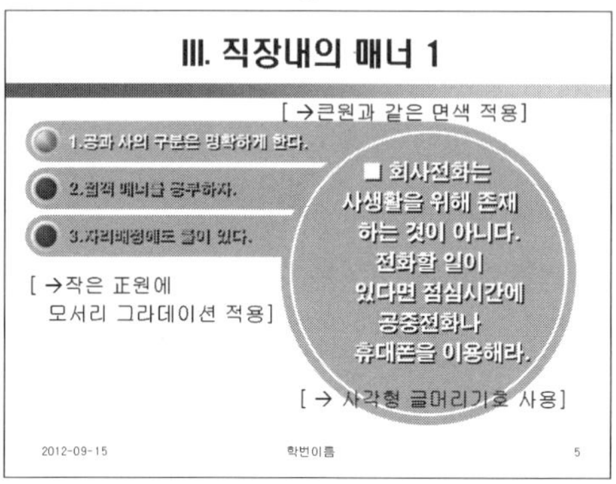

⑥

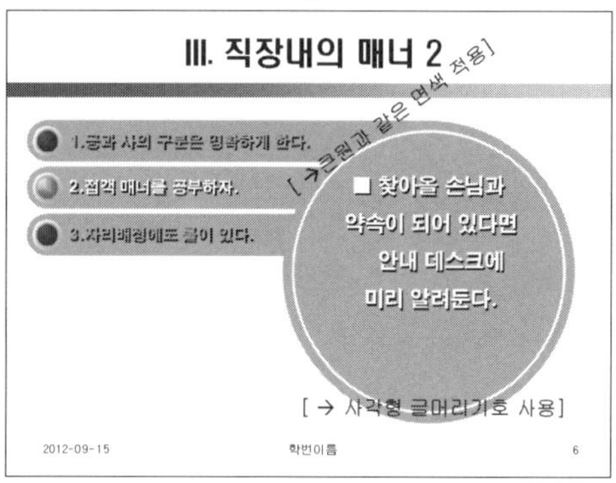

⑦

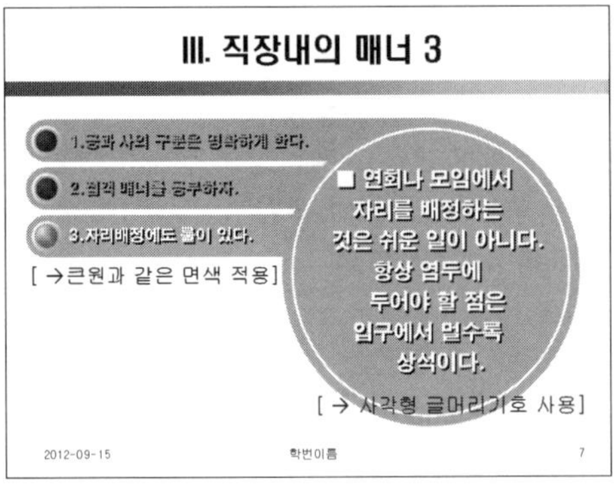

⑧

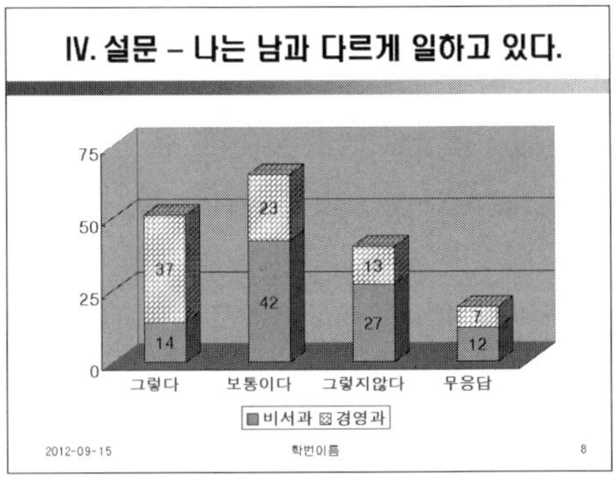

다. ITQ 문제

정보기술자격(ITQ)시험

MS오피스 2007/2010

과 목	코드	문제유형	시험시간	수험번호	성 명
한글파워포인트	1142	A	60분		

수험자 유의사항

- 수험자는 문제지를 받는 즉시 문제지와 **수험표상의 시험과목(프로그램), 버전이 동일한지 반드시 확인**하여야 합니다.
- 파일명은 본인의 "수험번호-성명"으로 입력하여 답안폴더(내문서₩ITQ₩)에 하나의 파일로 저장해야 하며, 답안문서 파일명이 "수험번호-성명"과 일치하지 않거나, 답안파일을 전송하지 않아 미제출로 처리될 경우 실격입니다(예 : 내문서₩ITQ₩12345678-홍길동.pptx).
- 답안 작성을 마치면 파일을 저장하고, '답안 전송' 버튼을 선택하여 감독위원 PC로 답안을 전송하십시오. 수험생 정보와 저장한 파일명이 다를 경우 전송되지 않으므로 주의하시기 바랍니다.
- 답안 작성 중에도 **주기적으로 저장하고, '답안 전송'**하여야 문제 발생을 줄일 수 있습니다. 작업한 내용을 저장하지 않고 전송할 경우 이전에 저장된 내용이 전송되오니 이점 유의하시기 바랍니다.
- 답안문서는 지정된 경로 외의 다른 보조기억장치에 저장하는 경우, 지정된 시험 시간 외에 작성된 파일을 활용할 경우, 기타 통신수단(이메일, 메신저, 네트워크 등)을 이용하여 타인에게 전달 또는 외부 반출하는 경우는 부정 처리합니다.
- 시험 중 부주의 또는 고의로 시스템을 파손한 경우는 수험자가 변상해야 하며, <수험자 유의사항>에 기재된 방법대로 이행하지 않아 생기는 불이익은 수험생 당사자의 책임임을 알려 드립니다.
- 문제의 조건은 MS-Office 2007/2010버전으로 설정되어 있으니 유의하시기 바랍니다.
- 시험을 완료한 수험자는 답안파일이 전송되었는지 확인한 후 감독위원의 지시에 따라 문제지를 제출하고 퇴실합니다.

답안 작성요령

- 온라인 답안 작성 절차
  수험자 등록 ➡ 시험 시작 ➡ 답안파일 저장 ➡ 답안 전송 ➡ 시험 종료
- 슬라이드의 크기는 A4 Paper로 설정하여 작성합니다.
- 슬라이드의 총 개수는 6개로 구성되어 있으며 슬라이드 1부터 순서대로 작업하고 반드시 문제와 세부조건대로 합니다.
- 글꼴, 색깔 및 기타 사항에 대해 별도의 지시사항이 없는 경우에는 슬라이드 크기와 전체적인 균형을 고려하여 출력형태와 같이 작성합니다.
- 슬라이드 번호를 작성합니다(슬라이드 1에는 생략).
- 2-6번 슬라이드 제목 도형과 하단 로고는 슬라이드 마스터를 이용하여 출력형태와 동일하게 작성합니다(슬라이드 1에는 생략).
- 문제와 세부조건, 세부조건 번호 ◌ (점선원)는 입력하지 않습니다.
- 각 개체의 위치는 오른쪽의 슬라이드와 동일하게 구성합니다.
- 그림 삽입 문제의 경우 반드시 「내문서₩ITQ₩Picture」 폴더에서 정확한 파일을 선택하여 삽입하십시오.
- 각 슬라이드를 각각의 파일로 작업해서 저장할 경우 실격 처리됩니다.

[전체구성] **(60점)**

(1) 슬라이드 크기 및 순서 : 크기를 A4 용지로 설정하고 슬라이드 순서에 맞게 작성한다.

(2) 슬라이드 마스터 : 2~6슬라이드의 제목, 하단 로고, 슬라이드 번호는 슬라이드 마스터를 이용하여 작성한다.
제목 글꼴(맑은고딕, 40pt, 파랑), 하단 로고(「내문서₩ITQ₩Picture₩로고3.jpg」, 배경(연보라) 투명색으로 설정)

[슬라이드 1] <표지 디자인> **(40점)**

(1) 표지 디자인 : 도형(직각 삼각형)을 삽입하고, 결편집 기능을 이용하여 작성한다.

세부조건

① 워드아트 삽입
- 글꼴 : 궁서, 굵게
- 반사 : 근접 반사, 터치

② 그림 삽입
- 「내문서₩ITQ₩Picture₩로고3.jpg」
- 배경(연보라) 투명색으로 설정

[슬라이드 2] <목차 슬라이드> **(60점)**

(1) 출력형태와 같이 도형(그림자 : 오프셋 위쪽)을 이용하여 목차를 작성한다(글꼴 : 굴림, 24pt, 검정).

세부조건

① 텍스트에 하이퍼링크 적용
-> '슬라이드 6'

② 그림 삽입
- 「내문서₩ITQ₩Picture₩그림4.jpg」
- 자르기 기능 이용

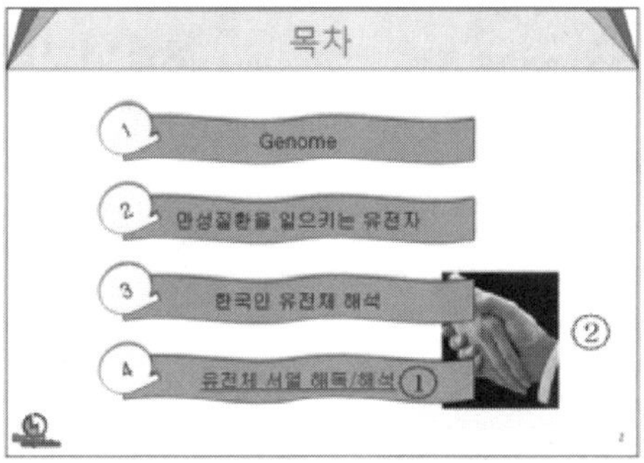

[슬라이드 3] <텍스트/동영상 슬라이드> **(60점)**

(1) 텍스트 작성 : 글머리 기호 사용 (✓, ▪)
✓문단(맑은고딕, 24pt, 굵게, 줄간격 : 1.5줄), ▪문단(맑은고딕, 20pt, 줄간격 : 1.5줄)

세부조건

① 동영상 삽입 :
- 「내문서₩ITQ₩Picture₩동영상.wmv」
- 자동실행, 반복재생 설정

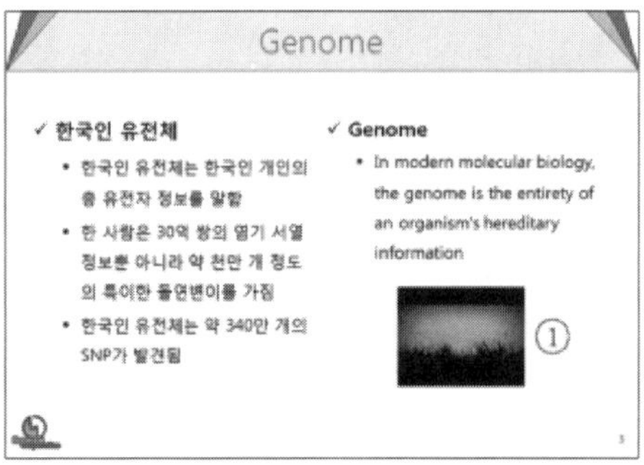

[슬라이드 4] <표 슬라이드> **(80점)**

(1) 도형과 표 작성 기능을 이용하여 슬라이드를 작성한다(글꼴 : 돋움, 20pt).

세부조건

① 상단 도형 : 2개 도형의 조합으로 작성

② 좌측 도형 : 그라데이션 효과(선형 아래쪽), 그림자(오프셋 대각선 왼쪽 위)

③ 표 색 채우기(노랑)

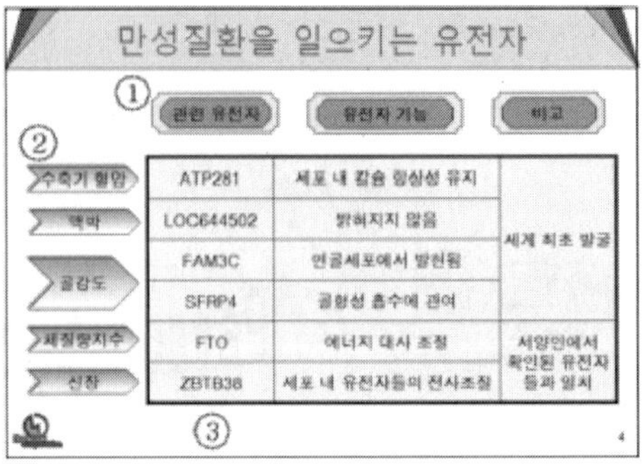

[슬라이드 5] ≪차트 슬라이드≫ **(100점)**

(1) 차트 작성 기능을 이용하여 슬라이드를 작성한다.

(2) 차트 : 유형(묶은 세로 막대형), 글꼴(굴림, 16pt), 외곽선, 그림자(오프셋 대각선 오른쪽 아래)

세부조건

※ 차트설명

- 차트제목 : 궁서, 24pt, 굵게, 채우기(흰색), 테두리, 그림자(오프셋 아래쪽)
- 차트영역 : 채우기(노랑) 그림영역 : 채우기(흰색)
- 데이터 계열 서식 : 채우기(대님), '한국인 유전체' 계열의 '티민[T]' 요소만
- 값 표시 : '한국인 유전체' 계열만
- 데이터 테이블 표시

① 도형을 이용하여 '디옥시리보핵산(DNA)' 표시(채우기 파랑 적용, 외곽선 없음, 투명도(50%), 돋움, 18pt)

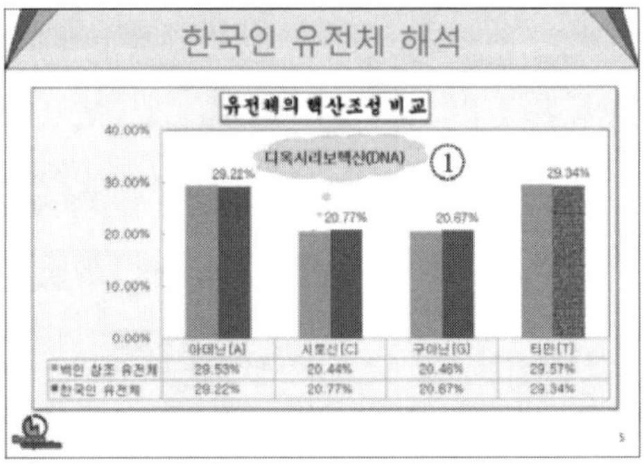

[슬라이드 6] <도형 슬라이드> **(100점)**

(1) 슬라이드와 같이 도형 및 스마트아트(디자인 : 3차원 벽돌)를 배치한다(글꼴 : 돋움, 18pt).

(2) 애니메이션 순서 : ① ➡ ②

세부조건

① 그룹화 후 애니메이션 효과 : 날아오기(왼쪽에서)

② 그룹화 후 애니메이션 효과 : 블라인드(세로)

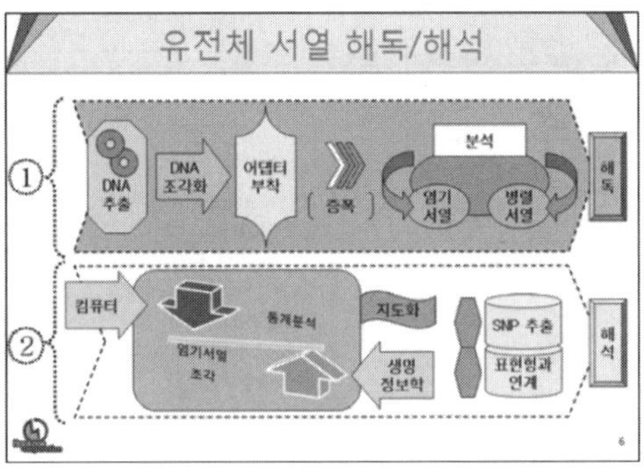

PART 2

PowerPoint와 관련된 Word 기능

1. 기본 설정
2. 스타일 기능
3. 구역 나누기를 이용한 페이지 번호 매기기
4. 검토 기능

1 기본 설정

가. 눈금자 단위

문서 작성을 위한 화면 보기를 설정해 봅니다. 출력 문서를 위해서 눈금자가 필요합니다. [보기]-[눈금자]를 체크합니다.

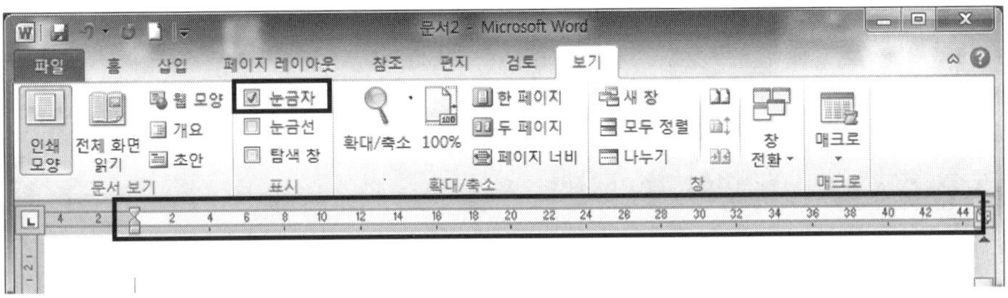

눈금자에 표시된 2, 4, 6,… 44의 숫자는 무슨 단위일까요? cm? mm? inch? pixel일까요?

눈금자가 표시된 단위는 현재 문서의 기본글꼴인 '맑은 고딕, 10pt'의 글자 개수를 의미합니다. 단락의 들여쓰기 등의 서식을 설정할 때 글자 단위가 편하기 때문에 기본 설정을 글자 단위로 설정해 놓았답니다.

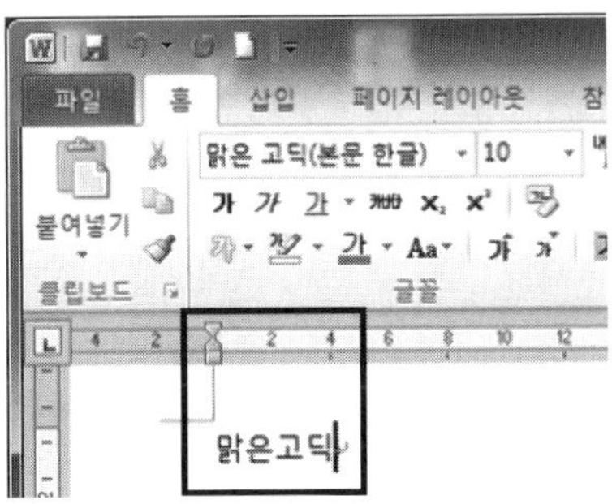

필요에 따라 [파일]-[옵션]-[고급]-[화면 표시] 그룹-[문자 단위 표시]를 체크 해제합니다. 영문서에서 단위는 [인치]로, 국문서에서는 단위를 [센티미터]로 설정하고 작성합니다.

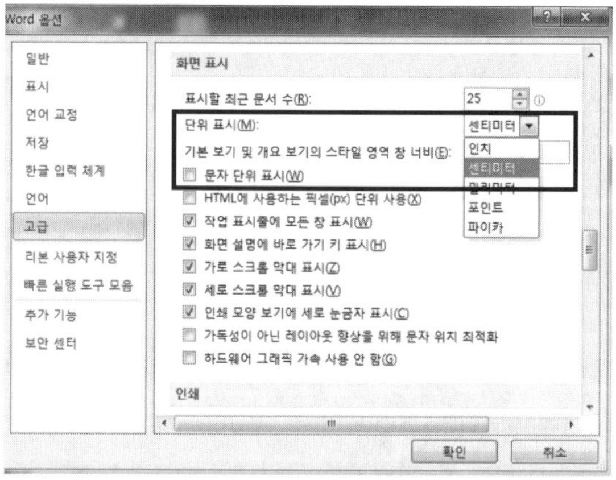

PRACTICE Letter Dateline

Busienss Formal Letter의 기본 항목 중에 가장 먼저 작성하는 날짜는 문서의 위로부터 2inch 띄우고 '월 일, 연도'의 방식으로 작성합니다.

먼저, 단위는 [옵션]에서 [인치]로 수정하고 날짜를 입력한 후, 상태 표시줄에 나타나는 현재 커서에 대한 정보에서 [세로 페이지 위치]를 2에 맞춥니다.

상태 표시줄에 표시되는 항목을 선택합니다. 상태 표시줄에서 단축 메뉴를 누르고 [상태 표시줄 사용자 지정]에 나타나는 표시 항목에서 체크합니다.

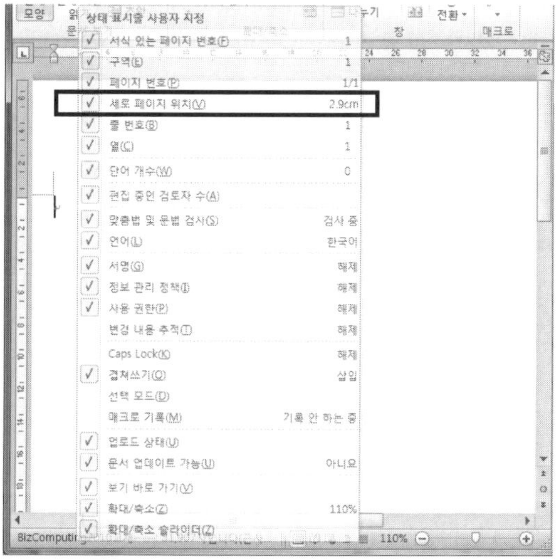

PROJECT Business Letter 유형 및 작성법

A basic objective of business correspondence is to elicit a favorable reaction from the reader. The reader's first impression of a business communication is created by the visual appearance of the communication. If the appearance is attractive, the reader's reactions to the letter and to its contents are likely to be favorable. Factors that help to create a favorable impression include:

① Good quality stationery
② Attractive letterhead
③ Acceptable letter style
④ Well-typed copy-no strikeovers or noticeable erasures

Letter Arrangement and Punctuation Style

The selection of the arrangement and punctuation style is either determined by the individual tastes of the writer or established by a company as a standard form.

▪ Arrangement Style

① Full Block

This is the most popular business letter layout nowadays. It is the easiest to format as everything starts at the left margin.

② Modified Block

Modified block layout is quite common in business letters. It is traditional and quite popular.

③ Semi-Block

The indented/semi-block style of business letters is very similar to the modified block. The difference is that the semi-block letter's paragraphs are indented one tab stop.

(   )

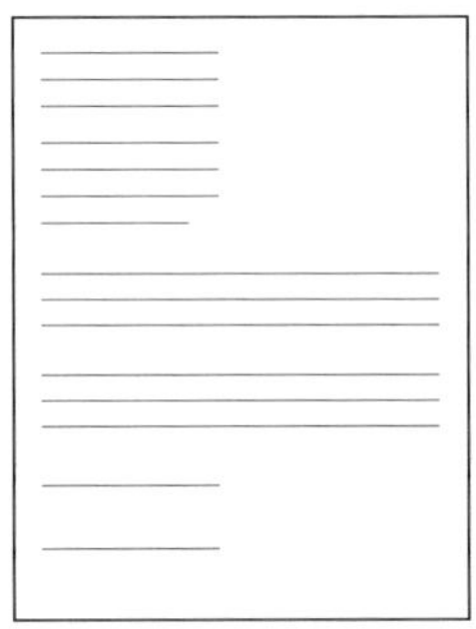

(   )

(   )

▪ Punctuation Style

The punctuation style used in preparing a business letter affects only the punctuation used at the ends of the various letter parts. The punctuation within the message itself does not vary. The two commonly used styles are open and standards(mixed).

① Open Punctuation

No punctuation marks are used after any of the letter parts except the message. Open punctuation is frequently used with the full-blocked letter arrangement, for both styles are considered time-savers for the secretary.

② Standard Punctuation

It requires a colon after the salutation and a comma after the complimentary closing. This style is the most commonly used one in business today.

Part of Business Letter

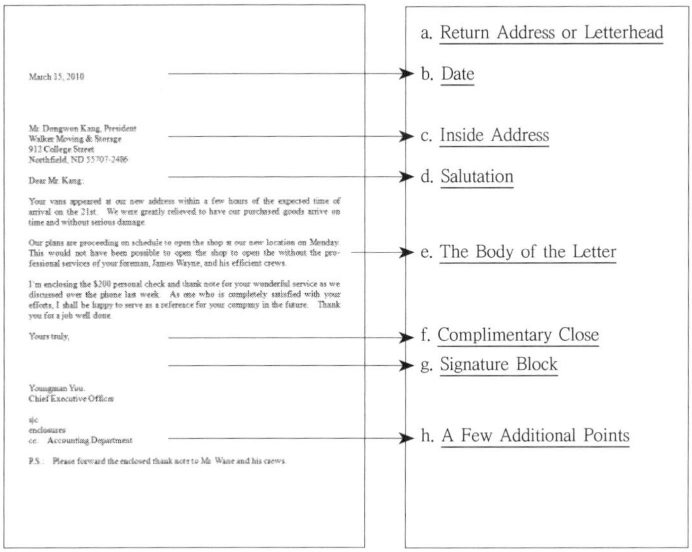

a. Return Address or Letterhead

If your stationery has a letterhead, skip this. Otherwise, type your name, address and optionally, phone number. These days, it's also common to include an email address.

b. Date

The return address is followed by the date. If you are using a letterhead, type date of your letter two to six lines below it depending on the length of the letter. Type the date in full: do not use figures as they can be confusing. In the US the date starts with the month and in Europe, with the day. Whether you start with the month or no, do not abbreviate it.

2013-1-30

1-30-2013

30/1/2013

c. Inside Address

Type the name and address of the person and/or position, department, company to whom you're sending the letter, three to eight below the last component you typed. Four lines are standard. If you know the person's name, write it on the first line of the inside address. It can be preceded by the courtesy title(Mr., Ms., etc.). Try to put the full name.

d. Salutation

Salutation depends on whether you know the name of the person you are writing to. If you do, you use "Dear Mr. Kim". Type Mr. or Ms. (last name) to show respect. Initials of first names are usually not included in salutations. On the other hand, you could write "Dear Margaret Edwards" and skip the courtesy title. If you don't know the name use either of the following.

Dear Sir
Ladies and Gentlemen(US)
Dear Sir or Madam(UK)
To Whom It May Concern

e. The Body of the Letter

Write the body of your letter keeping it brief and to the point. Leave a line space between the paragraphs, it is essential for the full block business letter format.

f. Complimentary Close

The most common complimentary close accepted in the US and UK is "Sincerely". What you type here depends on the tones and degree of formality. For example,

Respectfully yours(very formal)
Yours faithfully(UK for business letter that begin with Dear Sir, Dear Madam, Dear Sir or Madam)
Very truly yours(polite and neutral for the US)
Cordially yours(quite formal)

g. Signature Block

Leave for blank lines after the complimentary close to sign your name. Title is optional depending on relevancy and degree of formality. Example is

R. T. Jones - Sr. Field Engineer

h. A Few Additional Points

Enclosure Notation: This line tells the reader to look in the envelope for more. Type the singular for only one enclosure, plural for more. If you don't enclose anything, skip it. Common styles are below.

Enclosure
Enclosures: 3
Enclosures(3)

cc: stands for "carbon copies". List the names of people to whom you distribute copies, in alphabetical order. If addresses would be useful to the recipient of the letter, include them. If you don't copy your letter to anyone, skip it.

PRACTICE Please rewrite the letter

[유의할 점]
Capitalization
Formal/Informal
Punctuation
Letter order
Letter format

Joseph pace
50 rockfeller plaza
International conference center
New York newYork 10019
2013-5-13
thank you for ur registration for our computer workshop.
You have been assigned to the 9 : 00~11 : 00 a.m. session in Room E.
This session will discuss the following topics: Deep Smarts.
after the final session the day, we would like you to complete the enclosed evaluation card so that we will know how effective the presentation was for the participants.
we hope you enjoy your conference.
Mary Smith

PRACTICE 영문 편지 작성

2013-4-5 발송되는 Block Style의 편지를 작성하되 내용에 맞게 salutation(서두 인사)와 closing(결구)을 넣으시오. 머리글에 학번 이름을 입력합니다.

수신인: Alberto Da Silva(남자), director(직급), worldwide exports, Ltd.(회사명)
(회사 주소) Fernandez de la Hoz. 9/28980 Madrid, Spain
발신인: 자신의 이름, 회사 주소, 회사명과 직위는 현재 소속 기관으로 작성
편지 내용: Thank you for your recent fax. You will be pleased to know the products we have imported from your company are being well received by our customers.
I'll be in Madrid next month and would appreciate an opportunity to meet with you for further business. In particular, I would like to discuss importing more sports goods. I'll arrive April 15 and leave April 28. Would it be possible for us to meet either April 21 or 22?
I look forward to hearing form you soon.

나. 언어 자동 고침

Microsoft Office Word는 '한글과 컴퓨터'의 흔글과 다르게 미리 자동 고침 옵션을 설정해 놓았습니다. 번호나 글머리 기호를 입력하고 한칸 띄우기를 시행하면 자동으로 서식이 적용됩니다.

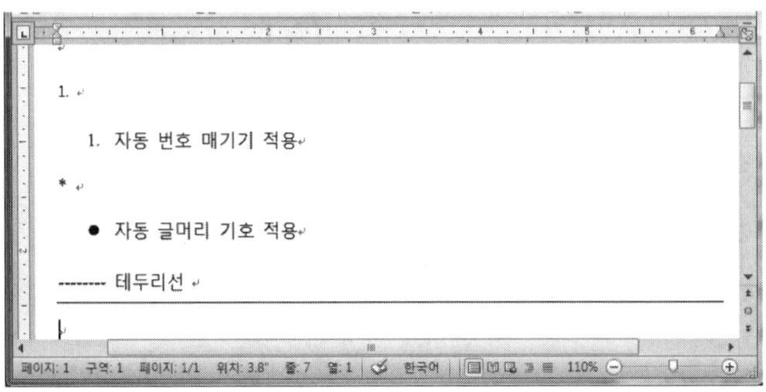

[파일]-[옵션]에서 [언어 교정]에서 [자동 고침 옵션]을 누릅니다.

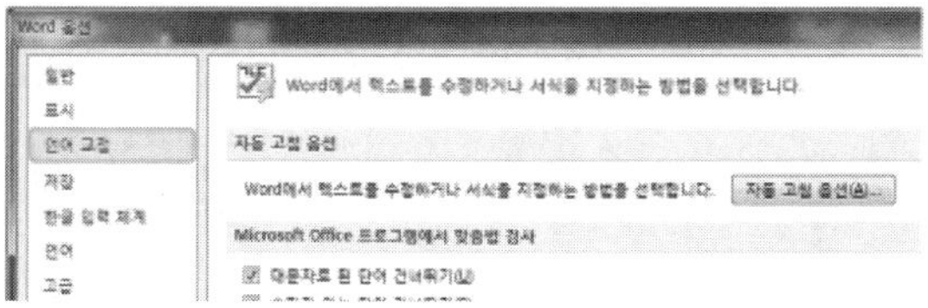

[자동 고침] 창의 [자동 고침] 탭에서는 문법에 맞게끔 수정되도록 미리 설정된 항목을 확인합니다. 만약 영문이나 한글만을 쓰는 상황이라면 [한/영 자동 고침]의 체크를 해제하여 자동으로 한/영이 바뀌지 않도록 설정을 바꿉니다.

[자동 고침] 창의 [입력할 때 자동 서식] 탭에 [자동으로 글머리 기호 넣기], [자동으로 번호 매기기], [테두리 선]을 선택 해제합니다. 앞으로는 위의 예제와 같은 글머리 기호, 번호 매기기 등의 자동 서식이 적용되지 않습니다.

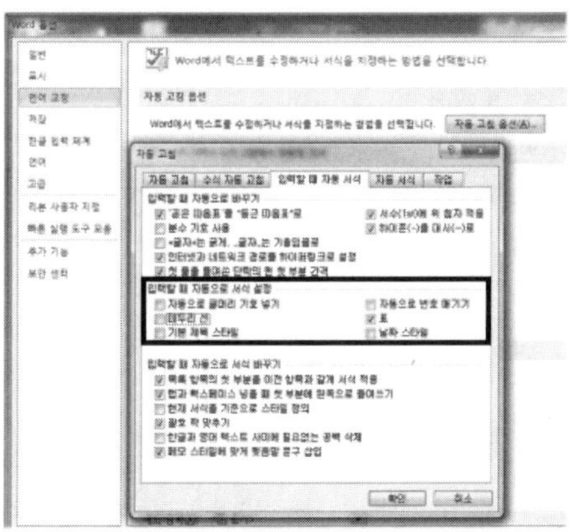

PRACTICE 영문 입력 3,130자(제한시간: 10분)

U.S. President Barack Obama, speaking for the first time about allegations that Secret Service agents hired prostitutes, said Sunday that "of course I'll be angry" if those accusations are proven true by an investigation. Obama said the agents represent the United States and are supposed to conduct themselves with the highest levels of dignity anywhere in the world. "Obviously, what's been reported doesn't match up to those standards," Obama said in a news conference wrapping his appearance at a Latin America summit.

The president never directly mentioned that the specific accusations, confirmed by media outlets, that agents were cavorting with prostitutes before the president arrived in Colombia. The Secret Service sent 11 agents home and placed them on leave for misconduct as the agency reviews what happened. "I expect that investigation to be thorough, and I expect it to be rigorous," Obama said. "If it turns out that some of the allegations that have been made in the press are confirmed, then of course I'll be angry. We are representing the people of the United States, and when we travel to another country, I expect us to observe the highest standards."

The unseemly topic dogged Obama to the end in Colombia, where he fought to keep a focus on America's trade relations with partners throughout the Americas. And it is likely to follow him back to the United States as lawmakers in the Republican-led House consider whether to hold hearings. When Obama took a question about the topic, he was standing next to Colombian President Juan Manuel Santos. Obama tried to put the controversy in context by lauding the agents who protect his life. "These men and women perform extraordinary service on a day-to-day basis protecting me, my family, U.S. officials," Obama said. "They do very hard work under stressful circumstances and almost invariably do an outstanding job. So I'm very grateful."

He said he would reserve judgment until the investigation is done. Five U.S. military service members were also alleged to have been involved in the incident. The Secret Service agents at the center of the allegations had stayed at Cartagena's five-star Hotel Caribe. The 11 employees in question were special agents and Uniformed Division Officers. None were assigned to directly protect Obama.

The scandal probably is not an isolated incident, a leading House Republican said Sunday. California Rep. Darrell Issa, chairman of a House investigative panel, said he wasn't certain whether Congress would hold hearings on the misconduct. But lawmakers will be looking "over the shoulder" of the Secret Service, he said, to make sure that the agency's methods for training and screening agents aren't endangering the nation's VIPs.

"Things like this don't happen once if they didn't happen before," said Issa, who leads the House Oversight and Government Reform Committee. Appearing Sunday on CBS' "Face the Nation," Issa said: "It's not about whether the president was in danger this time. It's whether or not you need to make changes so the American people can have confidence in all of their workforce."

[한/영 자동 고침]을 해제하고 위의 영문을 입력합니다. 10분 내에 3,130자의 영문 입력을 마치면 분당 313타가 자신의 영문 입력 속도입니다. 영문 입력 속도의 확인은 흔글 프로그램에서 [파일]-[문서 정보]-글자 수로 확인합니다.

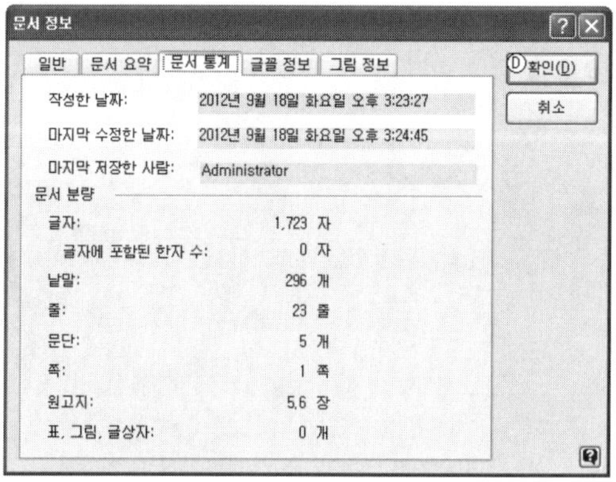

MS-Word 프로그램에서는 [상태 표시줄]에서 오른쪽 마우스 버튼을 누르면 나타나는 [상태 표시줄 사용자 지정] 항목 중 단어 개수로 확인할 수 있습니다. 영문 타수는 word/minute으로 나타내기도 합니다.

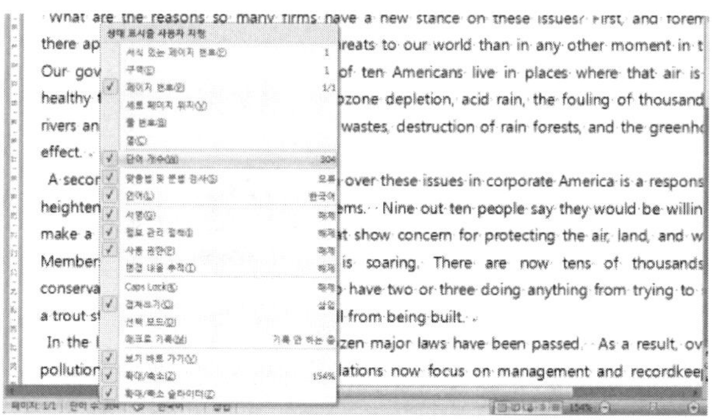

다. 워드의 서식 파일 작성과 활용

〈2010〉 [파일]-[새로 만들기]-[예제 서식 파일]-Fax Cover 중 하나를 선택합니다. [서식 파일] 라디오 버튼을 선택하고 [만들기]합니다.

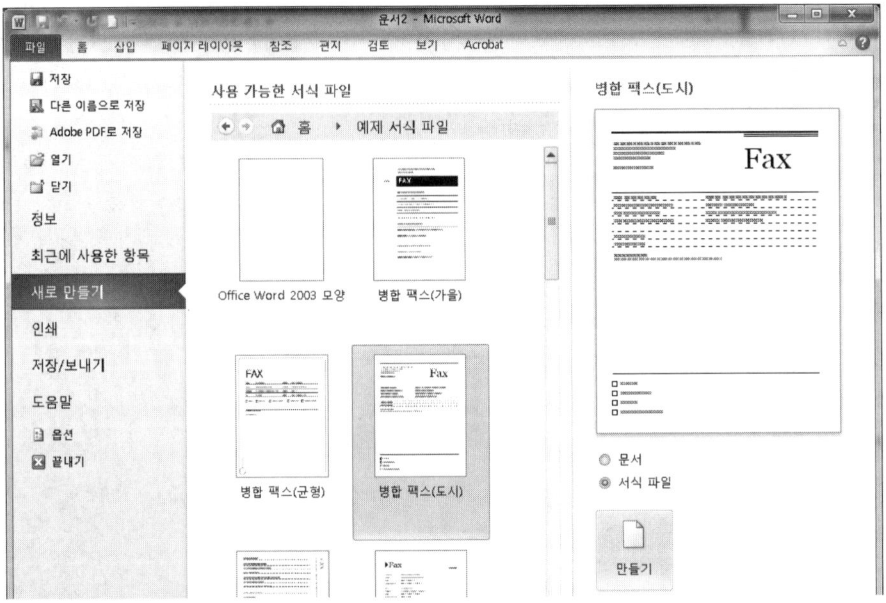

〈2007〉 Office 단추-[새로 만들기]-[새 문서] 창에서 [설치된 서식 파일] 중 하나의 서식 파일을 엽니다.

회사 로고 등의 서식 파일을 수정합니다.

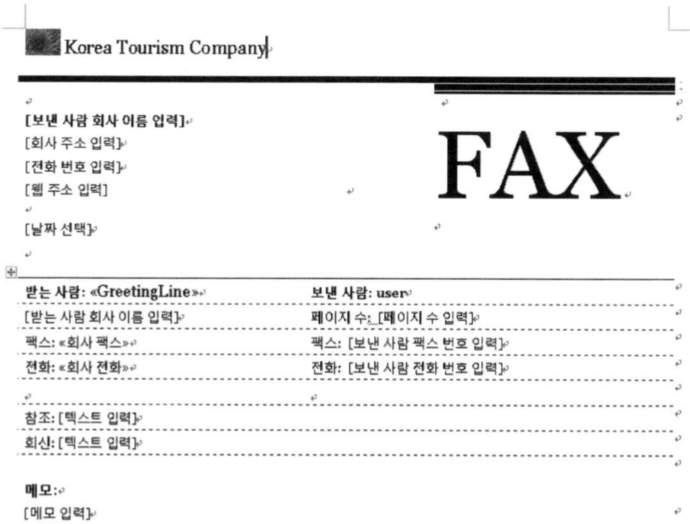

〈2010〉 수정된 서식 파일은 [파일]-[다른 이름으로 저장]-템플릿 폴더에 워드 서식 파일(*.potx)로 저장됩니다. 파일 이름을 설정하고 [저장]을 누릅니다.

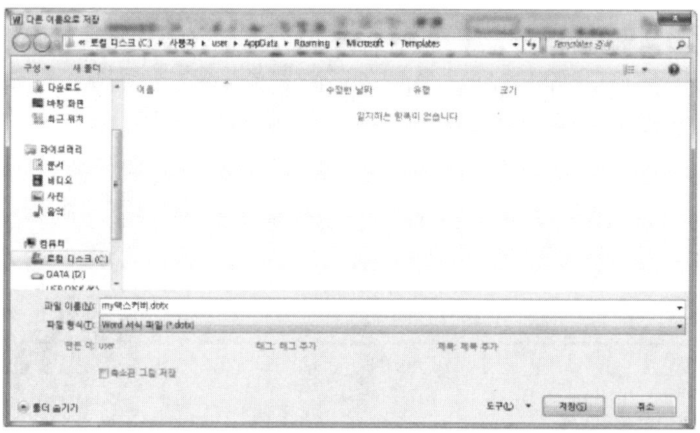

〈2007〉 수정된 서식 파일은 Office 단추-[다른 이름으로 저장]-[Word 서식 파일]-[신뢰할 수 있는 서식 파일]에 저장합니다. 또는 Office 단추-[다른 이름으로 저장]-[다른 형식]-원하는 위치를 선택하고 '*.dotx'로 저장합니다.

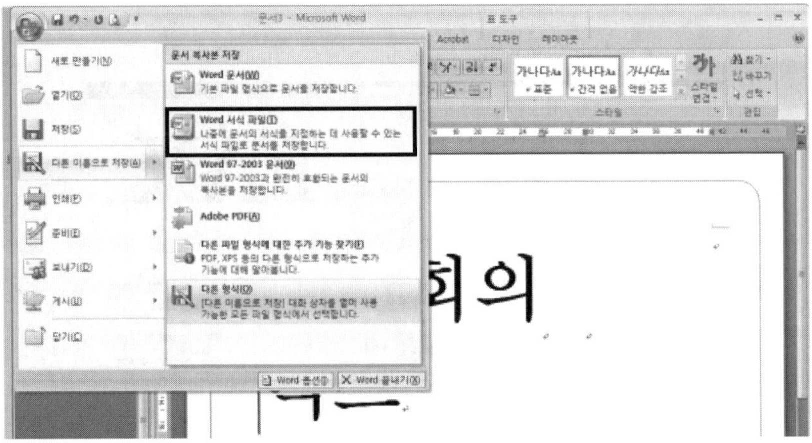

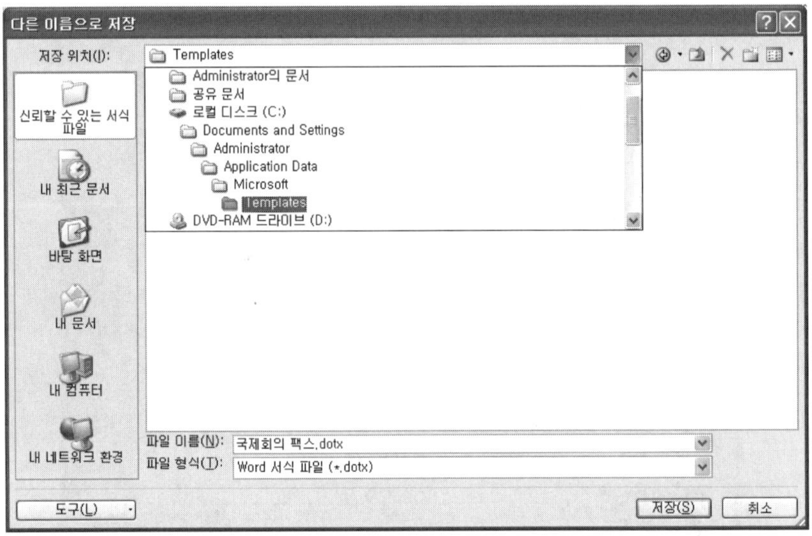

〈2010〉 수정된 서식 파일은 [파일]-[새로 만들기]-[내 서식 파일] 단추를 누르면 나오는 [새로 만들기] 창에서 선택하여 문서로 만듭니다.

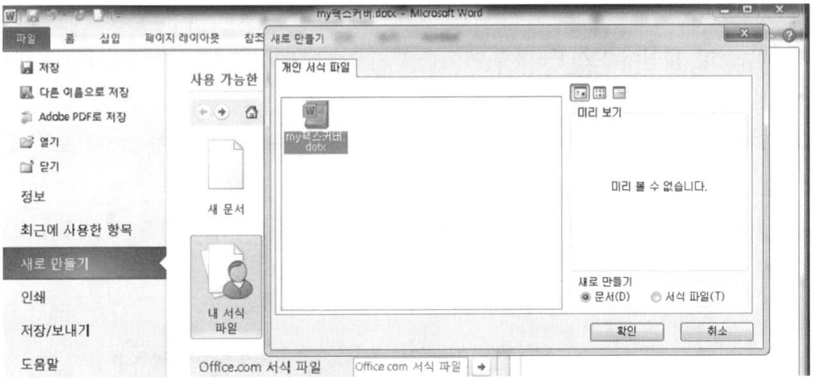

〈2007〉 수정된 서식 파일은 Office 단추-[새로 만들기]-[새 문서] 창에서 [내 서식 파일]을 사용할 수 있습니다.

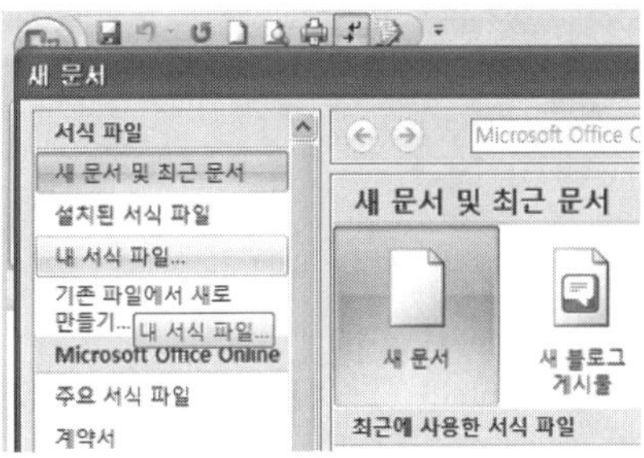

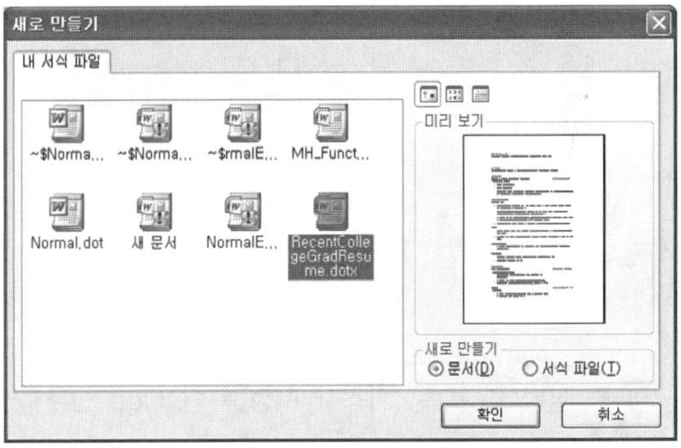

Basic Tip 빠른 실행 도구모음 활용하기

Microsoft Office 프로그램은 2007, 2010 버전 모두 화면 상단의 리본 메뉴를 통해 모든 명령을 제공하고 있습니다. 빠른 실행 도구모음은 자주 사용하는 명령을 추가하는 도구모음으로 개별 사용자의 화면이 가진 제약에 따라 유용하게 사용할 수 있습니다.

① 빠른 실행 도구모음에 명령 아이콘을 배치하고자 할 때 : [빠른 실행 도구모음 사용자 지

정]-[기타 명령]

② 리본 메뉴보다 개인이 모아둔 명령 아이콘을 자주 사용할 때 : [리본 메뉴 아래에 표시]=[리본 메뉴 아래에 빠른실행 도구모음 표시]

③ 편집 공간을 넓게 사용하고자 리본 메뉴를 최소화시킬 때 : 메뉴 표시줄이나 도구모음줄에서 오른쪽 마우스 버튼 클릭-[리본 메뉴 최소화]

④ 빠른 실행 도구모음에 아이콘 추가할 때 : 리본 메뉴 등 추가하고 싶은 메뉴에서 오른쪽 마우스 버튼 클릭-[빠른 실행 도구모음에 추가]를 누릅니다.

①

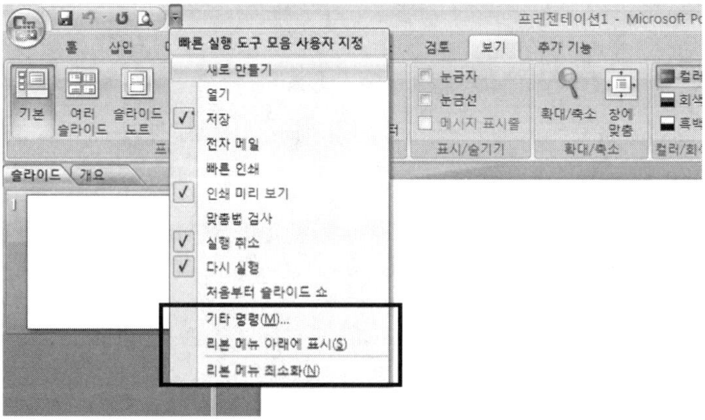

〈2007. 빠른 실행 도구-기타 명령〉

[빠른 실행 도구모음 사용자 지정]은 [Office 단추]-[PowerPoint 옵션]-[사용자 지정]으로 들어가도 같은 경로입니다.

여러 탭에 속해 있는 아이콘을 빠른 실행 도구모음으로 추가, 삭제, 이동할 수 있습니다.

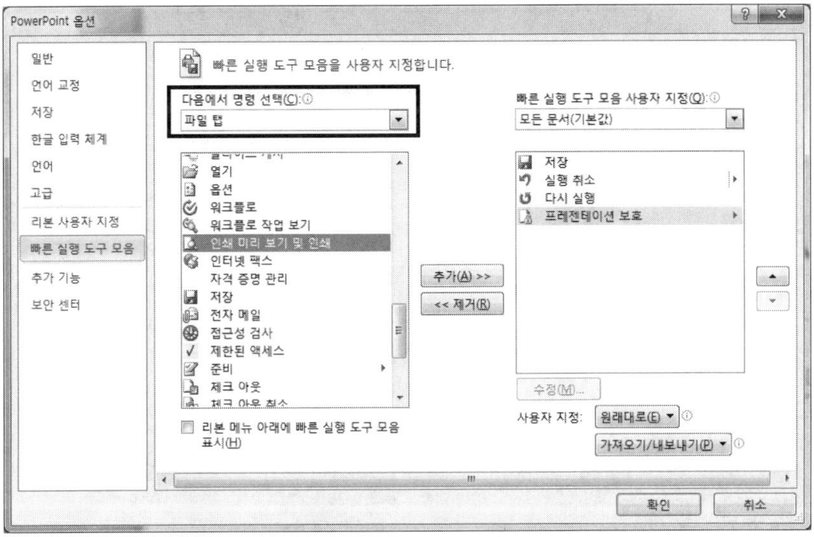

〈2010. 빠른 실행 도구모음 사용자 지정하기〉

②

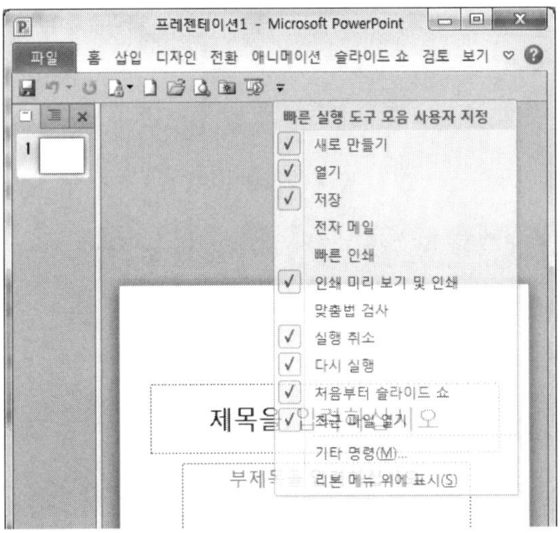

③

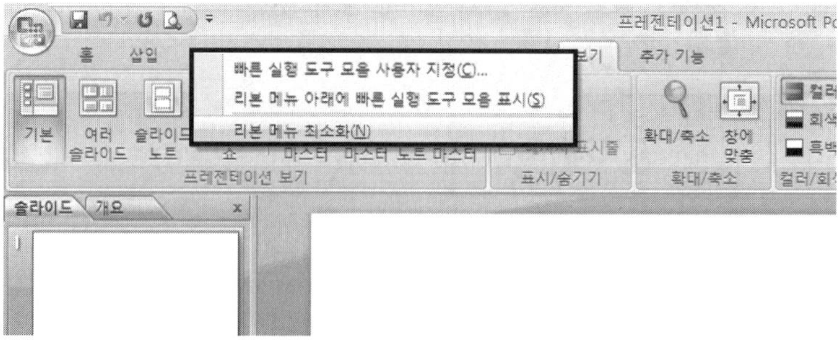
프레젠테이션1 - Microsoft Po
홈
삽입
빠른 실행 도구 모음 사용자 지정(C)...
리본 메뉴 아래에 빠른 실행 도구 모음 표시(S)
리본 메뉴 최소화(N)
보기
추가 기능
기본
여러 슬라이드
확대/축소
창에 맞춤
프레젠테이션 보기
표시/숨기기
확대/축소
슬라이드
개요

④

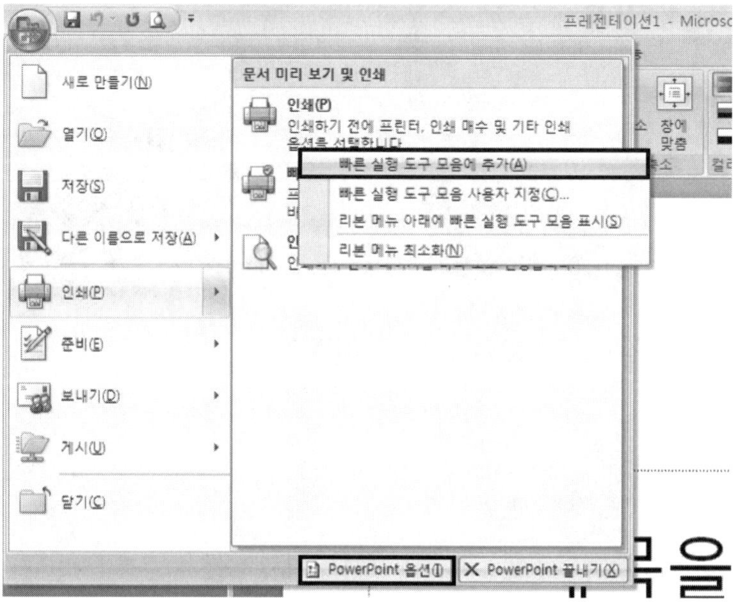
프레젠테이션1 - Microso
새로 만들기(N)
열기(O)
저장(S)
다른 이름으로 저장(A)
인쇄(P)
준비(E)
보내기(D)
게시(U)
닫기(C)
문서 미리 보기 및 인쇄
인쇄(P)
인쇄하기 전에 프린터, 인쇄 매수 및 기타 인쇄
빠른 실행 도구 모음에 추가(A)
빠른 실행 도구 모음 사용자 지정(C)...
리본 메뉴 아래에 빠른 실행 도구 모음 표시(S)
리본 메뉴 최소화(N)
창에 맞춤
PowerPoint 옵션(I)
PowerPoint 끝내기(X)

2 스타일 기능

글자모양, 문단모양, 탭 설정 등과 같은 문서 양식을 하나의 스타일 이름으로 설정해두었다가 필요할 때 꺼내쓰고 문서 전체에 간헐적으로 사용된 해당 스타일을 한꺼번에 수정할 수 있는 기능입니다. 문서가 길어져도 통일성 있게 서식을 사용할 수 있습니다. 여러 개의 원고에 일관적인 스타일을 써야 하는 학술지, 기획안에서 스타일 기능을 즐겨 쓰고 있습니다.

워드에서 제공하는 서식을 사용하거나 수정할 수 있는 것 외에도 새로운 서식을 추가할 수 있고, 적용시에는 단어나 단락 단위로 스타일 이름을 선택하여 적용하고, 같은 수준의 스타일을 적용한 글의 서식을 한꺼번에 변경할 수 있습니다.

스타일을 사용하면 목차를 자동으로 작성해 주거나 문서 구조를 이용하여 문서의 전체 개요의 내용을 파악하고 이동하기 쉽습니다. 논문이나 보고서를 작성할 때 스타일 기능을 사용하면 탐색 창을 통해 문서의 구조를 파악하기 쉬워지고, 일관성 있게 문단모양을 유지 및 수정할 수 있게 됩니다.

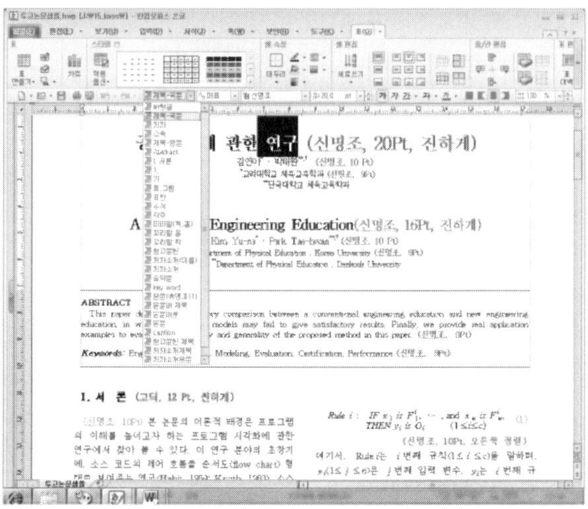

한글 스타일 샘플

예제

다음 글을 입력하고 제목 1, 제목 2, 제목 3 수준으로 스타일을 설정합니다.

상상?창조!

발표자 이름 ______________________

프롤로그

1. 상상과 창조의 전주곡

2. 상상과 창조의 환상곡

3. 상상과 창조의 행진곡

   ① 눈여겨봐라

   ② 마음으로 물어라

   ③ 안보여도 참아라

   ④ 이미지로 그려라

   ⑤ 뒤집고 엎어라

   ⑥ 차이를 존중해라

   ⑦ 모순을 끌어안아라

   ⑧ 이것저것 엮어라

   ⑨ 좌우지간 저질러라

   ⑩ 신나게 놀아라

4. 상상과 창조의 협주곡

에필로그

> 제목 2 수준 설정
> 나머지는 모두 제목 1 수준

1) 스타일 적용

스타일을 적용할 단락에 커서를 두거나 영역을 선택하고 스타일 항목을 누릅니다.

2) 스타일 변경

[홈]-[스타일] 그룹의 해당 스타일을 오른쪽 마우스 단추로 선택-[수정]을 누릅니다. [스타일 수정] 창의 자주 쓰이는 서식뿐만 아니라, 확장 단추의 [서식]을 이용하면 번호 매기기 등 더욱 다양한 서식을 적용할 수 있습니다.

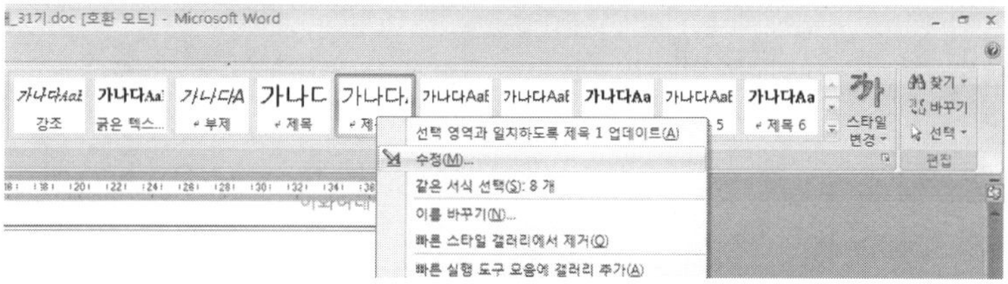

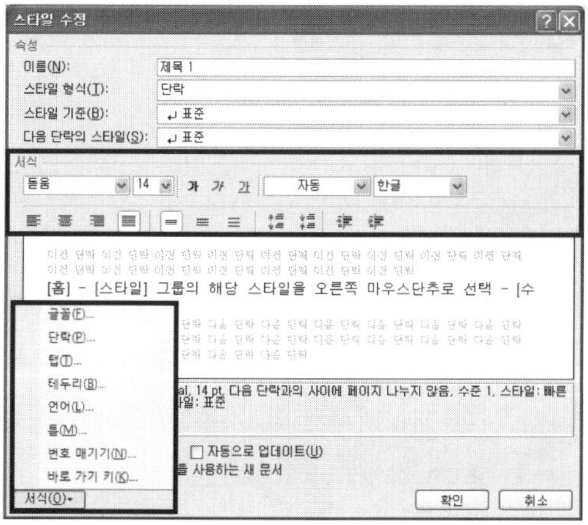

Basic Tip 세로 영역 선택하기

위의 예제에서 글머리 기호로 쓰여진 원문자만을 복사하여 보자.

마우스를 ① 앞에 위치시키고, [Alt]를 누른 상태에서 클릭 앤 드래그합니다.

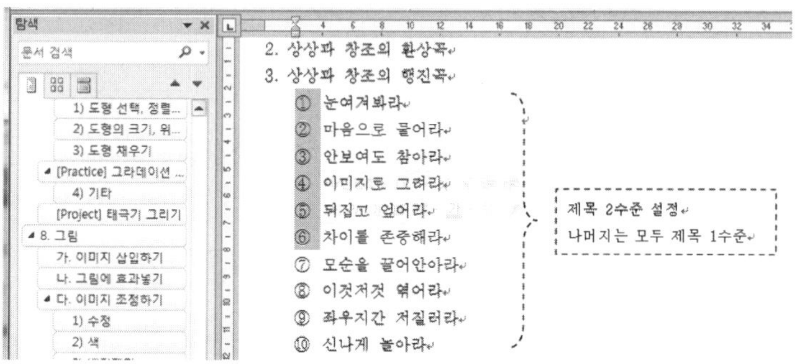

세로로 영역을 선택하고 복사, 서식 바꾸기 등의 기능을 이용할 수 있습니다.

Basic Tip =rand( )

글의 중간중간에 임의의 텍스트를 불러오는 '=rand(2,5)'의 함수식을 이용하여 임의의 텍스트를 본문으로 삽입합니다.

함수식=함수 이름(단락 개수, 한 단락 내의 문장 개수)

Microsoft Office에서만 작동하는 함수입니다.

3) 새로운 스타일 추가하기

문서에 글자를 입력하고 서식을 적용합니다. [홈]-[스타일] 그룹에서 목록을 열어 [선택 영역을 새 빠른 스타일로 저장]을 선택합니다. [홈]-[스타일] 그룹에서 목록 중 추가된 스타일을 확인할 수 있습니다. 새로운 단락에 커서를 위치시키고 새로 만든 스타일을 적용합니다.

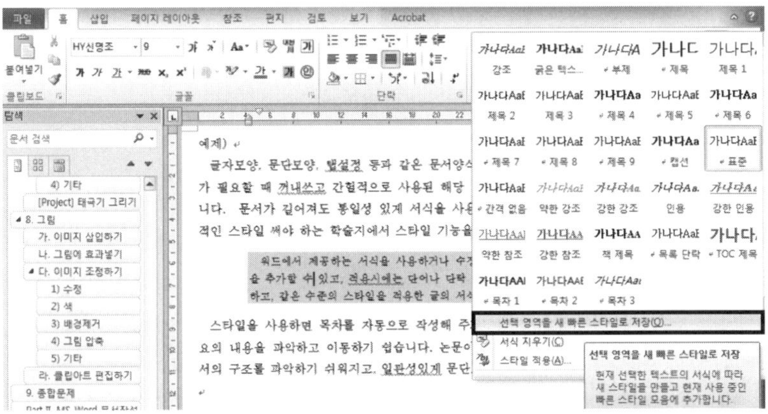

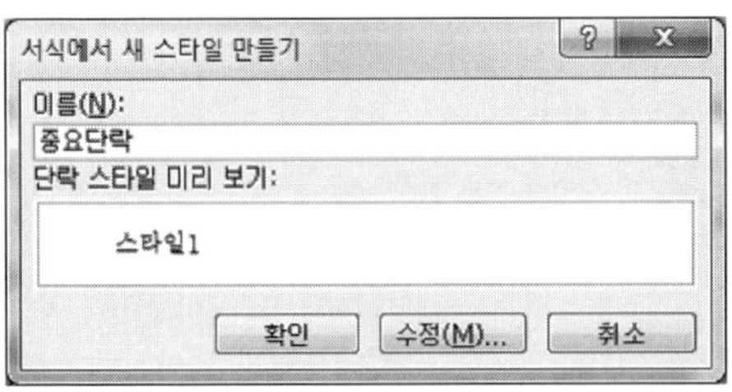

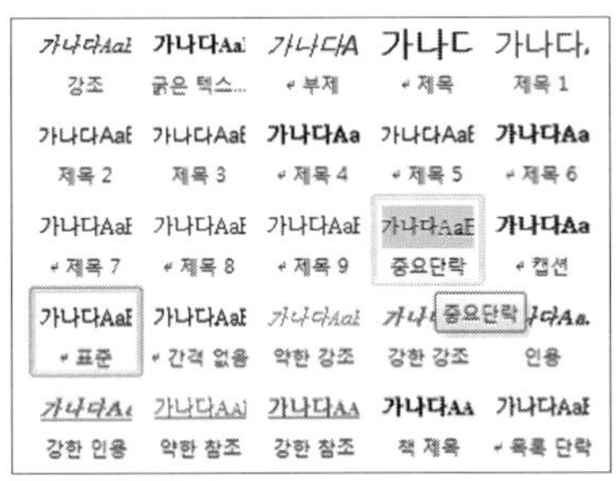

예제

글자모양, 문단모양, 탭 설정 등과 같은 문서 양식을 하나의 스타일 이름으로 설정해두었다가 필요할 때 꺼내쓰고 문서 전체에 간헐적으로 사용된 해당 스타일을 한꺼번에 수정할 수 있는 기능입니다. 문서가 길어져도 통일성 있게 서식을 사용할 수 있습니다. 여러 개의 원고에 일관적인 스타일을 써야 하는 학술지에서 스타일 기능을 즐겨 쓰고 있습니다.

> 워드에서 제공하는 서식을 사용하거나 수정할 수 있는 것 외에도 새로운 서식을 추가할 수 있고, 적용시에는 단어나 단락 단위로 스타일 이름을 선택하여 적용하고, 같은 수준의 스타일을 적용한 글의 서식을 한꺼번에 변경할 수 있습니다.

스타일을 사용하면 목차를 자동으로 작성해 주거나 문서 구조를 이용하여 문서의 전체 개요의 내용을 파악하고 이동하기 쉽습니다. 논문이나 보고서를 작성할 때 탐색 창을 통해 문서의 구조를 파악하기 쉬워지고, 일관성 있게 문단모양을 유지 및 수정할 수 있게 됩니다.

위 예제와 같이 가운데 문단은 왼쪽 · 오른쪽 들여쓰기, 첫 줄 들여쓰기, 줄 간격, 단락 앞 · 뒤 간격, 9pt 글꼴, 음영을 설정합니다. 문서 중에 인용문, 요약문, 주제문, 중심문과 같이 강조 정리하여 표현하는 방법입니다.

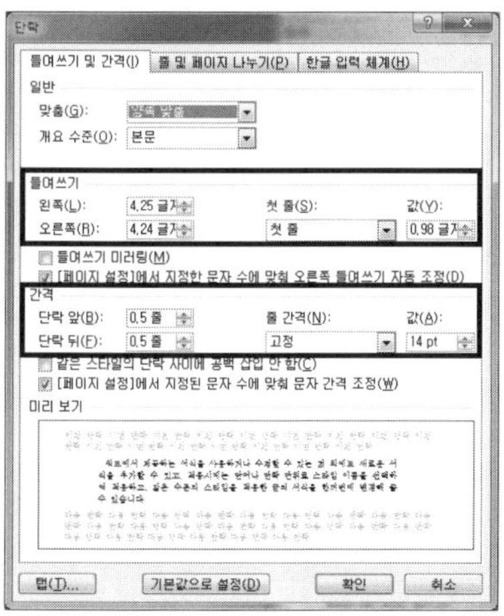

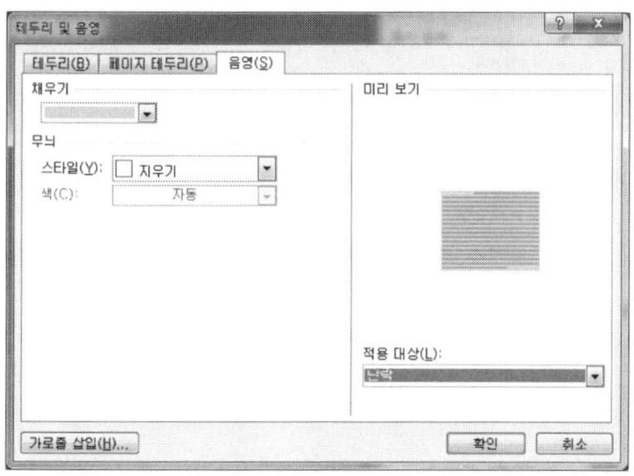

4) 목차 만들기

본문의 맨 첫 페이지에 제목 페이지를 삽입합니다. 페이지를 나누기 위해서 [페이지 나누기]([Ctrl]+[Enter])를 실행하고 중간에 적당한 제목을 입력합니다. 제목 1의 유형이 적용되어 있다면 스타일의 서식을 적용받지 않기 위해 영역을 선택하고 스타일 목록 중에서 [서식 지우기] 또는 [표준]을 선택합니다.

목차를 넣을 위치에 커서를 놓고 [참조]-[목차]-[목차 삽입]을 실행합니다. 만들고자 하는 목차 서식을 목록 단추에서 선택하고 수준을 지정합니다. 수준 표시에서 숫자를 늘리면 목차에 더 많은 제목 유형을 추가할 수 있습니다.

5) 탐색 창 열기

화면을 두 개로 나누어 편집 창은 오른쪽 화면에, 문서의 개요는 왼쪽 화면에 보여주는 기능입니다. 보고서나 논문 작성시 전체의 문서 구조를 한눈에 파악할 수 있으며, 하이퍼링크가 설정되어 있어 쉽게 이동할 수 있습니다.

〈2010〉 [보기]-[표시] 그룹-[탐색 창]을 선택합니다. 왼쪽 화면에서 제목을 선택하면 오른쪽 화면에서 위치 이동이 됩니다. [보기] 메뉴의 [탐색 창]을 선택 해제하면 문서 구조가 없어집니다.

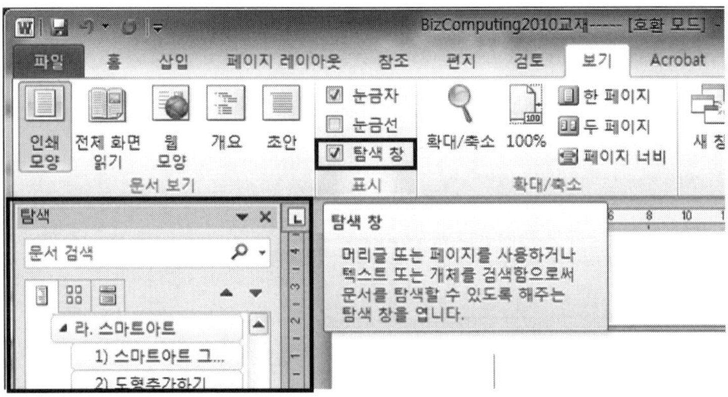

〈2007〉 [보기]-[문서 구조]를 선택합니다.

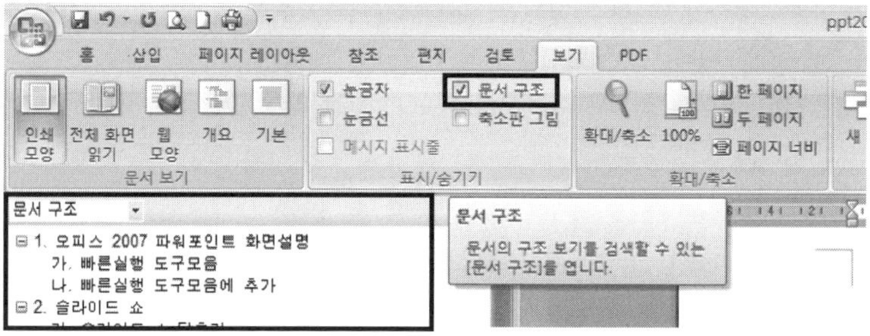

Presentation Tip

타이포그래피(Typography)

문서를 만들 때 어떤 글꼴을 사용하는지, 크기는 어느 정도로 설정하는지, 색을 어떻게 넣었는지 등등에 따라 다양한 시각적인 효과를 내기도 하고 문서의 원래 목적인 내용의 전달을 효과적으로 도울 수 있습니다.

Typography(타이포그래피)는 글자라는 의미를 가진 그리스 말 'typo'에서 비롯되었습니다. 사전적 의미로는 금속 조각 위에 새겨진 양각의 문자를 통하여 인쇄되는 활판 인쇄술, 또는 활판 인쇄를 가리키며, 인쇄 과정을 거쳐 표현된 결과물들을 포함합니다. 그러나 산업혁명의 등장으로 인해 디자인이라는 새로운 학문이 탄생하면서 그 의미도 현대적 의미로 점차 바뀌었습니다. 타이포그래피는 의사전달의 한 수단인 문자가 전달하는 내용을 설득력있게 전달하면서 미적인 부분을 승화시킬 수 있는 기술이나 학문 개념으로 바뀌게 된 것입니다. 다시 말해 딱딱하고 규칙적인 문자를 표정이 있는 살아 있는 언어로 디자인하는 작업이라고 할 수 있습니다.

우리는 일상생활 속에서 타이포그래피를 무수히 접하고 있습니다. 바로 광고 포스터나 잡지, 책, 신문, TV 등 수많은 인쇄 또는 영상매체에서 사용하는 문자 디자인이 모두 타이포그래피에 포함되기 때문입니다. 물론 컴퓨터로 접할 수 있는 인터넷도 마찬가지입니다. 글자 또는 문자 타입이라는 매개체를 통해 정보전달이나 커뮤니케이션이 이루어지는 공간인 만큼 문서 디자인에서 타이포그래피를 빼놓을 수 없습니다.

의사전달을 목적으로 하는 글자가 그 목적을 좀 더 부각시키고 전달력을 높이고자 감각적 디자인을 첨가하게 됩니다. 타이포그래피에는 문자의 의사전달 기능과 감각적 디자인이 적절하게 조화되어 의사전달의 목적을 극대화하는 것입니다.

가독성 : 글자를 읽는 속도와 이해하는 속도가 얼마나 빠른지를 나타내는 정도를 의미합니다. 책이나 신문기사 등 많은 양의 글을 읽는 사람이 글을 이해하면서 얼마나 빨리 읽을 수 있는가를 나타내는 것입니다.

판독성 : 짧은 글로 이루어진 제목이나 목차를 보고 빨리 읽고 판단할 수 있는 정도를 나타내는 것입니다.

보통 제목에서는 판독성이 우선시되고 본문의 내용에서는 가독성이 우선입니다. 앞에서 짚어보았듯이 타이포그래피의 목적은 시각적인 효과의 목적도 있지만 내용 전달이 최우선인 만큼 가독성과 판독성은 타이포그래피에서 빼놓을 수 없는 중요한 것입니다. 가독성과 판독성은 반비례 관계를 가지고 있습니다. 가독성이 높다는 얘기는 자연스럽다는 의미이기 때문에 결국 판독성은 떨어지게 됩니다. 그러므로 본문과 같이 부담없는 글을 읽어야 하는 부분은 가독성을 높여야 하고 제목처럼 주목성을 높여야 하는 부분은 판독성을 높게 설정해 줍니다.

◆ **로만체와 이탤릭체**

곧은 글자체인 로만체와 기울어 있는 이탤릭체로 나눌 수 있습니다. 이탤릭체는 글자가 기울어져 있기 때문에 판독성은 높으나 가독성은 떨어지므로 본문 서체에는 로만체를 사용하도록 하고, 강조하는 부분은 이탤릭체를 사용하는 것이 좋습니다.
본문 내용에서 강조하고 싶은 부분을 강조하는 방법은 여러 가지가 있습니다. 로만체로 구성된 본문에서 강조하고 싶은 글자를 이탤릭체로 지정하면 이탤릭체의 기울어져 있는 특성으로 강조를 할 수 있습니다. 일부분을 강조할 경우 볼드체로 지정하거나 밑줄을 사용해서 표시해주면 어구를 눈에 띄게 할 수 있습니다. 단락을 강조할 때는 단락의 첫 머리를 들여쓰기로 지정하거나 첫 머리의 글자를 크게 입력해서 강조할 수 있습니다. 글자체의 대조, 글자 크기의 대조, 제목과 본문의 대조, 글자와 바탕의 대조 등을 통해 특정 요소를 강조해주는 요소로 사용될 수 있습니다.

◆ **세리프체와 산세리프체**

글꼴은 매우 다양한데 어떤 글꼴을 사용하느냐에 따라 내용의 전달을 더 효과적으로 할 수 있습니다. 글자 끝의 삐침에 따라 삐침이 있는 세리프(Serif)와 삐침이 없는 산세리프(Sans-Serif)체로 분류됩니다. 이 단어의 어원은 불어의 'sans'이며 어의는 '~이 없다'는 뜻입니다. 한글에서는 명조체가 세리프체이고 고딕체가 산세리프체라고 할 수 있습니다. 예를 들어 H, I에서 가로선 위, 아래에 세로로 그어진 가는 선을 의미합니다. Serif체는 처음 인쇄술이 소개되었을 때 활자 하나하나를 골라 단어와 문장을 만들 후 그 위에 잉크를 뿌려서 인쇄를 하곤

하였을 때 각 글자에 선을 그어줌으로써 잉크가 번지는 것을 막아줄 수 있었습니다. 흔히 인쇄물에서는 세리프체가 가독성이 좋기 때문에 본문 서체로 많이 사용되지만 모니터상에서는 해상도가 인쇄물보다 떨어지기 때문에 세리프체의 곡선이 매끄럽게 표현되지 않아서 산세리프체의 가독성이 높습니다.

〈세리프체〉

신명조, Times New Roman

〈산세리프체〉

돋움, Arial

Basic Tip 화면 나누기

문서가 길어지는 경우 한 문서의 두 영역을 화면에 표시하여 한 부분을 참조, 비교하면서 문서 작성을 하고자 합니다. 이때 [보기]-[나누기] 기능을 이용하여 화면에 나누고 싶은 구분선을 클릭해도 되지만, 스크롤 바 위쪽의 아이콘을 이용할 수도 있습니다. 눈금자 아이콘 위에 회색 바에 마우스를 두면 양방향 화살표로 바뀌고 창을 나눌 수 있게 됩니다. 창을 나눈 후 창나누기를 해제하고 싶을 때는 구분선을 두 번 클릭합니다.

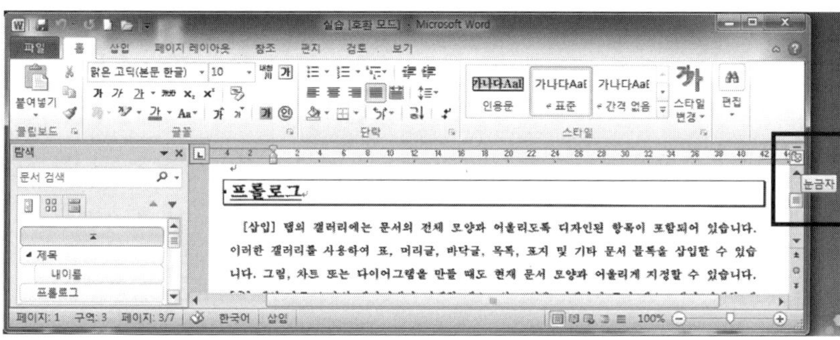

3 구역 나누기를 이용한 페이지 번호 매기기

가. 페이지 번호 설정하기

[삽입]-[머리글/바닥글] 그룹-[페이지 번호]에서 적당한 레이아웃을 선택합니다. 일반적으로 제본하지 않는 몇 장의 문서는 문서 하단의 가운데에 페이지 번호를 삽입합니다.

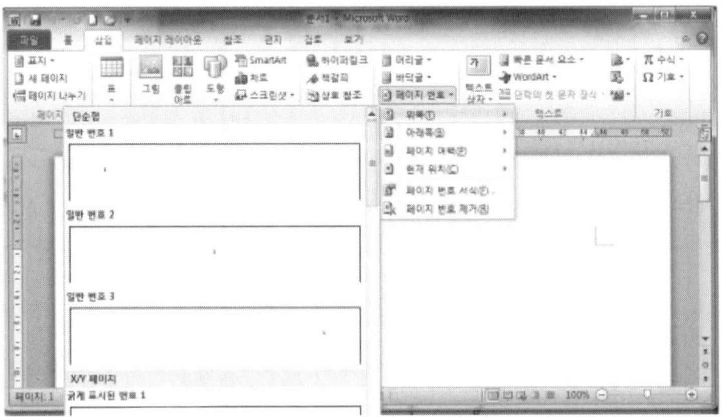

문서의 표지와 본문의 형식이 다른 경우입니다. 표지에는 페이지 번호 표시를 하지 않고, 본문은 아라비아 숫자 1부터 시작합니다.

예제

머리글 영역을 두 번 클릭으로 선택하고 [머리글/바닥글 도구]-[디자인]에서 [첫 페이지를 다르게 지정]을 선택하면 〈첫 페이지 머리글〉과 다음 페이지의 〈머리글〉로 나눠집니다. 첫 페이지는 페이지 번호가 표시되지 않습니다. 두 번째 본문 페이지의 시작 번호가 1이 되게 하기 위하여 [머리글/바닥글 도구]-[디자인]에서 [페이지 번호]-[페이지 번호 서식]을 눌러 [시작 번호]를 [0]으로 설정합니다. 알아둘 것은 0으로 할 수 있는 번호 서식은 기본 스타일의 아라비아 숫자만 가능합니다.

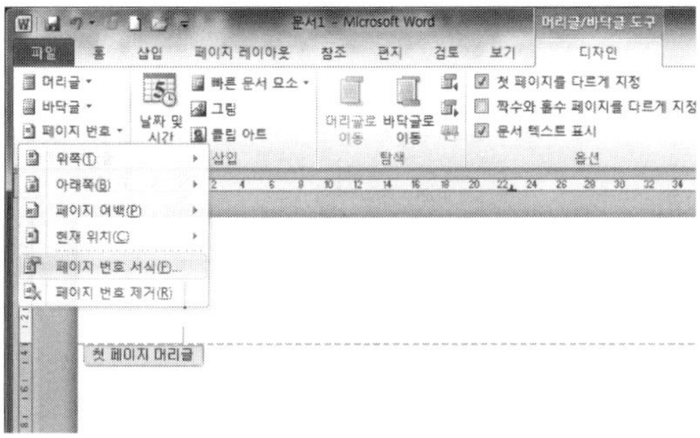

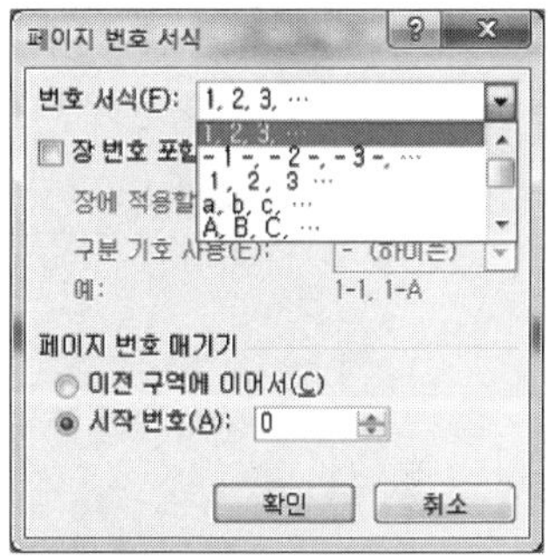

나. 구역 나누기로 페이지 번호 설정하기

한 문서에서 페이지의 머리글, 바닥글, 페이지 번호, 페이지 레이아웃이 다르게 적용된 문서를 만들려면 구역 나누기를 사용해야 합니다. 다음과 같이 페이지 번호와 용지 방향이 다른 여러 장의 논문을 작성해 보자.

예제

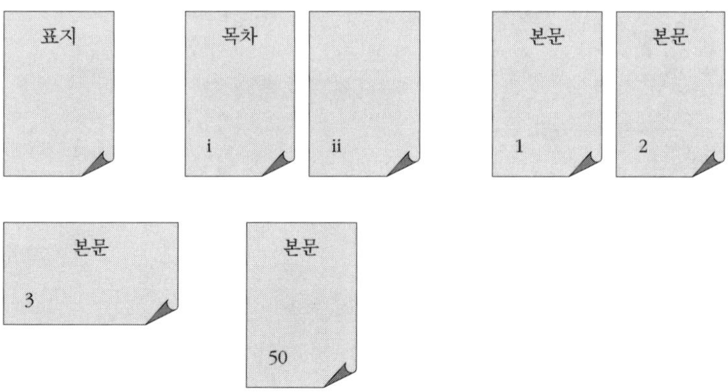

위 예제는 모두 5구역으로 분리해야 합니다. 먼저 표지를 작성하고 현재 커서의 위치를 확인한 후 [페이지 레이아웃]-[나누기]-[다음 페이지부터]를 선택합니다. 표지, 목차, 본문, 가로 페이지 본문, 새로운 페이지로 시작하는 본문 사이사이에 구역 나누기를 합니다. 페이지를 구성하기 위해 필요한 부분에서 [Ctrl]+[Enter]로 페이지 나누기를 실행합니다.

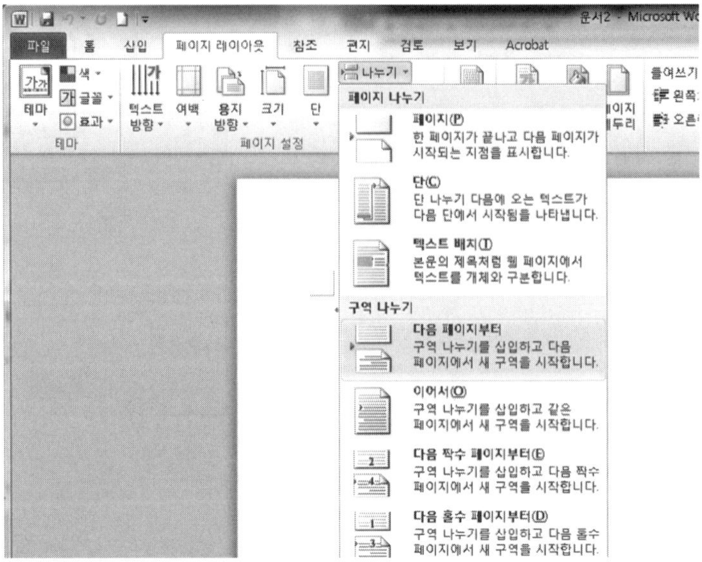

현재 커서의 위치에서 상태 표시줄에서 [구역 : 2]를 확인합니다. 구역 나누기 편집 기호는 [홈]-[단락]-[편집 기호 표시/숨기기] 단추를 선택해야 화면에 나타납니다.

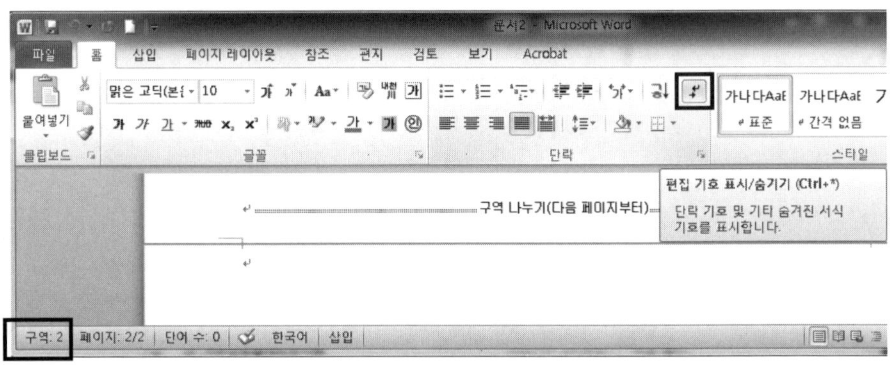

페이지 번호를 삽입합니다. [삽입]-[페이지 번호]에서 선택합니다.

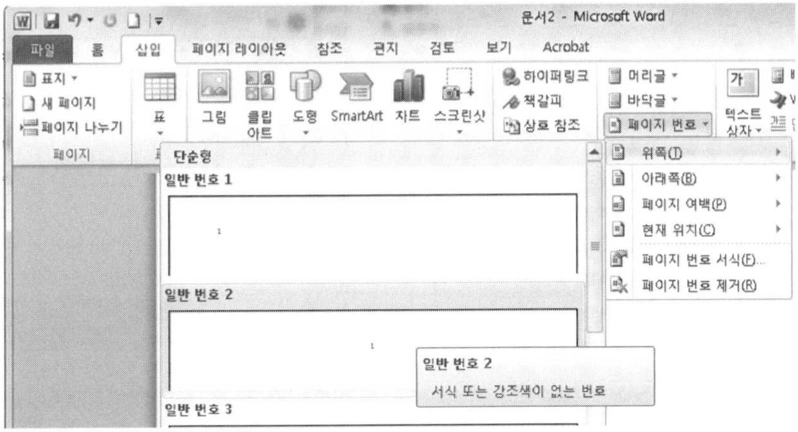

페이지 번호의 서식을 바꾸기 전에 먼저 [머리글/바닥글 도구]-[이전 머리글에 연결]을 반드시 선택 해제합니다.

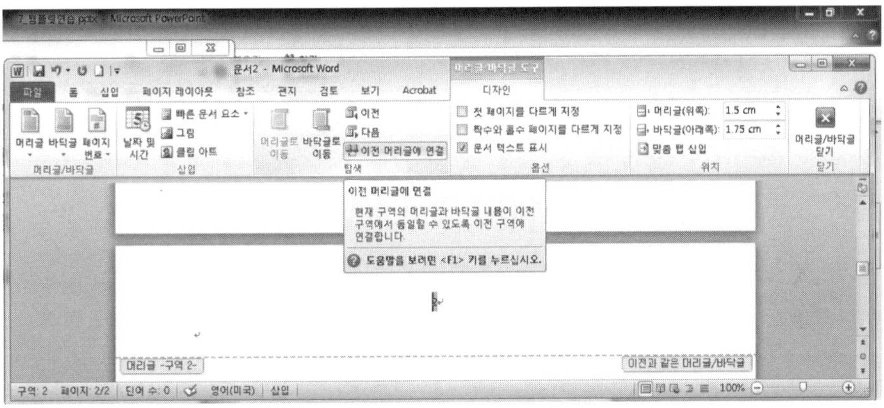

[머리글/바닥글 도구]-[페이지 번호]-[페이지 번호 서식]을 누르고 [시작 번호]와 [번호 서식]을 맞춥니다.

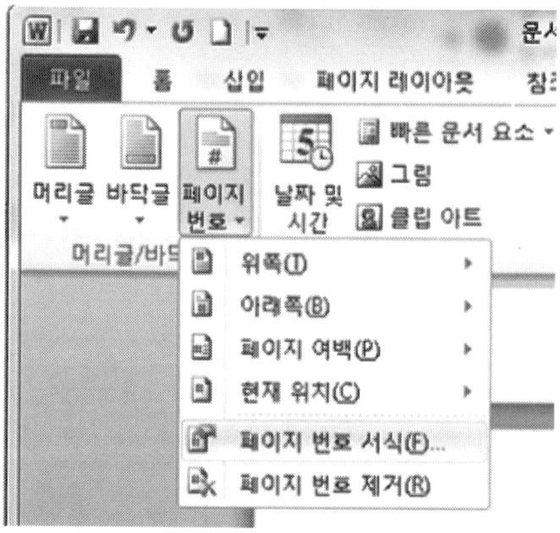
파일
홈
삽입
페이지 레이아웃
머리글
바닥글
페이지 번호
날짜 및 시간
빠른 문서 요소
그림
클립 아트
위쪽(T)
아래쪽(B)
페이지 여백(P)
현재 위치(C)
페이지 번호 서식(F)...
페이지 번호 제거(R)

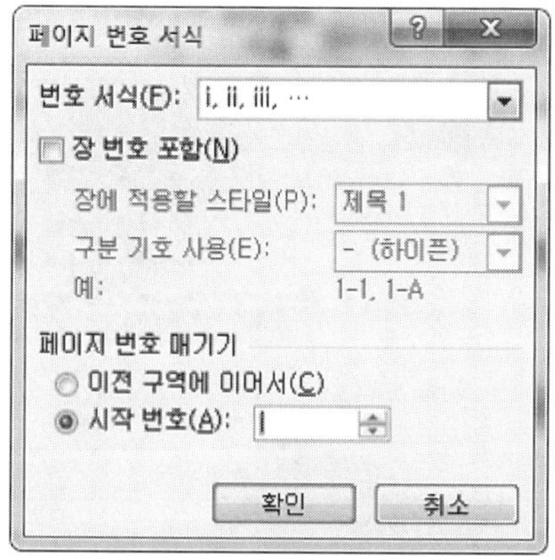
페이지 번호 서식
번호 서식(F): i, ii, iii, …
장 번호 포함(N)
장에 적용할 스타일(P): 제목 1
구분 기호 사용(E): - (하이픈)
예: 1-1, 1-A
페이지 번호 매기기
이전 구역에 이어서(C)
시작 번호(A): i
확인
취소

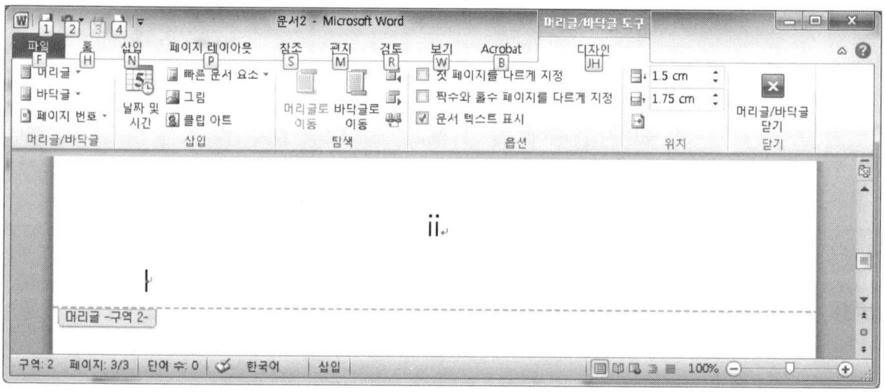
문서2 - Microsoft Word
머리글/바닥글 도구
디자인
첫 페이지를 다르게 지정
짝수와 홀수 페이지를 다르게 지정
문서 텍스트 표시
1.5 cm
1.75 cm
머리글/바닥글 닫기
ii
머리글 -구역 2-
구역: 2
페이지: 3/3
단어 수: 0
한국어
삽입
100%

4 검토 기능

워드프로세서에서 교정(proofreading)을 할 수 있는 유용한 기능입니다. 다른 사람이 수정한 내용과 메모를 포함할 수 있어 문서 작성자는 어느 곳에 수정이 가해졌는지를 확인하고 선별적으로 적용할 수 있습니다.

가. 문서에 검토 기능 적용하기

교정자는 수정할 문서를 열고 [검토]-[추적] 그룹-[변경 내용 추적] 단추를 누릅니다. 문서에 수정을 가하면 삽입, 삭제, 이동, 서식 변경 작업이 화면에 표시됩니다. 특정 위치에 메모를 추가할 수도 있습니다. 그대로 문서 저장을 합니다.

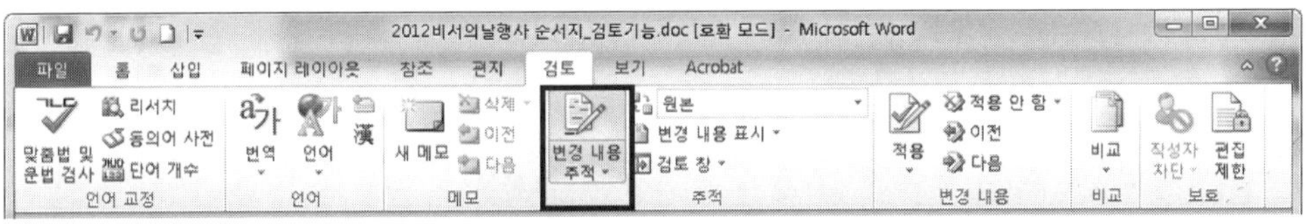

나. 문서에 변경 내용 확인하기

교정자로부터 받은 파일을 열고 [검토]-[추적] 그룹-[검토용 표시] 단추 중 [원본], [원본 : 메모 및 변경 내용 표시], [최종본], [최종본 : 메모 및 변경 내용 표시]를 선택하여 전체 문서를 확인합니다.

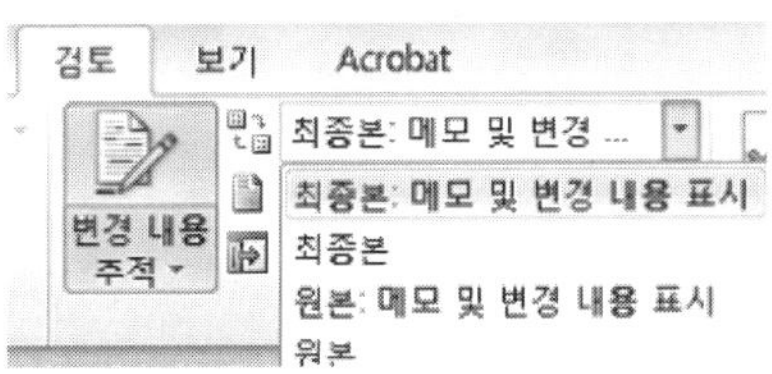

수정을 가한 삽입, 삭제, 이동, 서식 변경 작업과 메모를 확인합니다.

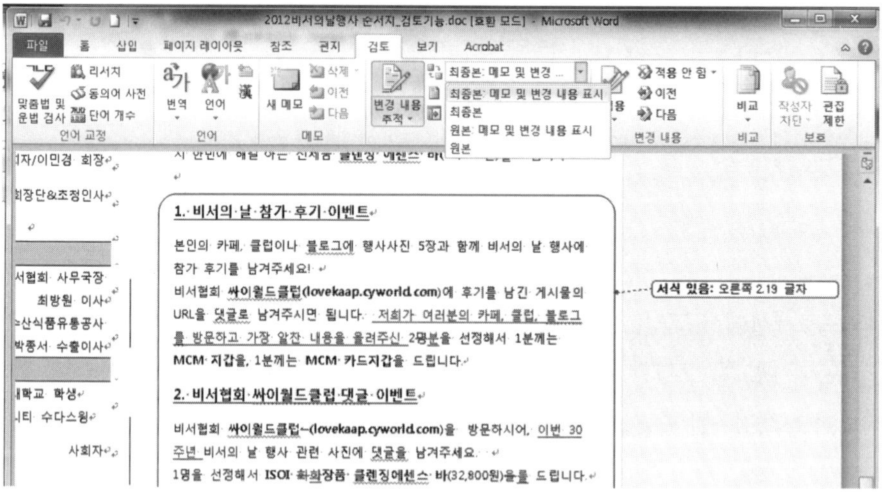

[검토]-[변경 내용] 그룹-[다음], [이전]을 누르면서 수정된 항목을 찾아볼 수 있고, [적용]이나 [적용 안함]을 이용하여 적용 여부를 결정하면서 이동할 수 있습니다. [적용]이나 [적용 안함]은 [적용 후 다음으로 이동], [변경 내용 적용], [표시된 변경 내용 모두 적용], [문서에서 변경 내용 모두 적용]의 하위 메뉴가 있습니다.

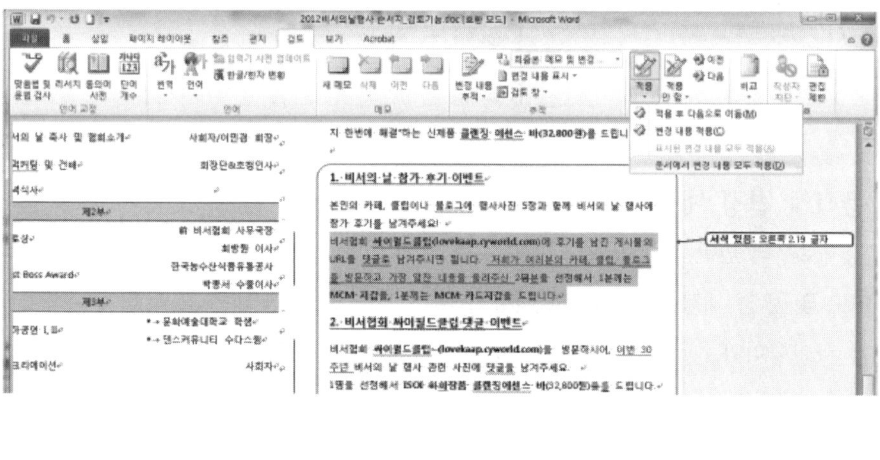

적용을 한 결과를 [변경 내용 추적] 단추를 해제하고 저장합니다.

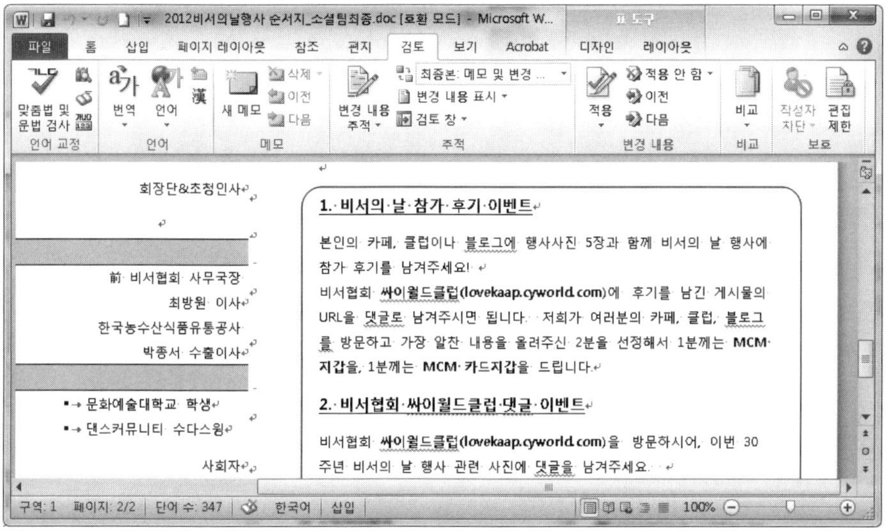

저자 소개

최수진

한양대학교 교육공학과 교수체제 및 산업교육전공 교육학박사(Ph.D.)

이화여자대학교 비서학과 문학사, 비서교육전공 교육학석사

현 한국관광대학교 국제비서과 교수

숭의여자대학 비서행정과 전임강사

한양대학교 교수학습개발센터 책임연구원

이화여자대학교 국제사무학, 국제회의센터 국제회의전문가과정 강사

서울이러닝권역센터 상상과창조 강사

비즈니스 컴퓨팅 1

-PowerPoint 기초 및 활용-

초판 1쇄 인쇄 | 2012. 9. 28.

초판 1쇄 발행 | 2012. 10. 5.

지은이 | 최수진

펴낸이 | 임춘환

펴낸곳 | 도서출판 대영문화사

주소 : 서울특별시 용산구 청파동 1가 178-2 (우140-869)

전화 : (02)716-3883, 714-3062

팩스 : (02)703-3839

홈페이지 : www.dymbook.co.kr

출판등록 : 1975년 12월 26일 제3-16호

정 가 | 10,000원

ISBN 978-89-7644-417-2